EDITH STEIN GESAMTAUSGABE

16

EDITH STEIN GESAMTAUSGABE

Herausgegeben im Auftrag des
Internationalen Edith Stein Instituts Würzburg
von Michael Linssen OCD † / Klaus Maas OCD

Unter wissenschaftlicher Mitarbeit von
Hanna-Barbara Gerl-Falkovitz
Lehrstuhl für Religionsphilosophie und
vergleichende Religionswissenschaft der
Technischen Universität Dresden

16

Schriften zu Anthropologie und Pädagogik 4

Bildung und Entfaltung der Individualität

HERDER
FREIBURG · BASEL · WIEN

Edith Stein

Bildung und Entfaltung der Individualität

Beiträge zum christlichen Erziehungsauftrag

Einleitung von
Beate Beckmann-Zöller

Bearbeitet von
Maria Amata Neyer OCD
und Beate Beckmann-Zöller

HERDER
FREIBURG · BASEL · WIEN

Diese Sonderausgabe wurde realisiert mit freundlicher Unterstützung der Provinzen des Teresianischen Karmels (OCD) in Deutschland und Österreich sowie der Edith Stein Gesellschaft Deutschland.

Die Deutsche Bibliothek – CIP-Einheitsaufnahme

Stein, Edith:
Edith-Stein-Gesamtausgabe /
hrsg. im Auftr. des Internationalen Edith-Stein-Instituts Würzburg
von Klaus Maas. Unter wiss. Mitarb.
von Hanna-Barbara Gerl-Falkovitz. –
Freiburg im Breisgau ; Basel ; Wien : Herder

16: Schriften zu Anthropologie und Pädagogik ; 4.
Bildung und Entfaltung der Individualität :
Beiträge zum christlichen Erziehungsauftrag /
Einl. von Beate Beckmann-Zöller. Bearb. und Anm.
von Maria Amata Neyer und Beate Beckmann-Zöller – 2001
ISBN 3-451-27386-1

Neuausgabe 2025 der 2., durchgesehenen und korrigierten Auflage

Hermann-Herder-Straße 4, D-79104 Freiburg

www.herder.de
produktsicherheit@herder.de

Umschlaggestaltung: Finken & Bumiller, Stuttgart
Satz: SatzWeise, Bad Wünnenberg
Schrift: Minion und Abadi
Printed in Germany

ISBN 978-3-451-02636-2
ISBN E-Book (PDF) 978-3-451-83896-5

Zum Gedenken

P. Michael Linssen OCD starb völlig unvermutet am 23. Mai dieses Jahres; am Zustandekommen des vorliegenden Bandes war er im großen Rahmen noch beteiligt. Zwei Wochen später, am 8. Juni 2001, folgte ihm Dr. Lucy Gelber, über neunzigjährig.

Dieses merkwürdige Zusammentreffen lenkt den Blick auf die langjährige, überaus verdienstvolle Zusammenarbeit der beiden in der bisherigen Herausgabe der Werke Edith Steins (ESW). Von ESW XI bis ESW XVIII (Abschlußband der Reihe ESW) waren Dr. Lucy Gelber und P. Michael Linssen als Herausgeber tätig, während die vorgängigen Bände ESW I bis ESW X von Dr. Lucy Gelber und P. Romaeus Leuven OCD verantwortet wurden. Überdies kommt Frau Gelber, die als Musikpädagogin und Archivarin ausgebildet war, das unschätzbare Verdienst zu, den Nachlaß Edith Steins in den Wirren der Kriegs- und Nachkriegsjahre gerettet und als erste archiviert zu haben. Darauf beruht bis zum heutigen Tage die Einteilung des *Archivum Carmelitanum Edith Stein*, das erst seit kurzem, nämlich seit dem Jahr 2000, unter tätiger Mitwirkung von P. Michael Linssen in das Archiv des Karmel Köln inkorporiert ist. Er selbst hat die zeitbedingten Wanderungen und Beheimatungen dieses Archivs noch prägnant in einem Aufsatz zusammengefaßt, der auch zu einer Würdigung Lucy Gelbers geworden ist[1].

Frau Dr. Gelber wurde am 13. Juni 2001, am Tag vor Fronleichnam, in ihrer Wahlheimat Belgien, in Hasselt, bestattet. Mit ihrem geschätzten Mitherausgeber P. Michael hat sie nach Augenzeugen nicht nur philosophiert, sondern auch gebetet. Daß sie nun beide die *sacra conversazione* in der Vollendung fortsetzen, dazu wird ihnen – so dürfen wir hoffen – Edith Stein verhelfen.

Dresden, im Juni 2001 — Hanna-Barbara Gerl-Falkovitz

---

[1] Michael Linssen, in: Beate Beckmann / H.-B. Gerl-Falkovitz (Hgg.), Edith Stein – Themen, Bezüge, Materialien. Reihe „Orbis Phaenomenologicus“, Würzburg 2003, S. 269–271.

Inhalt

III. Zeitfragen der Pädagogik zwischen den Weltkriegen

IV. Katholische Akademikerbildung

Anhang

Einführung

von Beate Beckmann-Zöller

Pädagogik im Aufstieg vom Natürlichen zum Übernatürlichen

Ein doppeltes Anliegen leuchtet auf im Titel „Bildung und Entfaltung der Individualität", der nicht von Edith Stein selbst stammt, aber auf ihre zentralen Gedanken hinweist: Es geht ihr in den vorliegenden Vorträgen und Artikeln um Bildung im Sinne von Formung nach äußeren Zielen und zugleich um Entfaltung nach inneren Kriterien – Entfaltung dessen, was bereits im Menschen einer inneren Form nach angelegt ist. Ausgebildet werden soll die Individualität des Menschen im umfassenden Sinne, d.h. als Geschöpf und Ebenbild Gottes und in der Nachfolge Christi. Unter der Ausbildung der Individualität ist daher nicht eine „Selbstverwirklichung" im schlechten Sinne eines egozentrischen Lebensstils zu lesen,[1] auch nicht eine immer neue „Konstruktion des Selbst" im Sinne der postmodernen Anthropologie des Konstruktivismus, in der der Mensch als nicht-triviales System in einer Organismus-Umwelt-Relation steht.[2] Steins Bildungsgedanke kreist vielmehr um die Individualität des Menschen als „ein letztes Geheimnis, das kein Mensch vollständig durchdringen kann"[3], das nur Gott kennt und das von Gott her erkennbar wird. Damit wird schon deutlich, daß sich Bildung für Stein in einer Spannung vollzieht: Diese Spannung verläuft zwischen der Entfaltung natürlicher Kräfte (durch den Erzieher) und der spirituellen Formung (letztlich durch Gott als „Erzieher" oder „Bildner"): Wenn Gott mit allen Kräften, d.h. mit Verstand, mit Herz und mit Willen geliebt werden soll, dann müssen diese natürlichen Kräfte, so folgert Stein, selbstverständlich entfaltet werden.[4] Gleichzeitig gibt es nur „*eine* bildende Kraft ..., die ... nicht an die Grenzen der Natur gebunden ist, sondern die innere Form selbst noch von innen her umformen kann: das ist die *Kraft der Gnade*".[5]

---

[1] Stein kritisiert das „ängstliche Forschen nach der Individualität, wie es die ganze moderne Pädagogik beherrscht." *Wahrheit und Klarheit im Unterricht und in der Erziehung*, (kurz: *Wahrheit und Klarheit*), S. 7.

[2] Vgl. Baudrillard, Jacques, *Das Andere selbst*, Wien ²1994. – Glasersfeld, Eduard von, *Einführung in den radikalen Konstruktivismus, in: Watzlawick, Paul (Hg.), Die erfundene Wirklichkeit, München 1985.*

[3] *Wahrheit und Klarheit*, S. 8.

[4] *Jugendbildung im Licht des katholischen Glaubens* (kurz: *Jugendbildung*), S. 79.

[5] *Grundlagen der Frauenbildung. I. Idee der Bildung*, ESGA 13, Freiburg ²2002, S. 33.

Steins Ansatz läßt sich nicht einfachhin „fromm" lesen,[6] auch nicht „einfach primitiv", wie einige Mitglieder des Katholischen Deutschen Frauenbundes nach Steins Bendorfer Vortrag „Grundlagen der Frauenbildung" (1930) meinten.[7] Vielmehr beinhaltet er, wie im folgenden noch genauer dargestellt werden soll, recht provokante Aspekte für die damalige wie auch für die heutige Pädagogik-Landschaft.

Zu Steins Wirkungszeit begann diese junge Wissenschaft gerade, sich aus den Disziplinen heraus zu emanzipieren, ohne die sie gar nicht denkbar wäre: Philosophie, Theologie, Ethik, Anthropologie.[8] Vor allem ging es darum, vom Menschen her, d. h. „vom Kinde aus", denken und pädagogisch handeln zu lernen. Insbesondere die Reformpädagogik hatte es sich um die Wende vom 19. zum 20. Jahrhundert auf die Fahnen geschrieben, die Individualität des Kindes zu entfalten, seine spezifischen Begabungen und Anlagen zu entdecken, zu fördern und es nicht zu Zielen hinzuführen, die ihm fremd sind. Gegen Methodenmonismus und intellektuelle Verengung, gegen autoritären Lern- und Unterrichtsstil ebenso wie gegen die Kluft zwischen Schule und Leben suchte man nach innovativen Reformen. Ellen Key rief das „Jahrhundert des Kindes"[9] aus. Maria Montessori[10] plädierte für eine Pädagogik des Wachsenlassens, da jeglicher Zwang der natürlichen Entwicklung Schaden zufüge.[11] Die Spontaneität und Aktivität im Kind sollte gefördert und genutzt werden, wie z. B. in Kerschensteiners Modell der Arbeitsschule.[12] Erziehung sollte in und durch Gemeinschaft erfolgen.[13]

---

[6] Vgl. dazu den Brief Edith Steins an Ottilie Küchenhoff vom 7. 12. 1930, Br. 120, ESGA 2, Freiburg [2]2004: „Es hat ja niemand ein Wort davon gesagt, daß es zu ‚fromm' war, d. h. daß man sich an der radikalen Orientierung am Übernatürlichen stieß."

[7] Vgl. dazu den Brief Emmy Schweitzers an Ottilie Küchenhoff vom 25. 11. 1930, in: ESGA 13, S. 251. Es ging um den Vortrag *Grundlagen der Frauenbildung* (1930), in: ESGA 13, S. 30–45.

[8] Stein exzerpierte dazu: Willmann, Otto, *Über die Erhebung der Pädagogik zur Wissenschaft. Pädagogische Vorträge und Abhandlungen*, hg. v. Pätsch, 4. Bd., H. 22, München 1884 (4 Seiten in ihrem Pädagogik-Notizheft, P/B II 5, Edith Stein Archiv Köln – im folgenden ESAK; vgl. S. XXV f.). Willmann (1839–1920) war wie Stein Anhänger der „philosophia perennis".

[9] Ellen Key (1849–1926), schwedische Pädagogin, wurde international bekannt durch das Werk *Das Jahrhundert des Kindes* (1900, dt. 1902).

[10] Maria Montessori (1870–1952), Ärztin und Reformpädagogin, entwickelte als grundlegende Prinzipien ihrer Pädagogik: kindgemäße Umgebung, Rücksicht auf Entwicklungsschübe der Kinder (sensible Phasen) und Vertrauen in den Selbsttätigkeitstrieb der Kinder. *Selbsttätige Erziehung im frühen Kindesalter*, Stuttgart 1913.

[11] Vgl. dazu Litt, Theodor, *Führen oder Wachsenlassen. Eine Erörterung des pädagogischen Grundproblems*, Leipzig / Berlin 1929.

[12] Georg Kerschensteiner (1854–1932), Schulreformer, Vorkämpfer des Werkunterrichts an Schulen und Begründer der modernen Berufsschule. *Der Begriff der Arbeitsschule*, Leipzig 1912.

[13] Vgl. desweiteren: Böhm, Winfried / Harth-Peter, Waltraud u. a. (Hg.), *Schnee vom vergangenen Jahrhundert. Neue Aspekte der Reformpädagogik*, Würzburg [2]1994. – Potthoff,

Die Schullandschaft war nach dem Kulturkampf von 1870 teilweise von konfessionellen, teilweise von Gemeinschafts-Schulen, in denen beide Konfessionen gemeinsam unterrichtet wurden, bestimmt. Die katholischen Schulen hatten ihre Lehrer in Standesvereinigungen, nach Geschlechtern getrennt, organisiert. Die katholischen Lehrer- und Lehrerinnenvereine wollten zur damals seminaristischen, erst teilweise beginnenden akademischen Lehrerausbildung eine Ergänzung hinsichtlich katholischer Glaubens- und Weltanschauungslehre leisten. In dieses pädagogische Umfeld hineinversetzt findet sich die Philosophin und neugetaufte Christin Edith Stein in der Zeit zwischen 1923–1933, in der sie als Lehrerin, später als Dozentin wirkte.

Die Stellung der Pädagogik in Steins Leben und Philosophieren

Zunächst war Stein durch die Vermittlung ihres geistlichen Begleiters Prälat Schwind als Lehrerin bei den Dominikanerinnen am klösterlichen Lyzeum und dem Lehrerinnen-Seminar in St. Magdalena in Speyer tätig (1923–1931).[14] Von 1932 bis zur Beurlaubung nach der Machtergreifung Hitlers 1933 und dem folgenden „Gesetz zur Wiederherstellung des deutschen Berufsbeamtentums" war sie dann in Münster am „Deutschen Institut für wissenschaftliche Pädagogik" als Dozentin angestellt. Die hier zusammengestellten Vorträge[15] entstammen dem pädagogischen Tätigkeits- und Forschungsfeld, das nicht als Steins „erste Liebe" bezeichnet werden kann, in das sie sich jedoch mit dem ihr eigenen Eifer eingefügt hat. Das dokumentiert eine bisher nicht ausgewertete Sammlung von Exzerpten zu pädagogi-

---

Willy, *Einführung in die Reformpädagogik. Von der klassischen zur aktuellen Reformpädagogik*, Freiburg 1992. – Oelkers, Jürgen, *Reformpädagogik. Eine kritische Dogmengeschichte*, Weinheim / München 1989.

[14] Vgl. dazu Herrmann, Maria Adele OP, *Die Speyerer Jahre von Edith Stein*, Speyer 1990. Und: Müller, Andreas Uwe / Neyer, Maria Amata OCD, *Edith Stein. Das Leben einer ungewöhnlichen Frau*, Zürich / Düsseldorf 1998. – In St. Magdalena gibt es ebenfalls ein Edith Stein Archiv, in dem die Handschriften von *Das Weihnachtsgeheimnis* (ESGA 19/20), *Eucharistische Erziehung* und der Thomas-Übersetzung *Über die Wahrheit* (ESGA 23/24) aufbewahrt sind.

[15] Es ist mit Sicherheit anzunehmen, daß sie mehrere Vorträge auch in kleineren Kreisen gehalten hat, über die jedoch weder Handschriften vorliegen noch gedruckte Fassungen bekannt sind. Beispielsweise soll sie in Gerleve in der Benediktiner-Abtei des öfteren referiert haben, nach der Erinnerung von P. Schornstein z. B. über die Philosophie des Thomas von Aquin (ESAK). Im Veröffentlichungsorgan des katholischen Lehrerinnen-Verbandes *Zeit und Schule*, München, 27. Jg., Nr. 22, wird am 16.12.1930 ein Vortrag Steins auf einer Tagung des Vereins in Kaiserslautern am 1. Adventssonntag erwähnt mit dem Titel „Lebensgestaltung der Lehrerin" (S. 182), der leider nicht erhalten ist. In derselben Zeitschrift wird am 16.12.1929 Edith Stein als Mitarbeiterin an einer Denkschrift des Katholischen Lehrerinnenvereins zum Thema der höheren Mädchen- und Lehrerinnenbildung genannt.

scher Sekundärliteratur, die erst seit 1995 im Edith Stein Archiv Köln (ESAK) zugänglich ist.[16]

Es war für Studentinnen der Geisteswissenschaften in den 10er Jahren des 20. Jahrhunderts zwar üblich, auch das Staatsexamen und nicht nur die Promotion abzulegen. Stein war nach ihrem Staatsexamen vom Sommer 1915 zunächst nur kurzzeitig an der Schule im heimatlichen Breslau tätig.[17] Sie hatte sich während ihres Studiums in Breslau (1911–13) in ihrer „Pädagogischen Gruppe" mit Friedrich Wilhelm Förster,[18] Georg Kerschensteiner, Hugo Gaudig[19] und Gustav Wyneken[20] beschäftigt.[21] Letztlich war sie allerdings ohne pädagogische oder didaktische Ausbildung und erkannte, „daß an der Universität eigentlich nichts zur Vorbereitung auf den späteren Lehrberuf geschah."[22] Den Gedanken an die Rückkehr in die Schule nannte sie 1917 noch ein „Schreckgespenst".[23]

An ihren Philosophen-Freund Fritz Kaufmann[24] schreibt sie dann aber am 13.9.1925: „Daß ich Seminarlehrerin bin, werden Sie wohl gehört haben. Ich will Ihnen verraten, daß ich mich als Lehrerin nicht allzu ernst nehme und immer noch lächeln muß, wenn ich dies irgendwo als meinen Beruf hinzuschreiben habe. Das hindert mich aber nicht, meine Pflichten ernst zu nehmen, so daß ich geistig und seelisch ziemlich stark davon absorbiert bin. Darum ist die Möglichkeit wissenschaftlicher Arbeit noch immer ein Problem".[25] Das „Problem" bestand im ganz normalen Schulalltag: in Unterrichtsvorbereitungen, riesigen „Aufsatzbergen", Lehrer-Konferenzen und Schülerinnen-Sorgen.[26]

Nach Steins entschiedener Hinwendung zum Christentum, nach ihrer Taufe und Aufnahme in die katholische Kirche (1921/22), hatte sie sich zunächst von eigenen philosophischen Forschungen abgewandt und auf Bitten

---

[16] Vor allem die Zettel und Notizen in P/B II 5. Vgl. S. XXV f.

[17] *Aus dem Leben einer jüdischen Familie*, ESGA 1, Freiburg 2002, S. 318 ff.

[18] Friedrich Wilhelm Förster (1869–1966), Pädagoge, der eine christliche Durchdringung der Erziehung anstrebte. *Autorität und Freiheit*, Kempten / München 1910.

[19] Hugo Gaudig (1860–1923), Pädagoge, Leiter einer Höheren Mädchenschule mit Lehrerinnenseminar, entwickelte die am Prinzip der freien geistigen Arbeit orientierte Richtung der Arbeitsschulbewegung. *Die Schule im Dienst der werdenden Persönlichkeit*, 2 Bde., Leipzig 1917.

[20] Gustav Wyneken (1875–1964), Gründer des Landerziehungsheims (Freie Schulgemeinde Wickersdorf), forderte aus hegelscher Weltanschauung heraus eine Jugendkultur, in der er auf die Entfaltung der Selbstbildungskräfte Wert legte. *Kabinett gegen Freie Schulgemeinde*, Jena 1910.

[21] *Aus dem Leben einer jüdischen Familie*, S. 147 f.

[22] Ebd.

[23] *Briefe an Roman Ingarden*, Br. 1, ESGA 4 (12.1.1917), S. 32.

[24] Fritz Kaufmann (1891–1959), Phänomenologe aus dem Husserl-Kreis.

[25] Br. 45, ESGA 2.

[26] Die Aufsatzthemen trug Edith Stein fortlaufend mit Stichpunkten in ein Heft ein. Eine Abschrift befindet sich im ESAK (B I 37b/39b).

von Erich Przywara SJ die Newman- und Thomas-Übersetzungen (ESGA 21–25) vorgenommen, um sich selbst dabei noch stärker in die katholische Geisteswelt einzuarbeiten. „Daß es möglich sei, Wissenschaft als Gottesdienst zu betreiben, ist mir zuerst so recht am hl. Thomas ⟨von Aquin⟩ aufgegangen. … Und nur daraufhin habe ich mich entschließen können, wieder ernstlich an wissenschaftliche Arbeit heranzugehen“.[27] Allerdings blieb ihr die wissenschaftliche Laufbahn verschlossen, vermutlich wegen ihres Frau- und Jüdinseins. Dafür wurde sie neben ihrer Schultätigkeit häufig als Referentin angefragt. Nachdem Stein ihren Vortrag „Das Ethos der Frauenberufe“ (1930) auf der Gründungsveranstaltung der Salzburger Hochschulwochen auf beeindruckende Weise ohne Vortragsmanuskript gehalten hatte, wurde sie als Referentin vielerorts, von Heidelberg, Münster, München, Berlin bis nach Wien und Zürich eingeladen.[28] Zuvor hatte sie bereits auf Veranstaltungen der Lehrerinnen-Vereine in der Pfalz gesprochen, z. B. zum Thema der Geschlechteranthropologie (ESGA 13) oder zu Bildungsfragen (dieser Band).

Einerseits war der Bereich der Pädagogik nicht Steins erste Wahl, da sie doch eher in diese für die Akademikerinnen jener Zeit übliche Betätigung mehr oder weniger auswich. Dennoch kann man andererseits in diesem Tätigkeitsbereich eine Fortführung ihres philosophischen Interesses erkennen. Zentral für ihr philosophisches Fragen war eine „Analyse der Person“.[29] Sie begann ihre Forschungen mit dem „Problem der Einfühlung“, die den Zugang zur Erkenntnis des Seelenlebens einer fremden Person ermöglichen sollte.[30] Durchgängig war Stein an der Schnittstelle zwischen Philosophie und Psychologie interessiert,[31] an der philosophischen Anthropologie,[32] weniger allerdings an der biologisch-empirischen, wie sie ihr Studienkollege Helmuth Plessner dann in Absetzung von Husserl entwarf.[33] Die Seelenlehre und das Personsein des Menschen waren für Stein zentraler Forschungsgegenstand, wie sich auch unschwer in den hier vorliegenden Vorträgen erkennen läßt.

Insgesamt ist es allerdings überraschend, wie wenig Material und Metho-

---

[27] Br. 60 (12. 2. 1928 an Callista Kopf OP), ESGA 2.

[28] „Salzburg hat erstaunliche Kreise gezogen. Ich muß bald da, bald dort als Referentin auftreten.“ Br. 121 (10. 12. 1930 an Adelgundis Jaegerschmid OSB und Placida Laubhardt OSB), ESGA 2.

[29] Z. B. in *Einführung in die Philosophie* (kurz: *EPh*), ESW XIII, Freiburg 1991, S. 122–224 (ESGA 8).

[30] *Zum Problem der Einfühlung*, München 1980 (Reprint von 1917) (ESGA 5).

[31] *Psychische Kausalität* (kurz: *PK*), in: *Beiträge zur philosophischen Begründung der Psychologie und der Geisteswissenschaften*, Tübingen: Niemeyer, ^{2}1970 (Orig.: JPPF 1922, Bd 5), S. 1–116 (ESGA 7).

[32] *Der Aufbau der menschlichen Person* (kurz: *AMP*), ESGA 14, Freiburg 2004.

[33] Plessner, Helmuth, *Die Stufen des Organischen und der Mensch* (1928), in: *Gesammelte Schriften*, hg. v. G. Dux, O. Marquart, E. Ströker, Bd. 4, Frankfurt a. M. 1980.

de Stein von ihrer philosophischen Vorgeschichte her in ihre Vorträge einfließen läßt. Sie erwähnt die Phänomenologie gar nicht, wendet nur in einem sehr weiten Sinne die phänomenologische Methode an, indem sie eine Bedeutungsanalyse im Sinne der Münchner-Göttinger Phänomenologen durchführt (z. B. zur Bedeutung von Wahrheit, Klarheit, Erkenntnis, Bildung usw.) und indem sie auf das Wesen hin fragt. Es fehlt erstaunlicherweise die Grundlegung, z. B. des Erkenntnis-Begriffs, durch Konstitutionsanalysen, wie Stein sie zuvor in *Einführung in die Philosophie*[34] in ihrer Relevanz dargelegt und methodisch durchgeführt hatte. Von philosophischer Seite her mag das bedauerlich erscheinen – von der Seite der schulalltäglichen Pragmatik her ist Steins elegante Einfachheit in diesen vorliegenden Artikeln allerdings entschieden zu begrüßen. Die Erinnerungen von Agnella Stadtmüller OP ergänzen das Bild der Philosophin Stein, denn es wird deutlich, daß Stein sich nach wie vor philosophisch interessierte und mit ihrer ehemaligen Schülerin gemeinsam im Sommersemester 1925 Vorlesungen bei Heinrich Rickert in Heidelberg besuchte.[35]

In den vorliegenden Aufsätzen läßt sich unschwer ihre Auseinandersetzung mit der Philosophie des Thomas von Aquin erkennen, in die sie sich in dieser Phase vertieft. Am Ende ihrer Speyerer Zeit ist sie dann soweit, diese beiden Denkrichtungen miteinander ins „Gespräch"[36] bzw. in eine philosophische Synthese zu bringen, so daß sie den Schuldienst für diese Aufgabe ganz verläßt.[37] In den Vorträgen und Aufsätzen findet sich bereits Material, das Stein vor allem in Münster in ihren Vorlesungen *Der Aufbau der menschlichen Person*[38] und *Was ist der Mensch?*[39], aber auch in *Potenz und Akt* und später in *Endliches und ewiges Sein*[40] verarbeitet. Beispielsweise greift Stein den Gedanken der „Selbstbildung" in *Aufbau der menschlichen Person* (1932) und in *Endliches und ewiges Sein* (1936) auf und spricht von „Selbstgestaltung".[41] Einen weiteren „Querverweis" zu einem späten Werk finden wir interessanterweise im Vortrag „Notzeit und Bildung" (1932): Stein erwähnt hier bereits

---

[34] A. a. O.
[35] Herrmann, *Speyerer Jahre*, a. a. O., S. 183 f. (Erinnerungen vom 8. 2. 1964).
[36] *Was ist Philosophie? Ein Gespräch zwischen Edmund Husserl und Thomas von Aquino*, in: *Erkenntnis und Glaube*, ESW XV, Freiburg 1993, S. 19–48 (ESGA 9). – *Husserls Phänomenologie und die Philosophie des hl. Thomas v. Aquino. Versuch einer Gegenüberstellung*, in: *Festschrift. Edmund Husserl zum 70. Geburtstag gewidmet*, Ergänzungsband zum Bd. X des JPPF, hg. v. Edmund Husserl, 1929; 2. Aufl., Tübingen 1974, S. 315–338 (ESGA 9).
[37] *Potenz und Akt*, ESGA 10, Freiburg 2004.
[38] A. a. O.
[39] *Was ist der Mensch? Vorlesung zur theologischen Anthropologie*, ESGA 15, Freiburg 2005.
[40] *Endliches und ewiges Sein. Versuch eines Aufstiegs zum Sinn des Seins* (kurz: *EES*). ESW II, Freiburg [3]1986 (ESGA 11/12).
[41] *AMP*, S. 17, 87, 91 f. 146. *EES*, S. 394, 442 f.

die „Wissenschaft des Kreuzes"[42] und weist damit schon – sei es bewußt oder unbewußt – auf ihr letztes Thema, die *Kreuzeswissenschaft*[43], hin.

Zur redaktionellen Anordnung der Vorträge und Artikel

Der größte Teil der hier neubearbeiteten und erstmals mit Anmerkungen versehenen Artikel war bereits in ESW XII *Ganzheitliches Leben. Schriften zur religiösen Bildung* publiziert. Bisher nicht in ESW aufgenommen war der Vortrag *Der Intellekt und die Intellektuellen.* Sachlich neu zugeordnet wird der Artikel *Natur und Übernatur in Goethes ‚Faust'*, der bisher in der thematisch losen Zusammenstellung in ESW VI *Welt und Person* plaziert war. Da die Archivbestände aus Brüssel seit wenigen Jahren in Köln aufbewahrt werden, können nun auch Einblicke in das Notizenkonvolut Steins gegeben werden. *Der Entwurf einer pädagogischen Systematik,* die Vortragskonzepte und der Überblick über die Exzerpte (S. XXV f.) werden somit erstmals der Öffentlichkeit zugänglich gemacht.

Die Vorträge und Artikel dieses Bandes sind inhaltlich in vier Rubriken gegliedert, um die thematische Bandbreite dem Leser leichter zugänglich zu machen. Innerhalb der thematischen Rubriken sind die Artikel chronologisch sortiert. Der Charakter der sich stark voneinander unterscheidenden Themen wird offensichtlich, wenn man sieht, daß Stein sich beispielsweise im Jahr 1930 mit *theoretischen Grundlagen der sozialen Bildungsarbeit* und mit der *Idee der Bildung* – also eher theoretisch gehaltenen Fragen zur Pädagogik – beschäftigte, zum anderen aber auch über *Eucharistische Erziehung* sprach und dabei praktische Hinweise zum „Frühaufstehen" gab, desweiteren das *Ethos der Frauenberufe* und *Grundlagen der Frauenbildung* (ESGA 13) aus geschlechteranthropologischer Sicht bedachte und zudem eine geistige Verortung der Intellektuellen im Staat versuchte (*Der Intellekt und die Intellektuellen*).

Zunächst werden die Vorträge mit eher theoretischem Schwerpunkt vorangestellt. Der Leser darf allerdings keine Artikel zur wissenschaftlichen Pädagogik im heutigen Sinne erwarten. Es handelt sich hier vielmehr um vorgetragene Antworten auf Gelegenheitsfragen, um eine sogenannte „réflexion engagée".[44] Gleichbleibend ist die christliche Grundlage, von der aus Stein

[42] *Notzeit und Bildung* (kurz: *Notzeit*), S. 137.
[43] *Kreuzeswissenschaft. Studie über Johannes vom Kreuz,* ESGA 18, Freiburg 2003.
[44] Begriff von Wilhelm Flitner, den Bruno H. Reifenrath auf Steins Rolle in der Erziehungswissenschaft bezieht. Reifenrath, Bruno H., *Über das Spannungsverhältnis erziehungswissenschaftlicher Theoriebildung und Reflexion engagée im pädagogischen Denken Edith Steins (1891–1942).* In: *Münstersche Gespräche zu Themen der Wissenschaftlichen Pädagogik,* Heft 6, Münster 1989, S. 50 f.

reflektiert und deutlich auf die übernatürliche Erziehung[45] des Menschen durch Gott hinführt. So wird beispielsweise die Frage nach dem Menschen als sozialem Wesen nicht etwa empirisch, positivistisch oder hermeneutisch angegangen, sondern wie selbstverständlich von der christlichen, speziell der katholischen Glaubenslehre her. Der pädagogische Bezugsrahmen ist jeweils klar abgesteckt, allerdings dürfen für den heutigen Leser die katholischen Adressaten, zu denen Stein sprach, auch in Texten wie *Zur Idee der Bildung* (1930) oder *Wahrheit und Klarheit im Unterricht und in der Erziehung* (1926) nicht aus dem geistigen Blick geraten. Das nicht ganz einfache, aber herausfordernde und immer neu bedenkenswerte Verhältnis von Pädagogik und christlicher Weltanschauung thematisiert Stein in einer wichtigen Briefstelle. An Adelgundis Jaegerschmid OSB schreibt sie am 28.4.1931: „Doch wenn ich darüber [über das Übernatürliche] nicht sprechen sollte, würde ich wohl überhaupt auf kein Rednerpult hinaufgehen. Es ist im Grunde nur eine kleine, einfache Wahrheit, die ich zu sagen habe: wie man es anfangen kann, an der Hand des Herrn zu leben. Wenn dann die Leute etwas anderes von mir verlangen und mir geistreiche Themen stellen, die mir sehr fern liegen, dann kann ich sie nur als Einleitung nehmen, um schließlich auf mein Ceterum censeo[46] zu kommen. Vielleicht ist das eine sehr anfechtbare Methode. Meine ganze Rednertätigkeit ist so über mich hereingebrochen, daß ich noch gar nicht prinzipiell darüber nachgedacht habe. Wahrscheinlich werde ich das einmal tun müssen.“[47] Zu einer darüberhinausgegehenden Selbstreflexion kam es allerdings nicht.

In der zweiten Rubrik ist der christliche Bildungsauftrag leitend. Die Glaubenspraxis als Erziehungsziel wird immer deutlicher betont, dabei besonders die Eucharistie und die Liturgie, das Gebet der Kirche. Die Auseinandersetzung mit der nationalsozialistischen Ideologie wird in der dritten Rubrik thematisiert (*Zum Kampf um den katholischen Lehrer* (1929), *Katholische Kirche und Schule* (1933)) neben anderen Zeitfragen, wie z. B. der Weltwirtschaftskrise. Weltanschauliche Auseinandersetzungen bestimmen ebenfalls die zwei Vorträge vor katholischen Akademikern in der vierten Rubrik *(Der Intellekt und die Intellektuellen, Natur und Übernatur in Goethes ‚Faust'* (1931)*)*. Es geht hier um die Aufgabe der Intellektuellen und die Abwägung, welche Inhalte vermittelt werden sollten und welche nicht.

In einigen Vorträgen aus der zweiten Rubrik bewegt sich Stein schon im engeren Umfeld der christlichen Lebensgestaltung und Mystagogie (z. B. *Eu-*

---

[45] Stein verwendet die Begriffe „Erziehung“ und „Bildung“ synonym.

[46] „im übrigen aber denke ich …“. Stehende Schlußformel, mit der Cato d. Ältere alle Senatsreden beschlossen haben soll: „… Carthaginem esse delendam“ – „… daß Karthago beseitigt werden muß“. Sprichwörtliche Wendung für etwas, auf das unweigerlich zurückzukommen ist.

[47] Br. 150, ESGA 2.

charistische Erziehung (1930), *Eine Meisterin der Erziehungs- und Bildungsarbeit: Teresia von Jesus* (1935)); dennoch ist hier das Leitthema die erzieherische Motivation und Aufgabe, so daß die Artikel zu Recht in den Rahmen dieses Bandes gehören. Auch aus den Vorträgen *Lebensgestaltung im Geist der hl. Elisabeth* (1931), *Elisabeth von Thüringen. Natur und Übernatur einer Heiligengestalt* (1931) oder aus dem Vortrag vor den katholischen Akademikern in Ludwigshafen *Das Weihnachtsgeheimnis* (1931) spürt man Steins Motivation heraus, durch diese Lebensbilder und geistlichen Reflexionen selbstbildend oder erzieherisch tätig sein zu wollen. Dennoch ist dabei eher die spirituelle Intention ausschlaggebend, so daß diese Texte besser in den Rahmen der mystagogischen Texte (ESGA 19/20) passen und dort publiziert werden, obwohl sie chronologisch noch zu Steins öffentlicher Vortragstätigkeit zählen.

Drei Themenkreise verquicken sich also in Steins Referententätigkeit zwischen 1926 und 1933: das Thema „Frau" (ESGA 13), das sich mit dem Gebiet der „Bildung" (ESGA 16) überschneidet, da es oftmals um „Frauen-" oder „Mädchenbildung" ging.[48] Das Thema „Bildung" wiederum berührt sich bereits mit dem dritten Topos, dem „christlichen Glaubensleben" (ESGA 19/20), da in vielen der vorliegenden Vorträge die Bildung nicht nur auf die zwischenmenschliche, sondern gerade auch auf die übernatürliche Erziehung des Menschen durch Christus abzielt.

Bildungsauftrag und Bildungsprozeß

Recht formal und sachlich formuliert Stein den Begriff der „Bildung" schlechthin: sie behandelt „Material" – tote Stoffe, Pflanzen, Tiere, Menschen.[49] Wenn auch Schüler zunächst sachlich als „Menschenmaterial" bezeichnet werden, das vom Lehrer gebildet bzw. geformt werden soll,[50] so geht hier der Begriff des „Materials" bereits über die formale Bedeutung hinaus. Es ist das vielfältige Potential der Anlagen und Talente, das den Menschen von Gott dem Schöpfer gegeben wurde und das dem Lehrer in den Schülern entgegenkommt. Andererseits gibt es eine Grenze der Erziehung:[51] Stein betont, Schüler seien gerade „keine völlig formlose Materie, die man in jede beliebige Form hineinpressen kann und die jede gleich willig" annehmen.[52] Das heißt, Stein setzt anthropologisch im Anschluß an die scholastische

---

[48] *Grundlagen der Frauenbildung* (1930), ESGA 13, S. 30–45; *Probleme der neueren Mädchenbildung* (1932), S. 127–208.

[49] *Zur Idee der Bildung* (kurz: *Idee*), S. 37 ff.; *Die Mitwirkung der klösterlichen Anstalten an der religiösen Bildung der Jugend* (kurz: *Klösterliche*), S. 52.

[50] Zu Steins Zeit waren Klassengrößen von 40 Schülern gang und gäbe.

[51] *Wahrheit und Klarheit*, S. 8.

[52] *Die theoretischen Grundlagen der sozialen Bildungsarbeit* (kurz: *Bildungsarbeit*), S. 30.

Theorie voraus, daß Menschen eine „innere Form" haben, die entdeckt und entfaltet werden sollte und wohl auch verändert werden darf.[53] Im Gegensatz zu konstruktivistischen Theorien der Gegenwart[54] ist diese innere Form jedoch nicht starr, sondern kann von der Kraft der Gnade zum Guten hin verändert werden, auch in Bereichen, an die der Erzieher mit unterrichtlichen und auch psychologischen Mitteln gar nicht herankommt. Bildung ist somit „Formung und Führung des gottgeschaffenen Menschen zu dem Ziel, das ihm Gott gesteckt hat".[55]

Stein entwirft nicht eine eigene Lerntheorie, es gibt aber einen speziellen Ansatz in ihrer neuscholastischen Psychologie, den sie später in *Potenz und Akt* und *Aufbau der menschlichen Person* weiter ausführen wird: Es findet eine strukturierte Aufnahme von Inhalten in der Seele statt.[56] Den Aufbau der Seele denkt Stein im aristotelisch-scholastischen Sinne als Stufen des Organischen,[57] sie differenziert Intellekt, Gemüt und Wille.[58] Den Willen betont sie als freien, der im Lernprozeß motiviert werden müsse:

„Beim *Wollen* handelt es sich immer um eine *reale Begegnung*, während das Erkennen ein rein geistiges Ergreifen ist, bei dem der reale Bestand des erkannten Dinges unangetastet bleibt und auch der Erkennende keine substanzielle Veränderung erfährt."[59]

Bildung ist – so formuliert Stein prägnant – nötig und möglich, in theologischer Hinsicht begründet durch den defizienten Zustand des Menschen nach dem Sündenfall:

„Wäre die Menschennatur schlackenlos rein, wie sie aus den Händen des Schöpfers hervorging, und verliefe das menschliche Leben rein nach den Gesetzen der Vernunft, so würde sich die Einordnung des Individuums in die Gemeinschaft reibungslos vollziehen. Es würde jeder erkennen, an welchen Platz er durch seine Individualität gehört, und würde diesen Platz bereitwillig einnehmen, und die andern, ebenfalls von der richtigen Erkenntnis geleitet, würden ihm den Platz ebenso bereitwillig einräumen."[60]

Stein betont jedoch, daß dem leider nicht so sei, daß jeder zum falschen Platz strebe. Machtspiele und Selbsttäuschungen bestimmten den Menschen, er wolle die Wahrheit nicht sehen. Der Mensch ist nach katholischer Anthropologie, so unterstreicht Stein in ihrem Ansatz zu einer „katho-

[53] Ebd.
[54] Vgl. Balgo, Rudolf, *Lehren und Lernen. Versuch einer (Re-)Konstruktion.* In: *Pädagogik* 7–8 (1998), S. 58–62.
[55] *Jugendbildung*, S. 71 f.
[56] *Idee*, S. 40 ff.
[57] *Idee*, S. 38.
[58] *Der Intellekt und die Intellektuellen* (kurz: *Intellekt*), S. 144 ff.
[59] *Intellekt*, S. 147.
[60] *Bildungsarbeit*, S. 25.

lischen Pädagogik", weder völlig verderbt noch völlig gut, sonst wären Bildung und Erziehung sinnlos oder überflüssig. Der Wille ist geschwächt und die Triebe sind ungeordnet, andererseits ist die Wiederherstellung des Urzustandes durch die Erlösung durch Christus (und das eigene Bekenntnis dazu) möglich geworden, so daß der zu erziehende Mensch sich aktuell im „Schwebezustand" befindet.[61] Erlösung bedeutet für Stein, sich selbst zu verlassen, d.h. umzukehren, und sich zu bekehren, das heißt, sich dem Kreuz Christi zuzuwenden[62] und sich nicht mit der Scheinwahrheit zu begnügen, daß „wer ewig strebend sich bemüht", erlöst werden könne.[63] Der Lehrer solle vielmehr seine Schüler „der Gnade aussetzen", denn Gott sei der eigentliche Erzieher.[64]

„Schließlich erfährt die Seele in ihrem Innersten Erneuerung und Kraftzustrom nicht von Geistesgütern der äußeren Welt, sondern von einem Formprinzip, das aus dem Urquell alles Seins und Lebens ihr eingegossen wird, durch die *göttliche Gnade*."[65]

Demzufolge ist der christliche Bildungsauftrag für Stein kurzgefaßt „Formung durch Christus zu Christus"[66]:

„Wahre Menschen bilden heißt, sie nach dem *Bilde Christi* bilden. Wir haben das Kind dann auf den Weg zum Ziel gebracht, wenn wir das Bild Christi in seine Seele eingeprägt und es dazu erzogen haben, den Weg der Nachfolge Christi zu gehen."[67]

„Freiheit" als Konstitutivum von Pädagogik

Freiheit ist die Grundvoraussetzung für den Erziehungsprozeß: Wenn der Mensch die Fähigkeit zur Entscheidung hat, dann kann auch auf seine Entscheidungen durch Erziehung und Bildung Einfluß ausgeübt werden.[68] Nicht zu erziehen wäre eine Gefahr, daher rät Stein, das Kind nicht einfachhin nur wachsenzulassen.[69] In diesem Zusammenhang ist Steins Kritik an

---

[61] *Jugendbildung*, S. 75.
[62] Eine Umkehr beobachtet Stein auch bei Faust, während eine Bekehrung fehlt. Vgl. *Natur und Übernatur in Goethes ‚Faust'* (kurz: *Faust*), S. 164.
[63] Goethe, *Faust II*, S. 11936f. Vgl. Stein, *Faust*, S. 164.
[64] *Idee*, S. 47f.; *Klösterliche*, S. 62; *Jugendbildung*, S. 88; *Eine Meisterin der Erziehung- und bildungsarbeit: Teresia von Jesus* (kurz: *Meisterin*), S. 108.
[65] *Idee*, S. 41; vgl. *PK*, S. 76, *EPh*, S. 194f.
[66] *Klösterliche*, S. 62.
[67] *Wahrheit und Klarheit*, S. 6.
[68] *Idee*, S. 46.
[69] Vgl. dazu aus dem Bachmann-Exzerpt: „Durch die gegenwärtige Auffassung des rel. Lebens geht ein großer Ernst. Sie will Religion allein als ein Werk Gottes im Menschen ansehen, in das nicht einzugreifen ist. Aber das ist übertrieben. Gott braucht auch Menschen als Werkzeuge, als Apostel. Die Schule kann u. soll eine Gehilfin Gottes sein." Notizblock P/B II 5 im ESAK; vgl. S. XXVf.

Maria Montessoris Pädagogik interessant, für die Freiheit ein zentraler Wert ist.[70] In „Grundlagen der Frauenbildung" empfielt sie die Montessori-Methode:

„Was mir vorschwebt, ist eine Art Montessorisystem, durchgeführt vom frühen Kindesalter bis an die Schwelle der Berufsschulen."[71]

In ihren Notizen findet sich allerdings auch ein Zettel mit kritisierenden Anmerkungen: Nach der Feststellung, daß ein Ziel der Montessori-Pädagogik darin besteht, dem Kind Anregungen aus einer vorbereiteten Umgebung zu bieten, vermerkt Stein kritisch: „(Fehlt das übernatürliche Ziel?) Welche soziale Bedeutung? Gegensatz zwischen Ausgangspunkt und Ziel." Im Anschluß an Montessoris Formulierung des Rechts des Kindes auf eine Umwelt, in der es sich frei betätigen und wohlfühlen kann, vermerkt Stein: „Was wird aus der Familie? Was aus dem Leben mit Erwachsenen?" Desweiteren formuliert sie die Bedenken: „1. Erziehung *nur* der Muskeln, Sinne, Sprache? 2. Keine negativen Erfahrungen? Streitsucht, Neid, Zerstörungslust etc.?"[72]

Ähnlich konstruktiv kritisch setzt sich Stein mit dem Arbeitsschul-Modell Kerschensteiners auseinander. Sie rezipiert dazu Walter Kinkels *Philosophische Begründung des Sinnes der Arbeitsschule*:[73] „Sinn der Arbeitsschule ist die Entwicklung des in sich harmonisch gefestigten sozialdenkenden, wollenden und fühlenden Menschen." Dazu merkt Stein an: „(sozialistisch-neukantianisch; sehr verworren)".[74] Im Hinblick auf die positiven Auswirkungen dieses reformerischen Modells auf die Schüler sagt Stein in „Zur Idee der Bildung":

„Diese Wirksamkeit nach außen, das Sichaussprechen, Schaffen und Gestalten ist ein wesentliches Stück der Persönlichkeit, darum die Schulung der entsprechenden praktischen und schöpferischen Fähigkeiten zu aktionsbereiten Fertigkeiten ein wesentliches Stück des Bildungsprozesses. Darin liegt wohl der tiefste Sinn der *Arbeitsschule*."[75]

---

70 Stein könnte folgende Veröffentlichungen wahrgenommen haben: Montessori, Maria, *Montessori-Erziehung für Schulkinder.* Bd I., Stuttgart 1926. *Mein Handbuch,* Stuttgart ²1928. *Selbsttätige Erziehung im frühen Kindesalter,* Stuttgart 1913.

71 *Grundlagen der Frauenbildung: IV. Forderungen der Gegenwart. Wege zur praktischen Durchführung,* ESGA 13, S. 41.

72 Zettel in P/B II (ESAK).

73 Osterwieck a. Harz 1923.

74 „Kerschensteiner (Über die Seele des Erziehers). Unterschied zwischen dem religiösen Menschen und dem Typus des Erziehers mit Religion. Der 1. vergesse leicht die Beziehung zum Nebenmenschen. (!) Die neue Lehrordnung glaubt an die Harmonie von religiösen und anderen Lebenselementen und will, daß die Schule an dieser Harmonie mitarbeite." In: Bachmann, *Religiöse Charakterbildung.* Notizbuch P/B II.

75 *Idee,* S. 44. Vgl. dazu das Aufsatzthema: „Die erzieherische Bedeutung der Arbeit." In: Herrmann, *Speyerer Jahre,* a. a. O., S. 79.

Die formende Kraft des Vorbilds

Kennzeichnend für Steins Ansatz in den vorliegenden Vorträgen und auch in ihrer eigenen Lehrtätigkeit ist das „Lernen am Vorbild / am Modell", wodurch der Prozeß des Bildens bestimmt wird. Zu Beginn des 21. Jahrhunderts, in der Zeit der „nach-antiautoritären" Pädagogik, lassen sich Steins Einsichten in die „innere Autorität"[76] des Lehrers neu entdecken. Nicht so sehr, was Lehrer *tun*, sondern „was wir *sind*", so sagt Stein, sich selbst einschließend, zählt für den Bildungsprozeß.[77] Vor allem soll der Lehrer selbst Nachfolger Christi sein,[78] soll eine lebendige, vertraute Beziehung zu Jesus pflegen, indem er in die „Schule der Hl. Schrift" geht,[79] d. h. in der Bibel liest, die Sakramente empfängt und das Kirchenjahr mitfeiert, sich außerdem kirchengeschichtlich und dogmatisch weiterbildet.[80] Die Lehrerschaft sei schließlich die „Elitetruppe der heiligen Kirche".[81] Das Lehrerdasein versteht Stein als Spannungsfeld zwischen dem Erziehungsauftrag der Eltern, des Staates und der Kirche.[82]

Der Lehrer soll zu seinen Schülern stehen wie das „Haupt" zu den Gliedern des Leibes, nach dem von ihr vielzitierten Paulus-Bild, in dem Christus das Haupt der Kirche ist.[83] Damit ist eine klare Autoritätsstruktur vorgegeben, aber sie wird von Stein als „innere Autorität" verstanden, die nicht als „Cäsarenwahn" mißbraucht werden dürfe.[84] Vor einer anderen Art, den Sinn des Lehrerberufs zu verfehlen, warnt Stein: Diese Aufgabe dürfe nicht aus Gründen der finanziellen Absicherung und ohne „innere Tauglichkeit und Berufung … ohne sachlichen Dienstwillen"[85] gewählt werden. Denn der eigentliche Auftrag des Lehrers sei es, nicht zu herrschen, sondern zu dienen.[86]

Individualität und Vielfalt in der Schulwirklichkeit

Die Entfaltung der Individualität ist für Stein in Hinsicht auf die Gemeinschaft möglich. Wie das Verhältnis der Glieder innerhalb eines Leibes ist die Ergänzung der individuellen Persönlichkeiten und Begabungen in Staat und Schule zu denken und als Erziehungsziel mitzubeachten. „Der *wahre*

---

[76] *Bildungsarbeit*, S. 33.
[77] *Notzeit*, S. 132.
[78] *Wahrheit und Klarheit*, S. 6.
[79] *Klösterliche*, S. 54.
[80] Ebd., S. 58.
[81] *Bildungsarbeit*, S. 34.
[82] *Jugendbildung*, S. 84 ff.; *Bildungsarbeit*, S. 26 ff.
[83] Röm 12, 5.
[84] *Bildungsarbeit*, S. 30.
[85] Ebd.
[86] *Bildungsarbeit*, S. 32.

Mensch … ist der, der mit dem göttlichen Urbild des Menschen übereinstimmt."[87] Individualität sei also nicht eine zufällige Verfallserscheinung aufgrund des Sündenfalls, sondern die Vielzahl von Individualitäten ist für Stein eine „vielstimmige Harmonie", die es zu schätzen gilt.[88] Das bedeutet, daß die Individualität nicht „durch die Taufe abgewaschen" wird, sondern daß es Menschsein (und somit auch Christsein) nur in „individueller Ausprägung" gibt. Individualität zeigt sich sowohl in persönlichen Zügen wie auch im je besonderen Mann- oder Frausein, in der Zugehörigkeit zu einem speziellen Typus und zu einem bestimmten Volk.

„Wer sein Leben in Gottes Hand gibt, der kann sicher sein und *nur der* kann sicher sein, daß er ganz er selbst wird, d. h. daß er das wird, was Gott *für ihn ganz persönlich* vorgesehen hat."[89]

Geschlechtsspezifische Erziehung ist für Stein ein Thema, zu dem sie referierte und zu dem sie Erfahrungen sammeln konnte als Lehrerin an einem Mädchen-Lyzeum. In ihrer Breslauer „Pädagogischen Gruppe", einem privaten Gesprächskreis an der Universität, referierte Stein an einem Gruppenabend über Koedukation, revidierte allerdings später ihre damalige Zustimmung.[90] Die Geschlechtsspezifik ist auch ein Thema im Lehrerinnenverein, immer wieder tritt das Problem der Vereinbarkeit von Familie und Beruf auf.[91] Stein insistiert aber darauf, daß das Phänomen der berufstätigen Frau für die Gesellschaft unerläßlich und wichtig sei. An anderen Stellen scheint sie das Klischee „typisch weiblich" zu bedienen.[92] Theologisch interessant ist Steins wiederholter Hinweis, daß Frauen von Jesus selbst nicht für ein Amt bestimmt sind: Jesus „überschüttet sie mit der Fülle seiner erbarmenden Liebe, er nimmt ihre Dienstleistungen an und freut sich ihrer Liebe […]. Aber er gibt ihnen nicht das Amt seiner Stellvertretung, wie er es den Aposteln gegeben hat."[93] Darin ist kein einzuklagendes Manko zu finden, denn sowohl Mann als auch Frau – idealtypisch genommen: Christus und Maria – sind in das Erlösungsgeschehen miteinbezogen. Stein unterstreicht, daß der „Unterschied der Geschlechter kein Mangel der Natur ist, der überwunden werden könnte und sollte, sondern eine positive Bedeutung und eine Bedeutung für die Ewigkeit hat."[94] In der Auseinandersetzung mit Goethes *Faust*

---

[87] *Wahrheit und Klarheit*, S. 6.
[88] *Jugendbildung*, S. 83.
[89] *Wahrheit und Klarheit*, S. 7 (Herv. durch Verf.).
[90] „In meinem jugendlichen Idealismus und in meiner Unerfahrenheit, die von den wirklichen Schwierigkeiten noch nichts wußte, hatte ich die Frage positiv beantwortet." *Aus dem Leben einer jüdischen Familie*, S. 150.
[91] *Notzeit*, S. 131.
[92] *Akademische und Elementarlehrerin* (kurz: *Akademische*), S. 128 f.; *Eucharistische Erziehung* (kurz: *Eucharistische*), S. 63.
[93] *Jugendbildung*, S. 82.
[94] Ebd.

hebt sie hervor, daß sowohl „das Männliche“ als auch „das Weibliche“ erlösungsbedürftig seien, so daß also nicht das „Ewigweibliche“ automatisch „hinanziehe“.[95]

Wider das Geistlose im Zeitgeist – der Pädagoge in weltanschaulicher Auseinandersetzung

Nach dem neutestamentlichen Grundsatz „Prüfet alles und behaltet das Gute“ (1 Thess 5,21) – einmal steigert Stein es sogar: „das Beste“[96] – rät sie allen Pädagogen zur aufmerksamen Auseinandersetzung mit Themen des Zeitgeistes. „Keine pädagogische Theorie darf kritiklos übernommen werden.“[97] Die Arbeit der Pädagogen sei besonders fruchtbar, „wenn sie mit aller Energie, Gründlichkeit und Ehrlichkeit daran gehen, sich eine religiös und philosophisch sicher fundierte Weltanschauung zu erarbeiten, ein daraus sich ergebendes klares Erziehungsziel und ein dem Ziel entsprechendes Erziehungs- und Bildungssystem.“[98] Dazu sind Personen von ihren Theorien zu differenzieren, Leben und Werk zu trennen, wie es Stein anhand ihrer ‚Faust‘-Analyse aufzeigt.[99] Toleranz ist gegen das Leben des Dichters oder Theoretikers zu üben; aber sachliche Kritik an dessen Theorie oder Dichtung ist dennoch unerläßlich. Als „Ausrüstung“ in der weltanschaulichen Auseinandersetzung[100] empfiehlt Stein an erster Stelle die Schriften des Thomas von Aquin[101] und ihres Zeitgenossen Erich Przywara.[102] Den Intellektuellen weist Stein die Aufgabe der weltanschaulichen Auseinandersetzung zu, zu der sie die übernatürliche „Gabe der Unterscheidung“ benötigten, durch die wiederum die Praxis beeinflußt wird:[103]

> „Aber der Philosoph wird seine Führerrolle am besten spielen, wenn er der Theorie treu bleibt und sie nach besten Kräften zu fördern sucht. Er darf vertrauen, daß fortschreitende Einsicht ihre Früchte im praktischen Leben zeigen wird.“[104]

Stein selbst mischt sich bereits 1929 in den weltanschaulichen Kampf ein, in dem sich Christen bewußt oder unbewußt befanden, sobald die national-

---

[95] *Faust*, S. 167.
[96] *Faust*, S. 166.
[97] *Rezension: Zum Kampf um den Katholischen Lehrer* (kurz: *Kampf*), S. 121.
[98] *Akademische*, S. 129.
[99] *Faust*, S. 165.
[100] Vgl. 2 Kor 10,3–5: „Wir … kämpfen nicht mit Waffen dieser Welt. Die Waffen … sind nicht irdisch, … mit ihnen reißen wir alle hohen Gedankengebäude nieder, die sich gegen die Erkenntnis Gottes auftürmen.“
[101] *Kampf*, S. 124.
[102] In: *Kampf*, S. 118.
[103] Vgl. 1 Kor 12,10.
[104] *Intellekt*, S. 152.

sozialistische Ideologie um sich zu greifen begann. Aus katholischer Sicht hatte der Kapuziner Ingbert Naab in „Der Kampf um den katholischen Volksschullehrer“[105] argumentiert, daß die nationalistischen Tendenzen des bayerischen Lehrervereins für Christen nicht zu tolerieren seien. Mit der nationalistischen, eher assoziativ und emotional argumentierenden Antwort des katholischen bayerischen Lehrers Dr. Josef Adelmann, der die Auflösung der speziellen katholischen Lehrervereinigung befürwortete, weil sie das deutsche Volk unnötig spalten würde,[106] setzt sich Stein kritisch auseinander. Man wundert sich, warum sie nicht deutlich schärfer kontert. Sie selbst reflektiert das so:

> „Ich habe darauf verzichtet, die Ausführungen Herrn Dr. Adelmanns Satz für Satz unter die kritische Lupe zu nehmen, weil ich glaube, daß die Darlegung der Wahrheit immer fruchtbarer ist als die Widerlegung des Irrtums. So bin ich von dem ausgegangen, was ich Positives in jenen Ausführungen fand, und habe die Konsequenzen daraus gezogen.“[107]

Stein stützt im Gegenteil selbst nationale Gedanken in ihrer Argumentation im Sinne des „Alles ist unser – wir aber gehören Christus“[108]. Dieses Vorgehen mag befremdend wirken, da aus verständlichen Gründen in der Schulpraxis nach dem Zweiten Weltkrieg nationales Bewußtsein im unbefangenen Verständnis konsequent aberzogen wurde. Stein dagegen betont die individuelle wie auch die nationale Eigenart als ur-katholisches Gedankengut gegen den Geist der Aufklärung.[109] Neben dieser Veröffentlichung finden sich noch andere Auseinandersetzungen Steins mit der nationalsozialistischen Ideologie: zum einen eine Gegenüberstellung von Christentum und germanischer Religion,[110] zum anderen ein Exzerpt zu Guida Diehls „Die deutsche Frau und der Nationalsozialismus“.[111]

---

[105] Naab, Ingbert, *Der Kampf um den katholischen Lehrer*, München 1929.

[106] Adelmann, Josef: *Eine offene Antwort an den Verfasser der Schrift: ‚Der Kampf um den katholischen Lehrer‘*. In: *Bayerische Lehrerzeitung*, Nürnberg, 63, 13 (1929), S. 185–204.

[107] *Kampf*, S. 124.

[108] Nach 1 Kor 3,21–23: „Denn alles gehört euch … ihr aber gehört Christus …“

[109] Das „Ewige und Unwandelbare kann in mannigfaltiger Gestalt Fleisch und Blut werden“ *Kampf*, S. 116.

[110] Im Bachmann-Exzerpt (s. u.) streicht sich Stein folgende Gedanken an: Der alte Germanenglaube sei als Religion schwach. Die Mystik sei nicht spezifisch deutsch. Vgl. Notizheft, P/B II 5, ESAK; vgl. S. XXV f.

[111] Diehl, Guida, *Die deutsche Frau und der Nationalsozialismus*, Eisenach 1933. Exzerpt Edith Steins in: P/BII. ESAK.

Steins Metatheorie und die pädagogische Theoriebildung

Es gibt sicher keine spezifische Steinsche Pädagogik in Sinne systematischer Theoriebildung innerhalb der Erziehungswissenschaft.[112] Was wir aber als Steins „réflexion engagée" finden, ist ihre Auseinandersetzung mit zeitgenössischen Theorien (wie der Reformpädagogik, der beginnenden nationalistisch gestimmten Pädagogik, Theorien zur geschlechtsspezifischen und religiösen Erziehung) sowie mit Elementen der Philosophie und Erziehungslehre des Thomas von Aquin[113] und mit Theoretikern der „philosophia perennis" in den 20er Jahren des 20. Jahrhunderts.[114] In diesem Zusammenhang lernt sie auch Romano Guardinis Gegensatzkategorien[115] in ihrer Bedeutung für die Pädagogik kennen.[116] Für die weitere Edith-Stein-Forschung könnten sich interessante Spuren finden lassen, wenn man die Grundlagen ihres Denkens vor dem Hintergrund der von ihr exzerpierten Literatur untersuchen würde. Steins Exzerpte auf Notiz-Zetteln und

[112] Vgl. zur Pädagogik Edith Steins: Reifenrath, Bruno H., *Erziehung im Lichte des Ewigen – Die Pädagogik Edith Steins*, Frankfurt 1985. – Birkenbeil, Edward, *Ganzheitliches Leben – Ziel und Weg der Pädagogik Edith Steins.* In: *Katholische Bildung* 91, 5 (1990), S. 272–289. – Schwarte, Hergard, *Wahres Menschentum in sich und anderen zur Entfaltung bringen – Edith Stein als Pädagogin.* In: *Katholische Bildung* 99, 9 (1998), S. 341–355. – Schweighöfer, Rudolf, *Erziehung im Sinne Edith Steins.* Vortrag in der Hauptversammlung der Edith Stein Gesellschaft 1995, Manuskript. – Kühlem, Dorothee, *„Das zu werden, was sie sein soll". Mädchen- und Frauenbildung bei Edith Stein*, Buttenwiesen 2001.

[113] Zu Thomas' Pädagogik notierte sich Stein (P/B II 5): „Die thomistische Philosophie und die bleibenden Probleme der Erziehung". Es ginge in „De magistro" um Unterrichtsprobleme, wie z. B. „Lernen bestehe in der Ordnung der Erfahrung, die sich darbietet, also in der Lösung eines Problems, das dem eigenen Leben entspringt. ... daß die wahre Art zu lernen in dem aktiven und persönlichen Prozeß der Reflexion bestehe, der zum Gewinn von Gewohnheiten führe." Gott gelte als höchster Lehrer des Menschen. „Erziehbarkeit des Menschen" wird vorausgesetzt, „d. h. seine Selbsttätigkeit, Bildsamkeit und Freiheit."

[114] Franz Xaver Eggersdorfer (1882–1958) und Max Ettlinger (1877–1929) sind hier in erster Linie zu nennen als die Gründer des Dt. Instituts für wissenschaftliche Pädagogik in Münster, an das Stein 1932 berufen wurde. Eggersdorfer, Franz Xaver, *Jugendbildung*, München 1928. Des weiteren zitiert Stein seinen Aufsatz *Die formenden Kräfte in der Charakterbildung der Jugendlichen.* – Ettlinger, Max, *Die philosophischen Zusammenhänge in der Pädagogik der jüngsten Vergangenheit und Gegenwart*, Münster 1925. – Ein weiterer Vertreter der philosophia perennis und der Phänomenologie ist Dietrich von Hildebrand, den Stein rezipierte: Hildebrand, Dietrich von, *Gibt es eine Eigengesetzlichkeit der Pädagogik? Zeitliches im Licht des Ewigen*, Regensburg 1932, S. 225–59. (1 Seite Exzerpt, P/B II 5) Im Hildebrand-Exzerpt streicht Stein zustimmend hervor: „Das *pädagogische Tun* ist *nicht eigengesetzlich*, es ist unlösbar geknüpft an die *Gesetze* der *Veränderung und Beeinflussung der Person* und an ihr Ziel, die Fülle der personalen Werte, das schließlich nur von der *Kirche* zu bestimmen ist, in der sie auch allein Realisierung finden können; nur in conspectu Dei ist auch echte *Individualität* zu erfassen. (Offenbarung gibt keine vollendete Pädagogik.)"

[115] Guardini, Romano, *Der Gegensatz. Versuche zu einer Philosophie des Lebendig-Konkreten*, Würzburg 1925.

[116] Bachmann-Exzerpt (P/B II 5).

-Blöcken sind erst seit kurzer Zeit im Edith Stein Archiv Köln (ESAK) zugänglich.[117]

Stein denkt auf einer philosophisch-theologischen Metaebene, aus der sich Kriterien und Maßstäbe für die pädagogische Theoriebildung und das pädagogische Handeln finden lassen. Die neuscholastische Terminologie Steins klingt stark versachlichend, wenn man an das Begriffspaar „Material

---

[117] Dazu sind vor allem relevant die Exzerpte
I. Bachmann, *Religiöse Charakterbildung* (nicht zu ermitteln), graues Notizbuch P/B II. Hierin werden zitiert:
1. Petersen, Agnes, *Fröhlicher Religionsunterricht*: „Religiöse Erziehung und Führung: nicht religiöser Unterricht, sondern religiöse Menschen als Erzieher."
2. Windelband, Wilhelm, *Das Heilige. Skizze zur Religionsphilosophie*, Tübingen 1916. Stein hebt heraus: „Das Religiöse bedingt einerseits eine Entwertung aller anderen Werte; zu negieren oder zu relativieren. Auf der anderen Seite sind alle Werte lebendige Gottestaten und ihnen nachfolgen heißt Gott suchen."
3. Aus dem Abschnitt über William James hebt Stein hervor: „Aufgabe der Erziehung ist die Entfaltung und Formung des Gegebenen. Durch *alle* Religiosität wird ein ganz neuer Gedanke hineingebracht: der der Wiedergeburt – nicht Entfaltung, sondern Schöpfung eines neuen Ich. Und dies fällt außerhalb der schulischen Aufgabe. (James unterscheidet zwischen der Religion der einmal Geborenen u. der der 2x Geborenen)."
II. Moock, Wilhelm (Willy), *Philosophische und pädagogische Strömungen der Gegenwart*, Langensalza 1926. (P/B II, brauner Block „Pädagogik", ESAK) Ebenso: Moock, Wilhelm, *Das katholische Bildungsideal* in: *Hochland* 28 (1927), S. 45–57; 183–98; 293–312. (3 Seiten Exzerpt)
III. Nohl, Herrmann: *Pädagogische Menschenkunde. Handbuch der Pädagogik II*, 1928. Darin werden aus der Gegenwart u. a. genannt: Psychoanalyse, Charakterologie (Klages), Philosophische Anthropologie: Jaspers, Scheler, Heidegger, Plessner. Auch der Schichtenaufbau der Seele (Platon, *Staat IX* und *Phaidon/Phaidros*) wird thematisiert.
IV. Stein empfiehlt Peil, Rudolf, *Konkrete Mädchenpädagogik. Versuch der wissenschaftlichen Erfassung des pädagogischen Aktes*, Honnef a. Rh. 1932. Stein betont im Exzerpt durch Unterstreichungen, daß er sich gegen jegliche metaphysikfreie Pädagogik wendet. Stein hebt hier hervor, der Erzieher solle „zum Gleichförmigmachen mit dem göttlichen Willen hinführen, dessen Appell im Gewissen vernommen wird. Geboten ist Ehrfurcht vor dem Innenleben, wo der Mensch mit Gott allein ist." Zur Entwicklung von Weltanschauung und Religion streicht Stein folgenden Gedanken Peils an: Der wesentliche Faktor der Gnade kann nicht entsprechend berücksichtigt werden, weil „zu dessen wissenschaftlicher Erfassung im Pädagogischen selbst die kath. Theologie bis jetzt weder Methoden noch Kategorien bereit hat."
V. Weitere Empfehlungen Steins sind Eggersdorfer, *Jugendbildung* (s. o.), Hugo Gaudig (s. o.), Georg Kerschensteiner (s. o.), Allers, Rudolf, *Das Werden der sittlichen Person*, Freiburg 1929 (dazu existiert ebenfalls ein Exzerpt) und Krieck, Ernst, *Menschenformung. Grundzüge der vergleichenden Erziehungswissenschaft*, Leipzig 1925. Letzteren empfiehlt sie jedoch zurecht mit Einschränkung; Stein hatte recht mit ihrer Vorsicht: Krieck veröffentlichte nach 1933 nationalsozialistsche Erziehungskonzepte). Vgl. zu Steins Empfehlungen: Br. 241 (an Emmy Lüke, 6. 2. 1933), ESGA 2.
VI. Es existiert zudem eine Mitschrift eines Vortrags von Sergius Hessen über das russische Schulwesen (16. 1. 1933).
VII. Weitere Exzerpte beziehen sich auf verschiedene Untersuchungen zur menschlichen Seele, zur Willenspsychologie, u. ä.

und Bildner" denkt, das sich jedoch auf die Anlagen und Talente der Schüler bezieht, die vom Lehrer als Schätze gehoben werden können. Die „Eigentümlichkeit [des] leiblich-seelisch-geistigen Gebildes"[118], das Innere des Menschen, ist für Stein ein prägbarer, aber vor allem als Geheimnis zu achtender Wert. Zugleich thematisiert Stein immer ein Geflecht von Beziehungen mit, in denen der einzelne Schüler lebt: die Familie, die Schulgemeinschaft aus Lehrern und Mitschülern (die jedoch in ihren Beziehungen untereinander nicht thematisiert werden), die Gesellschaft des Staates und die Gemeinschaft der Kirche.

Die anthropologische Grundkonstante in Steins Theorie ist wohl das Personsein des Schülers, der einerseits vor allem durch das Vorbild der Lehrenden, andererseits aber auch durch vom Menschen unabhängige göttliche Kräfte geprägt werden kann und soll. Stein wendet sich gegen das antiautoritäre Wachsenlassen, formuliert andererseits aber auch deutlich die Grenzen der Erziehung durch Einwirkung des Lehrers. Sie empfiehlt das unpädagogisch anmutende Mittel des Gebets für den Schüler und der Schüler füreinander. In ihrem umfassenden Ansatz, der auch die ergänzende Formung durch Gnade nicht außer acht läßt, hat das Gebet allerdings seinen spezifischen Sinn.

Fragt man Stein allerdings an diesem Punkt weiter nach praktischen schulpädagogischen Hinweisen, so wird sie uns Antworten schuldig bleiben. Sie selbst blieb zu stark ihrer dozierenden Haltung verhaftet: Sie verstand es, den Unterrichtsstoff spannend und lebendig zu schildern, wie ihre Schülerinnen berichteten, so daß sie keine Notwendigkeit sah, eine Vielfalt von Methoden im Unterricht zum Einsatz zu bringen. Pädagogen und an Pädagogik Interessierte werden allerdings aus den vorliegenden Texten vor allem den Gewinn ziehen können, sich von Stein motivieren zu lassen zu einem entschiedeneren und theoretisch durchanalysierten pädagogischen Handeln.

Die Basis für verantwortliches Engagement, das auch nach Jahren von mehr oder weniger vergeblichen Versuchen nicht erschlafft, liegt in der Frage nach den Kraftquellen, die Stein als Hilfen für den grauen Schulalltag (an staatlichen wie an christlichen Schulen) aufzeigt: Der Lehrberuf ist für Stein eingebettet in die Berufung des Lehrers, selbst Schüler zu sein in der lebendigen Jüngerschaftsbeziehung zu Christus, die sich in Gebet, Bibelstudium, im Austausch untereinander (auch in Berufsverbänden), eucharistischer Anbetung und dem Empfang der Sakramente verwirklicht. Über all dem steht für Stein selbst im Mittelpunkt die pathetische, aber doch ermutigende Aufforderung an die Lehrer ihrer Zeit, die der erzieherisch tätige Leser ebenfalls auf sich beziehen mag: Sie fordert dazu auf,

[118] *EES*, S. 32.

„ins Dunkel der Zeit das Licht der Ewigkeit hineinzutragen, unter stürzenden Trümmern hervorzuholen, was zur Dauer bestimmt ist, und den neuen Tempel zu bauen und alle Klagen zum Verstummen zu bringen durch den hellen Jubel des österlichen Alleluja."[119]

Steins Theorie der inneren Form des Menschen, die einerseits Teil des göttlichen Geheimnisses im Menschen ist, andererseits aber die erzieherische Einwirkung durch Natur und Gnade aufzunehmen fähig ist, birgt kreative Entfaltungsmöglichkeiten für Theorie und Praxis in sich, zu denen die hier vorliegenden Texte vielfältige Anregungen bieten mögen.

119 *Notzeit*, S. 139.

Editorische Vorbemerkung

Rechtschreibfehler und Zeichensetzung wurden stillschweigend korrigiert. Wo Edith Stein unmaßgebliche Streichungen vollzog, wurde die korrigierte Fassung für den jetzigen Druck verwendet. Bei maßgeblichen Änderungen verweist eine Fußnote auf die ursprüngliche, eventuell von Edith Stein selbst durchgestrichene Äußerung. Im Manuskript wellenförmig unterstrichene Wörter werden kursiv wiedergegeben. Mit spitzen Klammern ⟨ ⟩ versehene Einfügungen im Text sowie in den Fußnoten kennzeichnen editorische Hinweise, Ergänzungen oder Verdeutlichungen.

Danksagung

Für verschiedene unerläßliche Hilfsarbeiten danken wir Frau Steffi Maass, Frau Evi Hofmann, Herrn Thomas Kreibich und Herrn René Kaufmann.

Verzeichnis der Abkürzungen

Akademische	*Akademische und Elementarlehrerin*
Bildungsarbeit	*Die theoretischen Grundlagen der sozialen Bildungsarbeit*
EES	*Endliches und ewiges Sein*
EPh	*Einführung in die Philosophie*
ESAK	Edith Stein Archiv Köln
ESGA	Edith Stein Gesamtausgabe
ESW	Edith Steins Werke
Eucharistische	*Eucharistische Erziehung*
evtl.	eventuell
Goethes ,Faust'	*Natur und Übernatur in Goethes ,Faust'*
Hl.	heilig
Idee	*Zur Idee der Bildung*
Intellekt	*Der Intellekt und die Intellektuellen*
Jugendbildung	*Jugendbildung im Licht des katholischen Glaubens*
Kampf	*Rezension: Zum Kampf um den katholischen Lehrer*
Klösterliche	*Die Mitwirkung der klösterlichen Anstalten an der religiösen Bildung der Jugend*
Meisterin	*Eine Meisterin der Erziehungs- und Bildungskunst: Teresia von Jesus*
Notzeit	*Notzeit und Bildung*
PK	*Psychische Kausalität*
St.	Sankt
Sta	Sancta
Wahrheit und Klarheit	*Wahrheit und Klarheit im Unterricht und in der Erziehung*
Zs	Zeitschrift

Wahrheit und Klarheit im Unterricht und in der Erziehung

Situierung: Unter diesem Titel hielt Edith Stein ihren ersten öffentlichen Vortrag, von dem wir Kenntnis haben. Er ist in ihrem Nachlaß nur als Maschinenabschrift erhalten (P/B I 12). Sie war offenbar für den Setzer einer Zeitschrift gedacht, denn auf der leeren Rückseite des letzten Blattes stehen in Handschrift die Worte: „Vortrag von Frl. Dr. Stein, gehalten auf der pädag. Tagung Speyer 11. IX. und Kaiserslautern 12. IX. Das M.S. wird zurückerbeten." Die Handschrift ist nicht mit Sicherheit zu identifizieren. Jedoch brachte das *Pfälzer Tageblatt* am 11. September 1926 eine Vorankündigung zu der Lehrertagung in Speyer und Kaiserslautern, der den Vortrag eindeutig Edith Stein zuweist (E I 16). – Der Erstdruck des Vortrags erfolgte in der Zeitschrift *Volksschularbeit. Monatsschrift für aufbauende Erziehung und Bildung. Herausgegeben von Georg Albrechtskirchinger*, 7, 11 (1926), S. 321–328 (B II 91). Der Herausgeber war damals Vorsitzender des katholischen Lehrerverbandes in Bayern. – Der Vortrag ist auch zu finden in: ESW XII, S. 39–46. Er wird hier nach der Maschinenabschrift wiedergegeben; in den Anmerkungen finden sich die Veränderungen für den Druck.

Wer den diesjährigen Leitgedanken für die theoretische Pädagogik und die Themen für die Jahresarbeiten zuerst gehört hat, der hat sich wahrscheinlich gefragt, was eigentlich beides miteinander zu tun hat. Wenn man aber den Leitgedanken in Ruhe durchdenkt, so wird der Zusammenhang klar, und es fällt von daher ein Licht auf die Themen *Wahrheit und Klarheit im Unterricht und in der Erziehung*. Wenn wir verstehen wollen, was das bedeutet, so müssen wir die Ausdrücke, die darin vorkommen, näher erwägen. Was Unterricht und Erziehung ist, darüber haben Sie in Ihren langjährigen pädagogischen Studien sicher mehr als genug gehört und gelesen. Aber Wahrheit und Klarheit, da dürfte es vielleicht noch an der nötigen Klarheit fehlen. Auf die Erörterung dieser beiden Begriffe möchte ich daher zunächst eingehen.[1] Zu untersuchen, was *Wahrheit* und was *Klarheit* ist, das ist Aufgabe der *Erkenntnistheorie* und der *Logik*. Über die einfachsten Grundbegriffe dieser

[1] ⟨Im Druck statt dieses Abschnittes: „Wahrheit und Klarheit im Unterricht und in der Erziehung soll ein Leitgedanke sein für das Studium der theoretischen Pädagogik und für die praktische Arbeit. Wenn man ihn recht verstehen will, muß man sich über die Begriffe klar werden, die darin vorkommen. Unterricht und Erziehung, darüber haben wir wohl genug gehört und gelesen. Aber was unter Wahrheit und Klarheit zu verstehen ist, darüber dürfte es vielleicht noch an ausreichender Klarheit fehlen. Auf die Erörterung dieser beiden Begriffe möchte ich darum die Behandlung des Leitgedankens aufbauen."⟩

beiden philosophischen Disziplinen muß man einigermaßen unterrichtet sein, wenn man über Wahrheit und Klarheit sich Aufschluß verschaffen will. Die Fragen, mit denen sich die Erkenntnistheorie beschäftigt, sind etwa: „Was ist Erkenntnis, welche möglichen Arten der Erkenntnis gibt es, unter welchen Bedingungen ist richtige oder gültige Erkenntnis möglich?" Von der ersten Frage wollen wir jetzt ausgehen. Erkennen heißt, eine neue Kenntnis gewinnen oder einen Gegenstand *kennenlernen*. Das ist nur eine vorläufige Bestimmung, an der wir später eine Korrektur anbringen müssen, aber fürs erste kann sie genügen.

Zu jeder Erkenntnis gehören *dreierlei:* ein Objekt oder *Gegenstand*, der erkannt wird, ein *Subjekt* oder ein *geistiges Wesen*, das erkennt, und die *Tätigkeit* oder der *Akt* des *Erkennens*. Es gibt *verschiedene Arten* des Erkennens, je nach den Gegenständen. Um z. B. ein Ding der Außenwelt zu erkennen, bedarf es der *sinnlichen* Wahrnehmung des Sehens, Hörens usw. Will ich etwas erkennen, was in mir *selbst*, in meiner Seele vorgeht, so nützen mir dafür die äußeren Sinne nichts. Es bedarf einer andersartigen Erkenntnis, einer *inneren Wahrnehmung* oder *Anschauung*. Will ich schließlich die Gesetze etwa der Zahlen oder geometrische Gebilde erkennen, so komme ich weder mit äußerer, noch mit innerer Wahrnehmung aus. Man braucht dazu etwas, was man mit *idealer* oder *reiner Anschauung* bezeichnet hat. Die Erkenntnis ist also etwas anderes je nach dem *Objekt*, sie ist aber auch etwas anderes je nach dem *Subjekt* des Erkennens. Ein Kind erkennt anderes und anders als ein Erwachsener, ein Wilder[2] anders als ein Kulturmensch, und über alle Unterschiede der Erkenntnis bei verschiedenen Menschentypen hinaus geht die Kluft, die sich auftut, wenn wir der menschlichen Erkenntnis die göttliche Erkenntnis gegenüberstellen. Es ist bei beiden ein *Gemeinsames* vorhanden, was es erlaubt, in beiden Fällen von Erkenntnis zu sprechen. Aber die Verschiedenheit ist so groß, daß es gar nicht möglich ist, eine gemeinsame Definition aufzustellen. Wir sagten vorhin: Erkennen ist das Gewinnen einer neuen Kenntnis. Das stimmt für die göttliche Erkenntnis nicht. Gottes Erkennen ist ein Wissen oder Erkannthaben von Ewigkeit her. Die moderne Erkenntnislehre pflegt sich um diese Frage nicht zu kümmern. Aber die klassische katholische Philosophie des Mittelalters, etwa die des *hl. Thomas*, faßt das Problem immer in dieser Weite, und wir werden die Fragen unseres Leitgedankens nicht lösen können, wenn wir nicht an diese weite Fassung des Problems anknüpfen. Fürs erste allerdings genügt es, wenn wir von der menschlichen Erkenntnis ausgehen. Wir sagten: Die Erkenntnis ist eine andere je nach dem Subjekt und je nach dem Objekt. Aber auch bei *gleichem* Subjekt und Objekt kann unter Erkenntnis noch sehr Ver-

[2] ⟨Nicht pejorativ, sondern sachlich gemeinter Begriff für einen Angehörigen einer Stammeskultur.⟩

schiedenes verstanden werden. Wenn wir uns etwa in einer fremden Umgebung in einer unbekannten Stadt befinden, so brauchen wir nur die Augen aufzumachen, um eine ganze Fülle von neuen Gegenständen kennenzulernen. Wenn wir z. B. zum ersten Mal die Hauptstraße in Speyer entlanggehen und der Dom vor uns auftaucht, so tritt er vor uns hin als ein völlig neuer Gegenstand, besonders wenn wir annehmen, daß wir vorher auch noch nichts über ihn gehört oder gelesen haben.[3] Aber können wir das, was wir bei diesem ersten Hinschauen gewinnen, schon eine *wirkliche Erkenntnis* nennen? Offenbar werden wir uns nicht damit begnügen. Auf dieses erste rein passive Aufnehmen folgt eine weitere Tätigkeit. Wir werden den Dom von den verschiedensten Seiten betrachten, wir werden uns vielleicht fragen, welchem Stil er angehört, wir werden uns über seine Vergangenheit unterrichten usw.[4] Und erst, wenn wir all das getan haben, werden wir sagen, daß wir eine *wirkliche Erkenntnis* oder ein *Urteil* über ihn gewonnen haben. Es hat sich also an die sinnliche Wahrnehmung, von der wir ausgingen, eine mannigfache geistige Tätigkeit angeschlossen, ein *zergliederndes* und *zusammenfassendes* Denken. In der ersten Anschauung stand der Gegenstand als etwas Einfaches und Einheitliches vor uns. Dann haben wir ihn zergliedert, einzelne Teile und Eigenschaften herausgehoben, ihn in Beziehung zu anderen Gegenständen gesetzt usw. Alle diese Eigenschaften und Beziehungen schreiben wir dem Gegenstand, von dem wir ausgingen, zu, und das geschieht in der *Form des Urteils*, das man auch gern mit der Erkenntnis gleichsetzt. Und vom Urteil nun sagen wir in erster Linie, daß es wahr oder falsch ist. Wahrheit ist ein Prädikat, das dem Urteil zukommt, Wahrheit ist nach der klassischen Definition der Scholastik die Übereinstimmung der Erkenntnis und des Seins. Wir haben eine wahre Erkenntnis oder ein wahres Urteil gewonnen, wenn der Gegenstand in Wirklichkeit *so* ist, *wie* es das Urteil von ihm behauptet. Um eine wahre Erkenntnis zu gewinnen, muß die geistige Tätigkeit, die sich an die ursprüngliche einfache Anschauung anschließt, nach bestimmten allgemeinen Gesetzen vorgehen, und das Ergebnis der Tätigkeit, das Urteil, muß eine bestimmte Form haben. Die allgemeinen Gesetze des Denkens und die Formen des Urteils sowie die ihm verwandten Gebilde untersucht die Logik, die also mit der Erkenntnistheo-

[3] ⟨Im Druck: „Komme ich z. B. zum erstenmal die Hauptstraße in Speyer entlang und sehe den Dom vor mir auftauchen, so steht er als ein völlig neuer Gegenstand vor mir, besonders wenn ich annehme, daß ich auch vorher noch nichts über ihn gehört oder gelesen habe."⟩

[4] ⟨Im Druck: „Wir werden den Dom von den verschiedensten Seiten betrachten. Wir werden seine Raumverhältnisse prüfen, werden ihn in Beziehung setzen zu seiner Umgebung, uns fragen, welchem Stil er angehört, uns über seine Geschichte unterrichten usw., uns dem Eindruck überlassen, den er auf uns macht, und uns über diesen Eindruck selbst Rechenschaft zu geben suchen."⟩

rie nahe zusammenhängt. Die wichtigsten Gebilde, mit denen die Logik es zu tun hat, sind *Begriff, Urteil* und *Schluß*. Das *Urteil* aber steht im Mittelpunkt. Um Begriffe zu bilden, d.h. einen Gegenstand durch charakteristische Merkmale zu bestimmen, muß ich zunächst diese Merkmale an ihm heraussheben und ihm in der Form des Urteils zusprechen, d.h. der Begriff setzt sich aus Urteilen zusammen. Wenn diese Urteile *wahr* sind, so kann man auch den Begriff *wahr* oder *richtig* nennen, denn er stimmt dann mit seinem Gegenstand überein. Hieraus ersieht man, in welchem Zusammenhang dieser *Begriff* der *Wahrheit*, den wir bisher abgeleitet haben, mit dem *Unterricht* steht. Ehe ich aber darauf eingehe, möchte ich noch den Begriff der *Klarheit* erörtern. Wir müssen dazu zu der ersten Stufe der Erkenntnis, der schlichten *Anschauung*, die dem zergliedernden Denken zugrunde liegt, zurückgehen. Auch wenn wir uns auf diese Unterstufe der Erkenntnis beschränken, kann sie noch in verschiedener Weise verlaufen. Stellen wir uns vor, daß wir bei einer Gebirgswanderung in dichten Nebel geraten. Plötzlich taucht vor uns etwas in unbestimmten Umrissen auf, ein großes, unheimliches Gebilde, von dem wir noch nicht erkennen können, was es ist. Wir kommen näher. Der Nebel zerteilt sich, und wir sehen in scharfen Umrissen klar und deutlich das gastliche Haus vor uns, das das Ziel unserer Wanderung war. Die verschwommene und verworrene Anschauung ist einer klaren und deutlichen gewichen.[5] Klarheit ist also in erster Linie ein Prädikat, das der *Anschauung zukommt*. Wir nennen eine Anschauung klar und deutlich, wenn wir erkennen können, was der angeschaute Gegenstand ist und wie er beschaffen ist. Wir sprechen aber von Klarheit nicht nur bei sinnlichen Anschauungen, sondern auch bei Anschauungen in einem anderen Sinn, z.B. bei *politischen, religiösen Anschauungen* und dgl., d.h. bei der einheitlichen Auffassung großer geistiger Zusammenhänge.

Klarheit und Wahrheit stehen nicht zusammenhangslos nebeneinander. Die denkende Zergliederung der Erkenntnisgegenstände knüpft, wie wir sahen, an die Anschauung an, und je klarer die Anschauung ist, desto größere Aussicht besteht, daß wir wahre Urteile und richtige Begriffe gewinnen. Nun ist wohl deutlich, in welcher Beziehung Wahrheit und Klarheit zum Unterricht stehen. Was heißt *Unterrichten* anderes als *Erkenntnis vermitteln*? Das heißt erstens den Schülern *wahre Urteile, klare Anschauungen* und *richtige Begriffe* beibringen und zweitens ihren *Verstand* so bilden, daß sie fähig werden, sich selbständig *klare Anschauungen, richtige Begriffe* und *wahre Urteile*

---

5 ⟨Im Druck: „Ich stelle mir vor, daß ich auf einer Gebirgswanderung vom Nebel überfallen werde. In der Ferne taucht etwas auf, ein unbestimmtes Etwas in riesenhaften Umrissen; was es ist, kann ich nicht erkennen. Da zerreißt der Nebel und vor mir liegt klar und scharf umrissen das Haus, das das Ziel meiner Wanderung ist. Eine verschwommene und verworrene Anschauung ist einer klaren und deutlichen gewichen."⟩

zu erwerben. Damit wären wir zu einem ersten Ergebnis gelangt. Klarheit und Wahrheit in dem bisher festgelegten Sinn müssen Unterrichts*ziel* sein.

Auf *welche Weise* aber ist dieses Ziel zu erreichen? *Erstes Mittel* dazu ist jedenfalls, daß der *Lehrer selbst* über klare Anschauungen und wahre Urteile[6] verfügt und imstande ist, sich selbständig welche zu bilden, d.h. Klarheit und Wahrheit sind nicht nur Unterrichts*ziel*, sondern auch Unterrichts*mittel*. Andere Mittel treten hinzu. Der Lehrer muß die Kinder anschauen und denken lehren, d.h. er muß ihnen vormachen, wie sie anschauen und denken sollen, er muß sie zum Mitschauen und Mitdenken veranlassen und sie dadurch schließlich dahin bringen, daß sie diese Tätigkeit auch selbständig in der richtigen Weise ausüben können.[7] Die *modernen* Forderungen nach Anschauungs- und Arbeitsunterricht dienen hauptsächlich diesem Zweck.

In welchem Verhältnis aber stehen Wahrheit und Klarheit zur *Erziehung*? Der Unterricht ist ja nur *ein Teil* der Erziehung, vornehmlich die Bildung des Verstandes. Unter Erziehung aber verstehen wir die Bildung des *ganzen* Menschen mit *all* seinen Kräften und Fähigkeiten. Kommt auch dafür Wahrheit und Klarheit als Ziel und Mittel in Frage? Fassen wir zunächst das Erziehungs*ziel* ins Auge, so werden wir Wahrheit noch in einem andern Sinn als bisher fassen müssen, um sie dazu in Beziehung zu bringen. Wir sagten früher, Wahrheit sei nach der Bestimmung der Scholastik, etwa des hl. Thomas, die Übereinstimmung der Erkenntnis mit dem Sein. Wir sagten aber auch, daß unter Erkenntnis etwas wesentlich anderes zu verstehen sei, je nachdem wir die menschliche oder die göttliche Erkenntnis ins Auge fassen. Die menschliche Erkenntnis folgt den *Dingen nach*. Sie ist wahr, wenn sie die Dinge so auffaßt, wie sie in Wirklichkeit sind. Die göttliche Erkenntnis ist *früher* als die Dinge. Sie erkennt die Dinge, *ehe* sie sind, sie schreibt ihnen vor, was sie sein sollen. Sie enthält ein *Urbild* oder eine *Idee* aller geschaffenen Dinge in sich. Wenn wir von der göttlichen Erkenntnis ausgehen, so bekommt der Satz: „Wahrheit ist die Übereinstimmung der Erkenntnis mit dem Sein", eine neue Bedeutung. Die menschliche Erkenntnis ist wahr, wenn sie mit den Dingen übereinstimmt. Nun muß man sagen, die *Dinge* sind wahr, wenn sie mit der *göttlichen* Erkenntnis übereinstimmen, d.h. wenn sie *das* sind, was sie nach dem göttlichen Schöpfungsplan sein *sollen*. Alle geschaffenen Dinge sind im göttlichen Geist vorgezeichnet – auch der Mensch. Er ist *wahrer Mensch*, wenn er das ist, was Gott dem Menschen vorschreibt, und zwar sowohl im allgemeinen Sinne des Menschseins als in dem ganz speziellen Sinne der individuellen Persönlichkeit. Auch für *jeden einzelnen* Menschen ist im göttlichen Geist ein *Urbild dessen* vorgezeichnet, *was* er sein *soll*. *Damit aber haben wir das Ziel der Erziehung umschrieben.*

---

[6] ⟨Im Druck gestrichen: „und wahre Urteile".⟩
[7] ⟨Im Druck gestrichen: „Andere Mittel ... ausüben können."⟩

Was anderes wollen wir mit der Erziehung erreichen, als daß der junge Mensch, der uns anvertraut ist, ein *wahrer Mensch* wird und *wahrhaft er selbst* wird? *Wie aber ist dieses Ziel zu erreichen?* Das eine scheint klar: um es erreichen zu können, muß der Erzieher eine klare Anschauung und ein wahres Urteil darüber besitzen, *worin* das Erziehungsziel, d.h. das *wahre Menschsein* und die *wahre Individualität* besteht. Wie ist eine solche Erkenntnis zu erlangen? Die *Philosophen* aller Zeiten haben sich um diese Erkenntnis bemüht und sind zu keinem einheitlichen Ergebnis gelangt; es ist ein ewiger Streit der Meinungen bis auf unsere Tage. Wie sollte es auch anders sein? Der *wahre* Mensch, so sagten wir, ist der, der mit dem göttlichen Urbild des Menschen übereinstimmt. Wie soll die menschliche Erkenntnis an dieses Urbild heranreichen? Es ist ganz klar: Um das, was in *Gottes* Geist ist, können wir nur *so weit* wissen, als Gott *selbst* es uns offenbart, d.h. ein wahres Urteil über das, was ein wahrer Mensch ist, und damit über das Erziehungsziel können wir nur der offenbarten Wahrheit entnehmen. Es ist beschlossen in unserer Glaubenslehre. Das Mittel, unser Erziehungsziel zu erreichen, ist, den Zögling nach Möglichkeit so zu bilden, wie es die Glaubenslehre verlangt. Dafür haben wir aber noch einen besonderen Weg. Das, was unter dem wahren Menschen zu verstehen ist, ist uns ja nicht nur in den Worten der Offenbarung kundgegeben, sondern das Urbild des wahren Menschen, wie er nach Gottes Plan sein soll, hat Gestalt angenommen und ist unter die Menschen getreten in dem *Gottmenschen Jesus Christus*. Wahre Menschen bilden heißt, sie nach dem *Bilde Christi* bilden. Wir haben das Kind dann auf den Weg zum Ziel gebracht, wenn wir das Bild Christi in seine Seele eingeprägt und es dazu erzogen haben, den Weg der Nachfolge Christi zu gehen. Das wird der Lehrer aber niemals nur[8] durch eine Belehrung in Worten erreichen. Um *wahre* Menschen erziehen zu können, muß er *selbst* ein *wahrer Mensch* sein. Es wird ihm umso eher gelingen, seine Kinder zu Nachbildern Christi zu gestalten, je mehr er sich *selbst* zum Nachbild Christi gestaltet hat.

Damit scheint aber erst das eine Ziel der Erziehung und das Mittel dazu gegeben, nämlich das des allgemeinen Menschseins. Es scheint, als wäre die Individualität dabei noch nicht berücksichtigt. Es müßte also als weiteres Ziel der Erziehung hinzukommen die Herausarbeitung der individuellen Gestalt, die für den einzelnen Menschen vorgezeichnet ist, und dafür scheint die Voraussetzung eine Erkenntnis der Individualität des Zöglings zu sein. Tatsächlich ist ja das die Hauptforderung der modernen Pädagogik seit *Rousseau*, der *Individualität* Raum zu schaffen, sie zur freien Entfaltung zu bringen. Wie aber ist eine Erkenntnis der Individualität möglich? Die mo-

[8] ⟨Im Ms. ist „nur" handschriftlich eingefügt, erscheint nicht im Erstdruck.⟩

dernen Reformpädagogen[9] schlagen die verschiedensten Mittel dazu vor: das Kind soll sich *selbst* betätigen, man soll es frei nach seinen Antrieben sich gestalten lassen, man soll mit keinem äußeren Zwang an es herantreten. Etwas Richtiges steckt gewiß darin. Wenn man das Kind dahin bringen kann, daß es sich ohne Scheu dem Lehrer gegenüber verhält und ausspricht, so wird man eine Möglichkeit haben, es zu erkennen und die Linien zu ahnen, die seiner Entwicklung vorgezeichnet sind. Aber man darf sich nicht einbilden, daß auf diese Weise eine *vollständige* Erkenntnis der Individualität möglich ist. Die Individualität als das Bild, das Gott selbst von dem einzelnen Menschen in sich trägt und nach dem er ihn gestaltet wissen will, gehört zu den Geheimnissen, die Gott sich selbst vorbehalten hat und die für keinen Menschen vollständig erkennbar sind. Kein Mensch kennt uns vollkommen, wie wir sind, und wir selbst kennen uns auch nicht. Wenn das individuelle Erziehungsziel sich auf eine vollkommene Erkenntnis der Individualität aufbauen müßte, dann könnten wir unsere Erziehungstätigkeit von vornherein aufstecken.[10] Der einzige, der für eine Erziehung auf das individuelle Ziel hin fähig wäre, wäre *Gott*. Und letzten Endes ist das auch richtig. Das, was wir in der Erziehung leisten, ist nur eine sehr bescheidene Vorarbeit. Diese aber ist möglich, und sie besteht hauptsächlich darin, daß wir das allgemeine Erziehungsziel anzubahnen suchen. Wir sagten vorhin, wir haben das Kind auf den *rechten* Weg gebracht, wenn wir es so weit haben, daß es in der *Nachfolge Christi* leben will, d. h. daß es auf seinen eigenen Willen verzichtet und die Leitung seines Lebens in die Hand Gottes legt. Auf den ersten Blick erscheint es, als wäre damit auf die Individualität verzichtet. Das ist aber keineswegs der Fall. Gott führt den Menschen so, daß er *wahrer* Mensch wird. Das kann aber nie heißen, daß er „ein Mensch im allgemeinen" wird, denn *Menschentum* und wahres Menschentum gibt es nur in *individueller Ausprägung*. Wer sein Leben in Gottes Hand gibt, der kann sicher sein und *nur der* kann sicher sein, daß er ganz er selbst wird, d. h. daß er das wird, was Gott für ihn ganz persönlich vorgesehen hat. Es gibt nichts Törichteres als die Sorge um die Wahrung der Individualität und das ängstliche Forschen nach der Individualität, wie es die ganze moderne Pädagogik beherrscht.

Wir haben jetzt nur noch einiges über die Frage der *Klarheit* als *Erziehungsmittel* und *Erziehungsziel* zu sagen. Was das Erziehungs*mittel* betrifft, so ist es ziemlich einfach. Man muß klare Anschauungen über das Erziehungsziel und die Mittel, die dazu führen können, besitzen, um es erreichen

---

[9] ⟨Stein mag dabei an Maria Montessori denken (*Selbsttätige Erziehung im frühen Kindesalter*, Stuttgart 1913), zu der sich im Kölner Archiv unter P/B II Exzerpte bzw. Notizen aus Sekundärliteratur finden, ebenso wie zu Petersen, Peter, *Allgemeine Erziehungswissenschaft*, I. Teil, Berlin 1924.⟩

[10] ⟨Umgangssprachlich für: aufgeben.⟩

zu können. Anders steht es mit der Klarheit als Erziehungs*ziel*. Kann man ähnlich wie von einem wahren Menschen auch von einem klaren Menschen sprechen? Der gewöhnliche Sprachgebrauch tut es in verschiedenem Sinn. Man nennt einen Menschen dann klar, wenn er klare Anschauungen besitzt, und verworren, wenn das Gegenteil der Fall ist. Daß in diesem Sinne Klarheit Erziehungsziel sein muß, liegt auf der Hand. Vor allen Dingen muß der Mensch klare Anschauungen darüber besitzen, was er werden soll, um die Selbsterziehung leisten zu können, durch welche die Erziehung durch andere schließlich abgelöst werden muß. Man spricht aber von Klarheit bei Menschen auch noch in *anderem* Sinn. Es gibt Menschen, aus deren ganzem Verhalten ihr inneres Wesen klar hervorleuchtet, bei denen man voraussagen kann, wie sie sich in dieser oder jener Lage verhalten werden. Es sind die Menschen, die *klare* und *feste Grundsätze* haben und nach diesen Grundsätzen handeln. Auch in diesem Sinne muß die Klarheit Erziehungsziel sein.

Schließlich kann man noch in einem *dritten Sinne* von Klarheit sprechen. Man sagt von manchen Menschen, man könne ihnen bis auf den Grund der Seele sehen, ähnlich wie man bei einem klaren See bis auf den Grund sehen kann. Soll auch in diesem Sinn die Klarheit Erziehungsziel sein? Ich glaube nicht, daß man das ohne weiteres sagen kann. Es sind besonders schlichte und einfache Naturen, denen man Klarheit in diesem Sinne nachrühmt. Das ist sicher eine angenehme Eigenschaft, aber nicht etwas, was man von jedem Menschen verlangen kann und muß. Und ferner ist dieses bis auf den Grund Sehen doch im strengen Sinne bei keinem Menschen zutreffend. Wie wir vorhin sagten, die Individualität ist ein letztes Geheimnis, das kein Mensch vollständig durchdringen kann. Es vollständig durchdringen ⟨zu⟩ wollen, ist ein *sinnloses* Unternehmen. So ist die letzte Wahrheit über die Erziehung, zu der wir vorgedrungen sind, die Einsicht in die Grenzen, die unserer ganzen Erziehungsarbeit gesetzt sind. Wir säen Samen aus, aber wir wissen nicht, ob er auf steinigen Boden fällt oder auf guten Grund, und der das Gedeihen gibt, ist *Gott*.[11]

Das ist also das Ergebnis, zu dem wir gelangt sind. Klarheit der Anschauung und Wahrheit der Begriffe und Urteile ist Ziel und Mittel des *Unterrichts*. Wahrheit als Übereinstimmung des Menschen mit dem, was er nach dem göttlichen Schöpfungsplan sein soll, und Klarheit als Besitz klarer Anschauung und als Übereinstimmung zwischen Theorie und Praxis ist Erziehungsziel; klare und wahre Anschauungen über das, was Erziehungsziel sein soll, und über das, was der Erzieher für das Ziel leisten kann, sind Erziehungsmittel. Diese Ergebnisse wären nun zu Grunde zu legen, um an der Hand des Leitgedankens die modernen Schlagworte auf ihre Ursachen, ihren Wahrheitskern, ihre Einseitigkeiten und Irrtümer zu untersuchen.

---

[11] ⟨Vgl. 1 Kor 3, 6.⟩

Die Typen der Psychologie und ihre Bedeutung für die Pädagogik

Situierung: Dieser Text ist vermutlich die zusammenfassende Wiedergabe eines Vortrags, den Edith Stein im Rahmen des Fortbildungsprogramms für die katholischen Lehrer und Lehrerinnen der Rheinpfalz gehalten hat. Eine Handschrift scheint nicht erhalten zu sein. Die folgende Fassung wurde abgedruckt in der Jugendbeilage von *Zeit und Schule*, Organ des Vereins katholischer bayerischer Lehrerinnen (München) 26, 2 (16.2.1929), S. 27–28 (B II 90, E I 16). – Der Text befindet sich auch in: ESW XII, S. 47–51.

Das Fortbildungsprogramm dieses Jahres stellt eine Reihe von psychologischen Beobachtungsaufgaben und setzt damit voraus, daß über Ziele und Methoden der Psychologie ausreichende Klarheit herrscht, um diese Themen erfolgreich bearbeiten zu können. Tatsächlich ist es aber äußerst schwierig, zu einer klaren Übersicht über das Arbeitsgebiet der Psychologie zu gelangen, da die Lehrbücher und Spezialuntersuchungen eine verwirrende Fülle verschiedener Arbeitsweisen und ganz verschiedene Auffassungen von der Aufgabe dieser ganzen Wissenschaft zeigen. Die folgenden Ausführungen möchten, so weit das im Rahmen eines Vortrages möglich ist, zu einem klärenden Überblick verhelfen.

A. Typen der Psychologie

Wenn wir verschiedene Lehrbücher der Psychologie zur Hand nehmen, so werden wir darin sehr Verschiedenes finden, und selbst innerhalb eines Buches kann man eventuell in den verschiedenen Abschnitten Ausführungen begegnen, die nach Gegenstand und Methode sehr wenig miteinander gemeinsam haben. Es werden eben unter dem Namen „Psychologie“ *sehr verschiedene Forschungsrichtungen* bezeichnet, die von altersher nebeneinander hergingen und von denen zu verschiedenen Zeiten bald diese, bald jene vorherrschend war. Wir wollen drei *Grundtypen* unterscheiden:

1. Die *metaphysische* oder *rationale Psychologie* (Lehre vom Wesen der Seele),
2. die *empirische Psychologie* (Lehre von den Bewußtseinstatsachen),
3. die *Charakterologie* (praktische Menschenkunde).

1. Die metaphysische Psychologie

knüpft[1] an die Rätselfragen des Lebens: Traum, Tod usw., an und fragt nach dem *Wesen der Seele,* was die Seele überhaupt sei. Als charakteristisches Beispiel wählen wir die Psychologie der Hochscholastik, d.h. des hl. Thomas v. Aquin[2], weil sie in ihrer Übersichtlichkeit uns zugleich einen Leitfaden bietet, um uns in dem Labyrinth der folgenden Richtungen zurechtzufinden. Wir können sie in folgendem Schema darstellen: 1. Wesen der Seele (Form des Leibes, Prinzip des animalischen und geistigen Lebens). 2. Potenzen (Habitus). 3. Akte (Aktionen, Passionen).

Die Seele ist ihrem Wesen nach etwas Einfaches (Unzusammengesetztes), Geistiges (Immaterielles); aber sie hat ihren Funktionen nach ein doppeltes Gesicht: sie ist einmal die Form des Leibes, d.h. das, was ihm das Leben gibt, ihn aus einem toten Körper zu einem lebendigen Leib macht und worin alle Lebenstätigkeiten gründen; ferner wurzelt in ihr auch alles sinnliche und geistige Leben. Und so entspringt dem einen, einfachen Wesen eine Vielfalt von Fähigkeiten, Vermögen oder Potenzen: solche, die der Erhaltung des Leibes dienen (z.B. Ernährungsvermögen), sinnliche (auffassende Fähigkeiten und Strebevermögen), geistige (Verstand, Willen). Alle Fähigkeiten aber sind Fähigkeiten zu etwas, d.h. zu Tätigkeiten und Zuständen der Seele, den Akten, die in aktive und passive (Aktionen und Passionen) einzuteilen sind. Die Potenzen sind zunächst als unentwickelte Vermögen, als bloße Möglichkeiten vorhanden; sie können aber eine leichte Bereitschaft gewinnen, zu Akten überzugehen: dann hat die Potenz durch einen „Habitus" eben eine solche Bereitschaft oder Fertigkeit, Vollendung gewonnen.

2. Die empirische Psychologie

Seit der Renaissance macht sich in weiten wissenschaftlichen Kreisen das Bestreben geltend, alles anders zu machen, als es die kirchliche Schulwissenschaft, die Scholastik, getan hat. So begegnen wir seit dem 16. und 17. Jahrhundert einer Psychologie, die nicht mehr über das Wesen der Seele nachdenken, sondern (wie man es im 19. Jahrhundert schließlich genannt hat) eine *Psychologie ohne Seele* sein will; sie interessiert sich auch nicht mehr für die seelischen Vermögen, sondern nur noch für[3] das aktuelle Leben (1,3), für

[1] ⟨Im Erstdruck: knüpfte.⟩

[2] ⟨Aussagen zur Seele vor allem in: *Summe der Theologie*, I, 75 und I, 76. Bd. 6: *Wesen und Ausstattung des Menschen*, Heidelberg / München / Graz 1950. Vgl. dazu: Brennan, Robert Edward OP, *Thomistische Psychologie*, 1. Ergänzungsband der deutschen Thomas-Ausgabe, Heidelberg / Graz 1957.⟩

[3] ⟨Im Erstdruck: kursiv⟩

die *Tatsachen, die man im Bewußtsein vorfinden kann.* Sie hat ihren Anfang in den Schriften der englischen Empiristen (Locke[4], Hume[5] usw.) und feierte ihre Triumphe in Deutschland im 19. Jahrhundert. Es werden aber die Bewußtseinstatsachen sehr verschieden betrachtet und behandelt, und so müssen wir mehrere Untertypen unterscheiden:

1. die *beschreibende* (deskriptive) *Psychologie*, die die Bewußtseinstatsachen oder „Phänomene" darstellt, zergliedert und klassifiziert, ähnlich wie die Biologie. Solche Beschreibungen finden sich bei allen empirischen Psychologen, als eigentliche Aufgabe der Psychologie wurden sie aber erst gegen Ende des 19. Jahrhunderts bezeichnet (Franz *Brentano,*[6] Theodor *Lipps*[7]). Die ältere Psychologie der Neuzeit wollte etwas anderes, sie wollte

2. *erklärende* oder *naturwissenschaftliche Psychologie* sein und die psychologischen Tatsachen nach dem Muster der exakten Naturwissenschaften behandeln, d.h. sie einmal auf einfache Elemente zurückführen *(Elementarpsychologie)*, wie die Chemie die erfahrungsgemäßen Stoffe auf Elemente und Atome, ferner ihr Auftreten erklären durch Aufsuchen von *Gesetzen*, gleich denen der Physik, die einmal die Abfolge der Bewußtseinstatsachen regelt *(Assoziations-Psychologie)*[8] und ferner ihr Verhältnis zu körperlichen Vorgängen und äußeren Reizen *(Psychophysiologie, Psychophysik)*.

Diese erklärende Psychologie geriet in eine doppelte Verlegenheit: Um die Tatsachen zu erklären, mußte sie doch wieder etwas „hinter ihnen" annehmen, sie sprach wieder von „Seele" und „seelischen Vermögen" oder, wenn ihr das gar zu unsympathisch war, setzte sie an die Stelle der Seele das Gehirn und an die Stelle der seelischen Vermögen Gehirnpartien und –funktionen. Damit war man aber über die Erfahrung hinausgegangen und wieder in die Metaphysik hineingelangt, der man doch abgeschworen hatte. – Sodann erwies sich diese Art Psychologie als merkwürdig unfähig, etwas über das höhere geistige und seelische Leben zu sagen. Sie kam nicht über eine „Erklärung" der sinnlichen Empfindungen und Wahrnehmungen usw. hinaus, und wenn sie es versuchte, waren die Ergebnisse mehr als fragwürdig. Man

---

[4] ⟨Locke, John, *Versuch über den menschlichen Verstand* (1690; dt. 1757), 2 Bde., Hamburg 1981 und 1988.⟩

[5] ⟨Hume, David, *Traktat über die menschliche Natur* (1739–40), Buch 1: *Über den Verstand* (2. Aufl., Hamburg 1904); Buch 2 und 3: *Über die Affekte. Über Moral* (1. Aufl. übers. v. Th. Lipps, Hamburg 1906), Hamburg 1978.
Zur Zeit Edith Steins standen die Empiristen Locke und Hume auf dem kirchlichen Index. Als Edith Stein in Speyer wieder wissenschaftlich zu arbeiten begann, holte sie beim Diözesanbischof Dr. Ludwig Sebastian die Erlaubnis ein, Locke *(Versuch über den menschlichen Verstand)* und Hume *(Traktat über die menschliche Natur)* „in … Besitz behalten und gegebenenfalls benützen zu dürfen" (21.2.1926, ESGA 2, Br. 49).⟩

[6] ⟨Brentano, Franz, *Psychologie vom empirischen Standpunkte*, Leipzig 1924–1928 (3 Bände).⟩

[7] ⟨Lipps, Theodor, *Leitfaden der Psychologie* (1903), 3. Aufl., Leipzig 1909.⟩

[8] ⟨Im Erstdruck: nicht kursiv⟩

lernte durch sie die Menschen nicht besser verstehen, und der Historiker, der Literar-Historiker usw., kurz die Geisteswissenschaften erfuhren von ihr keine Förderung. So ertönte seit dem Ende des 19. Jahrhunderts immer lauter der Ruf nach einer

3. *verstehenden* oder *geisteswissenschaftlichen Psychologie (Dilthey*[9], *Spranger*[10]*).* Sie betrachtet das gesamte seelische Leben als eine sinnvolle Einheit, deren Zusammenhänge man, weil sie *Vernunftgesetzen* gehorchen, *nachleben, verstehen* kann. Sie will diese lebendige Einheit nicht zerstückeln, sondern gerade in ihrem sinnvollen Gesamtaufbau, ihrer Struktur, begreifen *(Strukturpsychologie*[11]*)* und die verschiedenen Typen solcher verständlichen Zusammenhänge zeichnen (den Typen des „Helden", des theoretischen, des ästhetischen Menschen usw.) und damit die Grundbegriffe herausarbeiten, mit denen die Geisteswissenschaften arbeiten. – Wenn sie bei ihren Untersuchungen vom aktuellen Leben (1,3) ausgeht, so ist doch beim Aufsuchen der Zusammenhänge die Einheit der Seele (1,1) vorausgesetzt. Besonders betont wird diese unteilbare Einheit in der *Individualpsychologie* (Alfred *Adler*[12]).

4. Neben der religiös-philosophischen Besinnung, die zum ersten, und neben der inneren Erfahrung, die zum zweiten Typus führte, ging von altersher die Erfahrung des praktischen Lebens von der Verschiedenheit der menschlichen Charaktere, ihrer *individuellen* und *typischen Eigenart,* und so zeigen sich auch schon früh Ansätze zu einer Charakterologie (der bekannteste, freilich auch sehr primitive Versuch ist die Lehre *Galens*[13] von den *vier Temperamenten*). Die Bemühungen, sie zu einer Wissenschaft auszubauen, waren aber vereinzelt und kamen daher immer wieder zum Stillstand; erst in unserer Zeit beginnen sie festere Formen anzunehmen. Die Anregungen gingen von verschiedener Seite aus: wie schon erwähnt, sucht die *Struktur-Psychologie* in gewissen Charaktertypen den Schlüssel zum Verständnis des seelischen Lebens; dann führte das Studium der krankhaften Formen des Seelenlebens und das Verlangen, heilend einzugreifen, zur Aufstellung solcher Typen von *psychiatrischer* Seite (die bereits genannte Individualpsychologie z.B.); und schließlich mußten auch die Aufgaben der Erziehung zu dem Bestreben führen, einmal den allgemeinen Typus des Kindes und des jugendlichen Menschen und ferner die verschiedenen Untertypen zu erfassen *(differentielle Psychologie, Jugendpsychologie)*[14].

---

[9] ⟨Dilthey, Wilhelm, *Ideen über eine beschreibende und zergliedernde Psychologie*, Berlin 1894. In: Bd. 5 der *Gesammelten Schriften*, Leipzig 1924.⟩

[10] ⟨Spranger, Eduard, *Psychologie des Jugendalters* (Leipzig 1924), Heidelberg 1979.⟩

[11] ⟨Im Erstdruck: nicht kursiv⟩

[12] ⟨Adler, Alfred, *Praxis und Theorie der Individualpsychologie*, München 1920.⟩

[13] ⟨Claudius Galenus, griechisch-römischer Arzt (129–199 n.Chr.), entwickelte die Lehre von der Melancholik, Cholerik, Sanguinik und Phlegmatik, vgl. *De temperamentis*, Stuttgart 1969.⟩

[14] ⟨Im Erstdruck: nicht kursiv⟩

Diese ganze Disziplin befindet sich noch in den Anfängen; es handelt sich um tastende Versuche. Das gilt von der Typenlehre, noch mehr aber von den Versuchen einer Erforschung der *Individualität*, die zwar im Leben – ebenso wie der Typus – erfahrbar, aber nicht in allgemeinen Begriffen darstellbar ist. Die verheißungsvollsten Ansätze zu einer Typen- wie zu einer Individualitätsforschung sehe ich in den Arbeiten von Ludwig *Klages*[15], die durch systematisches Studium der Ausdruckserscheinungen, vor allem der Handschrift, die Anfänge einer Charakterkunde geschaffen haben.

B. Methoden

Den verschiedenen Zielstellungen entsprechen verschiedene Methoden. Das Verfahren der metaphysischen Psychologie ist rationale, *philosophisch-theologische Besinnung* im Anschluß an gewisse Erfahrungstatsachen und eventuell religiöse Dogmen – die beschreibende Psychologie arbeitet hauptsächlich mit *Reflexion* auf das eigne innere Leben und *Analyse* des Vorgefundenen; beides setzt natürliche Begabung und sorgfältige Schulung voraus. – Die Methoden der erklärenden Psychologie sind mannigfach. Zunächst Beschaffung des Materials durch *Selbst- und Fremdbeobachtung*; diese kann gelegentlich oder systematisch sein, eventuell, wenn die Tatsachen planmäßig und unter selbstgewählten Bedingungen zum Zwecke der Beobachtung hervorgerufen werden, *experimentell*. An die Materialbeschaffung schließt sich die Verarbeitung, das Ordnen und das *Aufsuchen von Regelmäßigkeiten*, die eine Aufstellung von Gesetzen erlauben.

Die verstehende Psychologie muß einen möglichst konkreten Einblick in ganze Lebensläufe gewinnen und daraus dann mit Hilfe einer *Typenanschauung* die gesetzlichen Zusammenhänge ablesen. Dasselbe ist in der Charakterkunde notwendig. Dazu muß aber eine gründliche Schulung in der Deutung der Ausdruckserscheinungen kommen und die Fähigkeit richtiger Darstellung, die durch geeignete Anordnung ein Bild der Charakter*einheit* zu geben vermag.

C. Pädagogische Bedeutung

Klarheit über 1. ist notwendig, um zu wissen, was es denn eigentlich ist, womit man als Erzieher umgeht und worauf man – gewollt oder ungewollt – beständig Einfluß übt. Aus demselben Grunde ist 2. für den Lehrer und

[15] ⟨Klages, Ludwig, *Die Grundlagen der Charakterkunde*, 4. Aufl. der *Prinzipien der Charakterologie* (Leipzig 1910), Leipzig 1926, Bonn 1989.⟩

Erzieher wichtig. Seelische Eindrücke und Tätigkeiten werden beständig vom Schüler erwartet, verlangt, durch den Lehrer hervorgerufen; so muß man sie auch kennen. 2. hat besondere Bedeutung für gewisse unterrichtliche Maßnahmen: durch Beobachtung, Experiment sind für das Arbeiten des Gedächtnisses, z. B. über zweckmäßiges Lernen, über Ermüdbarkeit und dergleichen, Tatsachen festgestellt worden, die sich der Lehrer nicht entgehen lassen sollte. – Für die Erziehung dagegen können wir vor allem aus 1. und 3. Belehrung schöpfen: Anleitung zum Verständnis der Kinder und zur Verhütung von Verletzungen der jugendlichen Seele, die oft lebenslange Störungen zur Folge haben. (Im Anschluß daran wird einiges über die Bedeutung der verschiedenen Methoden für die Jahresarbeiten gesagt.)

Dabei sollen wir uns immer klar sein: alle psychologischen Methoden sind nur schüchterne Versuche, ins Innere der Seele einzudringen – ihr Wesen (das allgemeine wie das individuelle) bleibt uns verhüllt. Dafür gilt das Wort *Platos:* „Die Grenzen der Seele wirst du niemals ausfindig machen und gingst du auch den ganzen Weg – so tief ist ihr Wesensgrund."[16]

[16] ⟨Zitat nicht von Platon, sondern von Heraklit. Vgl. H. Diels, *Fragmente der Vorsokratiker* I, Hamburg 1964, 86.⟩

Die theoretischen Grundlagen der sozialen Bildungsarbeit

Situierung: Der Verein katholischer bayerischer Lehrerinnen hielt vom 23. bis 26. April 1930 in Nürnberg seine 16. Hauptversammlung. In der Öffentlichen Versammlung am Donnerstag, 24. April, hielt Edith Stein am Vormittag ihr Referat *Die theoretischen Grundlagen der sozialen Bildungsarbeit*. Der Vortrag fand statt im Hotel „Deutscher Hof", Frauentorgraben 20. – Die Veranstaltung wurde angekündigt in der Zs. *Zeit und Schule*. Organ des Vereins katholischer bayerischer Lehrerinnen, 27,6 (16.3.1930); der Text des Vortrags findet sich im selben Jg. am 1. und 16. Juni 1930, S. 81–85 und 90–93 (B II 87). Er wurde nachgedruckt in ESW XII, S. 52–72. – Die Handschrift wurde bis jetzt nicht aufgefunden. In der Notizzettel-Sammlung P/B II findet sich jedoch ein handschriftliches Konzept des Vortrags.

⟨Vortragskonzept⟩

Die theoretischen Grundlagen der sozialen Bildungsarbeit

A. Aufgaben d⟨er⟩ s⟨ozialen⟩ B⟨ildungs⟩-A⟨rbeit⟩ – Formung von Gemeinschaften und Gemeinschaftsgliedern
   (1. Der *Kinder für* die Klassen- und Schulgemeinschaft und dieser Gemeinschaft selbst,
   2. durch die Schule für die dauernden Gemeinschaften: Familie, Gemeinde, Volk, Staat, Kirche,
   3. der dauernden Gemeinschaften)

I. Wodurch ist die soziale Bildungsarbeit möglich?
   1. Sie ist in der Natur des Menschen begründet:
      a) in seiner sozialen Veranlagung
      b) in seiner Bildungsbedürftigkeit
   2. Es gibt Mittel der sozialen Bildung
      a) intellektuelle Schulung
      b) Willensschulung
      c) Übung in der sozialen Praxis
      d) transzendente Formung (Joh 17; I. Ep. Joh.)[1]

[1] ⟨I. Ep. Joh. = 1 Joh.⟩

II. Welches sind die Grenzen der sozialen Bildungsarbeit?
   1. Die individuelle Natur des Zöglings
   2. indiv⟨iduelle⟩ Beschränktheit des Erziehers in Erkenntnis und Liebe

C. Praktische Konsequenzen: Alle Mittel ausnützen – vor den Grenzen haltmachen.[2]

Der Schule – und speziell der Volksschule – ist es aufgegeben, die Kinder des Volkes so zu bilden, daß sie am sozialen Leben in seinen verschiedenen Gestaltungen – als Familie, Volk, Staat, Kirche usw. – als tüchtige und dienstbereite Glieder teilnehmen. In dieser Aufgabenstellung liegen gewisse Voraussetzungen über die Natur von Individualität und Gemeinschaft und das Verhältnis beider; diese Voraussetzungen aufzudecken, sie zu prüfen und aus den Ergebnissen der Prüfung gewisse allgemeine Richtlinien für die soziale Bildungsarbeit abzuleiten, soll heute mein Ziel sein.

I. Voraussetzungen der Forderung nach sozialer Bildungsarbeit

Die erste Voraussetzung lautet: *Soziale Bildungsarbeit ist möglich*, d.h. es ist kein sinnloses Unterfangen, Individuen für die Gemeinschaft bilden zu wollen. Die zweite: *Soziale Bildungsarbeit ist notwendig*. D.h. einmal: *Die Individuen* sind *nicht* schon *fertige Gemeinschaftsglieder*, sondern müssen erst dazu erzogen, geformt, gebildet werden. Es heißt aber überdies, viel tiefer gehend: *Gemeinschaft ist notwendig, ohne Gemeinschaft*, ohne soziales Leben und somit ohne Bildung der Individuen zu Gemeinschaftsgliedern ist *das letzte Ziel des Menschen nicht erreichbar.*

1.

Lassen Sie mich mit dieser letzten Behauptung beginnen, weil sie die grundlegende ist und weil wir dadurch den Leitgedanken auch für die Behandlung der anderen gewinnen. Wenn man zur Theorie einer Kunst vordringen will, d.h. aus dem Grunde verstehen will, worauf sie beruht, so tut man gut,

---

[2] ⟨Edith Stein notierte sich dazu folgende Literaturangaben:⟩
„P. Rudolf Kaibach, *Das Gemeinwohl und seine ethische Bedeutung*, Schwann Düsseldorf 1928
⟨Dietrich v.⟩ Hildebrand, *Metaphysik der Gemeinschaft*. H⟨aas⟩ & Gr⟨abherr, Augsburg⟩ 1930
O⟨thmar⟩ Spann, *Gesellschaftslehre* ⟨Leipzig⟩ 1923".
⟨Das Konzept wurde von Edith Stein unvollständig gegliedert.⟩

einem Meister der Kunst bei seiner Arbeit auf die Finger zu schauen. Wenn man also zu den theoretischen Grundlagen der Erziehungsarbeit vordringen will, muß man sich zu einem großen Meister dieser Kunst begeben. So bin ich zum größten Erzieher des Abendlandes, zum hl. Benedikt,[3] gegangen und habe zugesehen, wie er es anfing, um die Menschen, die zu ihm kamen und von ihm für den Himmel erzogen werden wollten, an ihr Ziel zu führen: Er organisierte sie zu klösterlichen Familien, ließ sie gemeinsam beten, gemeinsam arbeiten und unterstellte sie im Gehorsam einem Abt, einem Vater, der sie leitet wie das Haupt die Glieder und für sie vor Gott verantwortlich ist. Nur in ganz seltenen Fällen kann es einem Menschen gelingen, ganz allein und auf sich gestellt den Weg zum Himmel zu finden. Der Durchschnitt selbst *der* Menschen, die die Welt verlassen und sich die Arbeit für den Himmel zum ausschließlichen Lebensinhalt wählen, wird verlorengehen, wenn sie sich nicht einer Gemeinschaft unter einer festen Regel einordnen.

Das steht zunächst als eine Tatsache vor uns, an der wir nicht gut rütteln können, weil eine 1400jährige Praxis darauf aufbaut: 1400 Jahre abendländischen Ordenslebens mit allen seinen Früchten für die Völker Europas bürgen dafür, daß Gemeinschaft zum Himmel führt. Aber die Tatsache ist dunkel und geheimnisvoll. Kann es uns gelingen, zu ihrem Verständnis vorzudringen? Eine einfache Überlegung führt uns weiter. St. Benedikt ist der Schüler eines größeren Meisters; die S⟨anc⟩ta Regula[4] ist nur praktische Ausdeutung des Evangeliums Christi, seine klösterlichen Familien sind nur besonders kraftvoll und gut ausgebildete Zellengruppen in dem großen Körper der weltumspannenden Gemeinschaft, die Christus selbst zur Rettung der Seelen begründet hat, der Hl. Kirche. So war es Gottes Wille, der den Menschen in die Gemeinschaft hineinstellte. Und wenn wir uns umschauen in unserer Hl. Glaubenslehre, so finden wir weitere, unumstößliche Belege dafür. Durch den Fall des ersten Menschen kam Verderben über das ganze Geschlecht; und wie wir in Adam alle gefallen, so sind wir in Christus alle erlöst.[5] Niemand kommt zum Vater als durch ihn,[6] d. h. durch Eintritt in die

---

[3] ⟨Benedikt von Nursia (480–547). Edith Stein ließ sich in der Vorbereitung anregen durch Vorträge/Exerzitien, die sich in einer grauen Kladde in P/B II finden: *Benediktinisches Geistesleben* (datiert 3.–10. VII. 29, 7 Seiten) und *Was lerne ich von St. Benedikt für die Theorie des Gemeinschaftslebens?* (datiert: 12./21. III., 9 Seiten). In letzterer Mitschrift finden sich Stichpunkte zu den Grundlagen dieses Vortrags, daher läßt sie sich auf das Jahr 1930 datieren. Das Thema des 17. III. war: *Warum ist soziale Bildungsarbeit nötig?*⟩

[4] ⟨*Die Regel des hl. Benedikt.* Hg. im Auftrag der Salzburger Äbtekonferenz, 16. Aufl., 2. Aufl. der Neubearbeitung, Beuron 1992; um 530 von Benedikt von Nursia in Montecassino verfaßte bedeutendste abendländische Ordensregel.⟩

[5] ⟨Vgl. Röm 5, 17; 1 Kor 15, 22.⟩

[6] ⟨Vgl. Joh 14, 6.⟩

Gemeinschaft der Erlösten, durch Eingliederung in den mystischen Leib Christi. So haben wir in dem Geheimnis der Erlösung ein vollgültiges Zeugnis, daß *Gemeinschaft* notwendig ist, *um zum Heil zu gelangen.*

2.

Damit sind wir aber zugleich an einen Punkt vorgedrungen, von dem Licht auch auf die erste Voraussetzung fällt, die wir aufstellten: *soziale Bildungsarbeit ist möglich.* Soziale Bildungsarbeit ist nur dann möglich, wenn *der Mensch von Natur aus Gemeinschaftsglied* ist; denn man kann nichts in den Menschen hineinbilden, was nicht in ihm steckt. *Erbsünde und Erlösung* aber wären völlig unbegreiflich, wenn die Menschheit eine Summe einzelner, völlig getrennter Individuen wäre und nicht ein Leib mit Haupt und Gliedern.[7] Nur weil in Adam *die Menschheit als eine Natur* geschaffen ist, kann sein Verderben das Verderben aller sein; nur weil Christus in diesen Organismus als Organ hineinwächst, kann die *Gnade des Hauptes* auf alle Glieder überströmen. Daß der Mensch seiner Natur nach ein Glied des großen Menschheitskörpers ist, aus der Gemeinschaft, in der Gemeinschaft und für die Gemeinschaft geboren, ist eine Tatsache, aber eine geheimnisvolle Tatsache, eine, die mit allen Mysterien des Christentums verknüpft ist, von ihnen Licht empfängt, aber eben darum mit dem Licht unseres natürlichen Verstandes nicht restlos zu durchdringen ist. Wir können sie noch um einen Schritt höher hinauf oder tiefer hinein verfolgen, bis zu ihrer Wurzel im höchsten und letzten Glaubensgeheimnis: dem *Geheimnis der Trinität.* Gott schuf den Menschen nach seinem Bilde. Gott aber ist *einer* in drei Personen. *Ein Wesen*, unteilbar, vollkommen einfach und einzig in seiner Art – also *Individuum* im vollkommensten Sinn des Wortes. Aber ein Wesen, das drei Personen gemeinsam ist und sie zur Einheit verbindet: Einheit des Seins und Einheit des Lebens in Erkenntnis, Liebe und Tat – also *Gemeinschaft* im vollkommensten Sinne des Wortes. Weil der Mensch nach dem Bilde des dreieinigen Gottes geschaffen ist, ist er Individuum und Gliedwesen zugleich. Weil er ein *unvollkommenes Abbild Gottes* ist, ist er einmal nicht Individuum und Gliedwesen in einem, wie es die Dreifaltigkeit ist, sondern beides steht in ihm nebeneinander; er ist sodann beides unvollkommen; und er *ist* es nicht von Ewigkeit her, sondern er *wird* beides.[8]

Untersuchen wir diese drei Punkte nun nacheinander. Der Mensch ist Individuum und Gemeinschaftsglied zugleich, aber nicht in einem. *Individualität und Gliedschaft* stehen in ihm *nebeneinander.* Die Gliedschaft be-

---

[7] ⟨Vgl. Röm 12,5; 1 Kor 12,27.⟩
[8] ⟨Vgl. ESW II, 392 ff., Kap.: *Das Gottesbild im Menschen*; ESGA 11/12.⟩

sagt: er hat teil an der einen *Menschennatur*, die die eine und selbe ist in „allem, was Menschenantlitz trägt". Sie ist die Grundlage für die *Gleichheit im Leben* der Menschen: in ihrem Denken, Fühlen, Wollen und Tun. Und die Grundlage der *Gemeinsamkeit*: daß Menschen, wo immer sie in Berührung kommen, *miteinander* denken, fühlen, wollen und handeln, d.h. *in Gemeinschaft* und *als Gemeinschaft leben* können. Aber die eine Menschennatur differenziert sich in *Typen*, die sich in *engeren Gemeinschaften* ausleben: Rasse, Volk, Stand, Berufsklasse, Familie usw., und so entstehen in dem großen Organismus der Menschheit Teilorganismen, die in sich geschlossen und nach außen, gegen die andern, abgegrenzt, innerlich aber wiederum gegliedert sind. Zuletzt aber ist jeder einzelne nicht nur Mensch und nicht nur Vertreter dieses oder jenes Typus, sondern *Individuum*, einzig in seiner Art und dadurch auf sich gestellt und von allen andern gesondert.

Die Individualität der Menschen setzt der Gemeinschaft Grenzen. Weil sie Individuen sind, müssen alle menschlichen Gemeinschaften unvollkommen sein. Weil jeder etwas ganz für sich hat, können sie nicht völlig eins werden, wie die göttlichen Personen eins sind durch die Einheit ihres Wesens. Was Vater, Sohn und Geist tun – Schöpfung, Erhaltung, Vorsehung, Gericht, was immer –, ist schlechthin *ein* Akt, auf keine Person entfällt etwas Besonderes. Von Menschen können wir wohl auch sagen: *Eine* Begeisterung ergriff das ganze Volk. *Ein* Schmerz erfüllte die ganze Gemeinde. Aber dieses Eine bezeichnet nicht alles, was in den Einzelnen vor sich geht. Von jedem strömt etwas Persönliches in das Erlebnis der Gemeinschaft hinein, was er nicht mit den andern teilt. Jeder ist noch etwas anderes außer dem, was er als Glied der Gemeinschaft ist, keiner geht mit seinem ganzen Wesen in die Gemeinschaft ein.[9]

Doch nicht nur Gliedschaft und Gemeinschaft, auch *die Individualität des Menschen ist unvollkommen*. Gottes Wesen, das eine und unteilbare, von allen Geschöpfen nachgebildet, von keinem einzigen und auch nicht von allen zusammen erreicht, ist absolut vollkommen. D.h. einmal: es ist allumfassend – alles, was ist, ist in ihm und aus ihm. Es heißt ferner: was Gott ist, ist er voll und ganz von Ewigkeit her und ohne Wandel in alle Ewigkeit. Das Individuum ist unvollkommen – d.h. einmal: es ist seinem Wesen nach ein Bruchstück, in jedem Geschöpf ist ein Strahl des göttlichen Wesens nachgebildet, in jedem ein anderer. Es heißt ferner: was das Individuum seiner Bestimmung nach – eben als Abbild des göttlichen Urbildes – *sein soll*, das *ist* es nicht von Ewigkeit her, auch von Beginn seines Daseins an

[9] ⟨Vgl. Stein, Edith, *Individuum und Gemeinschaft*. In: *Beiträge zur philosophischen Begründung der Psychologie und der Geisteswissenschaften*, 2. erweiterte Aufl., Tübingen 1970, S. 116–283, bes.: S. 229ff.; ESGA 6.⟩

nicht, es ist es der Möglichkeit nach, aber nicht in Wirklichkeit; es muß erst dazu *werden*. Das Werden füllt sein Dasein aus.

Damit sind wir beim dritten Punkt angelangt: *Individuum wie Gemeinschaft* sind nichts Fertiges, sie sind immer *im Werden*, in Entwicklung begriffen. In der Familie tritt das Kind ins Dasein. Durch sie empfängt es sein Dasein, in ihrer Obhut und Fürsorge wächst es heran; indem es *mit* den andern, den Erwachsenen, denkt, fühlt, handelt, also in Gemeinschaft lebt, lernt es denken, fühlen und handeln, wächst es heran als Gemeinschaftsglied, zugleich aber auch als Individuum, denn die individuelle Natur, die es mit zur Welt bringt, beginnt sich zu regen, lebt und betätigt sich in den Akten, die es in der Gemeinschaft und mit ihr vollzieht und gibt ihnen ihr Gepräge. Indem ein neues Glied in die Gemeinschaft hineinwächst und sich als ihr Glied entfaltet, erfährt die Gemeinschaft selbst eine Umbildung und Tatentwicklung. So wachsen und entwickeln sich Gemeinschaft, Gliedschaft und Individualität neben- und miteinander, zugleich aber im Kampf gegeneinander. Je stärker die Gemeinschaft das Individuum in ihren „Betrieb" hineinzieht und es in ihren Typus hineinformt, desto größer ist die Gefahr, daß seine individuelle Natur in ihrer Entfaltung gehemmt wird. Je kraftvoller die individuelle Natur sich entfaltet, desto größer ist die Gefahr, daß es aus der Gemeinschaft herauswächst, sich innerlich und evtl. auch äußerlich von ihr absondert. Diesen Gefahren ist es aber nicht wehrlos preisgegeben. Das Individuum, das in der Gemeinschaft heranwächst, und die andern, mit denen es in Gemeinschaft steht und immer mehr zur Gemeinschaft verwächst, sind ihrer Natur nach *Personen*, d. h. *vernünftige* und *freie Wesen*, Wesen, die erkennen und auf Grund der Erkenntnis handeln können: die auch sich selbst und die andern Glieder und die Gemeinschaft erkennen und in sie gestaltend eingreifen können. Die Personalität ist die zweite Wurzel für die Möglichkeit sozialer Bildungsarbeit. Ohne sie wäre auf Grund der natürlichen Gliedschaft nur Gemeinschafts*entwicklung*, aber keine *Arbeit* möglich. Allerdings bedeutet die Möglichkeit des freien Eingreifens zugleich neue Gefahren für die Entwicklung der Individuen und Gemeinschaften. Darauf kommen wir bald zurück.

Mit den letzten Erwägungen sind wir bereits bei der zweiten Voraussetzung der sozialen Bildungsarbeit angelangt, die wir anfangs aufdeckten. *Soziale Bildungsarbeit ist notwendig*, weil der Mensch nicht als fertiges Gemeinschaftsglied zur Welt kommt; weil Gliedschaft und Gemeinschaft sich erst entwickeln müssen und – so können wir jetzt hinzufügen – weil in der Doppelnatur des Menschen, der individuellen und der Gliednatur, Konfliktmöglichkeiten und Gefahren liegen, die durch eine angemessene Bildungsarbeit vielleicht zu vermeiden sind. Gefahren ergeben sich bei rein natürlicher Entwicklung ohne planmäßiges Eingreifen. Noch größere vielleicht bei planmäßigem Eingreifen auf Grund verkehrter Theorien.

Das menschliche Individuum bringt Kräfte mit zur Welt, die Kräfte der menschlichen Natur und seine individuellen, die sich im Laufe seines Lebens entfalten sollen und wollen. Sie können sich nur entfalten durch Betätigung, und diese Betätigung erfolgt überwiegend unter der Leitung von und in Gemeinschaft mit bereits entwickelten Menschen, mit „Erwachsenen". Die Leitung braucht keine planmäßige, keine eigentliche Erziehung zu sein. Das Kind tut „mit", was die Großen tun, und tut, was sie von ihm verlangen. Und sie handeln vor ihm und verlangen von ihm vielfach ohne alle vorausgehende pädagogische Besinnung, ohne zu überlegen, ob die Betätigung, zu der sie es – bewußt oder unbewußt – veranlassen, für seine individuelle und soziale Entwicklung zweckmäßig ist. In der Familie und auch in größeren Gemeinschaften wird meist „ohne weiteres" angenommen, daß der Einzelne „mittun" kann, daß er denkt und fühlt wie die andern. Und man stellt ihn dahin, wo es für die Zwecke der Gemeinschaft nützlich ist. Soweit die allgemeine Menschennatur und der spezielle Gemeinschaftstypus in ihm herrschend sind, geht er widerstandslos mit und läßt sich hier und dort „anstellen". Indem aber in der Betätigung seiner Kräfte zugleich die individuelle Natur zur Entfaltung kommt und sich geltend macht, kann sie ihn in Widerspruch zu den äußeren Einflüssen und Anforderungen bringen. Sie bedingt evtl. ein wesentlich anderes Fühlen und Denken, als das der andern ist, und sie verlangt nach einer anderen Betätigung, als die ihr im Dienst der Gemeinschaft zugemutet wird. Wir nehmen vorläufig an, daß das Individuum – ebenso wie die Gemeinschaft – ganz „naiv" verfährt, d. h. das, was in ihm ist, sich auswirken läßt, ohne über sich nachzudenken und ohne an sich zu arbeiten. Wenn es eine „starke" Natur ist, wird es zum Konflikt und evtl. zum Bruch mit der Gemeinschaft kommen. Es wird sein anders geartetes Fühlen und Denken zum Ausdruck bringen, wird sich den Anforderungen, die an es herantreten, wenn sie seiner Natur widerstreiten, verweigern und sich den Platz im Leben suchen, der seinen eigenen Kräften entspricht, unbekümmert darum, was aus der Gemeinschaft wird. Denken wir uns, daß dies nicht ein vereinzelter, sondern der allgemeine Entwicklungslauf wäre, dann würden alle sozialen Gebilde gesprengt, die Menschheit atomisiert.

Daß es nicht dahin kommt, daß überhaupt soziale Gebilde entstehen konnten und sich erhalten, dafür hat die Natur gesorgt, weil im Durchschnitt wohl die sozialen Kräfte im Menschen gegenüber den individuellen überwiegen. Für die Mehrzahl der Menschen besteht eher die Gefahr, daß ihre Individualität in der Gemeinschaft erstickt, als daß sie die Gemeinschaft sprengt. Das „Eigene", was sie in sich haben, ist zu schwach, um sich gegenüber dem Andersgearteten, was ihnen von allen Seiten entgegentritt, herauszutrauen und zu behaupten: es wagt sich nicht zu betätigen und muß darum verkümmern. Und auch das kann nicht als ein glücklicher Entwicklungsverlauf angesehen werden: nicht für das Individuum und auch nicht für die Gemeinschaft, die ja auf die Kräfte der Individuen angewiesen ist.

Ein gesunder Entwicklungsgang muß zu einer Harmonie der individuellen und der sozialen Kräfte führen. Und da die *gefallene* menschliche Natur,[10] sich selbst überlassen, nicht zu dieser Harmonie gelangt, bedarf es eines planmäßigen Eingreifens, einer *Bildungsarbeit*. Diese Bildungsarbeit wird aber nur dann zum Ziel führen, wenn sie auf echter Erkenntnis, auf einer richtigen Theorie des sozialen Lebens aufgebaut ist. Eine falsche Theorie bedeutet neue Gefahren.

Die Konflikte zwischen Individuum und Gemeinschaft geben selbst Anlaß zur Besinnung über das Wesen beider und ihr angemessenes Verhältnis. Diese Besinnung hat zu zwei entgegengesetzten Irrtümern, zwei einseitigen Theorien geführt, deren verheerende Wirkungen auf das praktische Leben wir heute überall wahrnehmen können. Der *Individualismus* betont allein das Recht des Individuums auf freie Entfaltung; er kennt keine ursprüngliche, natürliche Gemeinschaft, sondern nur soziale Verbände, die dem Nutzen der Individuen dienen und von ihnen nach freier Wahl für ihre Zwecke gestiftet und ebenso frei wieder aufgelöst werden: wir nennen sie nach dem Sprachgebrauch der neueren Soziologie *Gesellschaften*.[11] Dieser Individualismus, der mit dem Beginn der Neuzeit, als einer ihrer charakteristischen Züge, um sich zu greifen begann und seit der Französischen Revolution sich mit aller Kraft auswirkte, hat weitgehend zur Auflösung der organischen Gemeinschaften geführt, die im Altertum wie im Mittelalter im sozialen Leben vorherrschten: zur Zersetzung der Familie, zur Spaltung der Kirche, zur Zersplitterung des Volkes. – Die entgegengesetzte Anschauung, die wir als *Sozialismus* bezeichnen können (ohne sie damit auf den bestimmten Parteistandpunkt festzulegen), ordnet das Individuum vollständig der Gesamtheit ein und unter; sie erkennt keine Individualität an, sondern nur die überall gleiche Menschennatur, und sie läßt kein Leben außerhalb der Gemeinschaft und ohne Ertrag für sie zu. (*Der* Sozialismus, wie er uns in den Parteiprogrammen und der Praxis unserer sozialistischen Parteien entgegentritt, ist dafür kein reines Beispiel, weil er sich geschichtlich aus dem Liberalismus heraus entwickelt hat und darum stark von individualistischen Tendenzen durchsetzt ist.) Die Folgen sehen wir in dem Mangel an kraftvollen und selbständigen Persönlichkeiten, an großen und originellen Leistungen, in der Herrschaft von Fabrikware und Klischee, nicht nur in Gebrauchsgegenständen, sondern auch auf geistigem Gebiet: Dutzendmen-

[10] ⟨Nach dem Sündenfall: Gen 3, 1 ff.⟩

[11] ⟨Edith Stein mag hier an Ferdinand Tönnies, *Gemeinschaft und Gesellschaft*, Leipzig 1887, denken und an Soziologen wie Max Weber oder Georg Simmel.⟩

schen, Dutzendanschauungen – leer und unwahr, ohne eigenes Gepräge, ohne Seele. –

Wenn falsche Theorien zu den zersetzenden Krankheiten unseres sozialen Lebens geführt haben, wird eine gute Theorie zur Genesung notwendig sein, eine Besinnung auf die ewigen Seinsgründe von Individuum und Gemeinschaft, wie ich sie am Anfang in einigen Strichen anzudeuten versuchte. Individuum und Gemeinschaft sind beide gottgewollt und in Gott gegründet. Wer eins von beiden auf Kosten des andern zur Geltung bringen will, der schädigt beide. Denn die Gemeinschaft baut sich aus Individuen auf wie ein Organismus aus seinen mannigfach gestalteten Gliedern. Wer ein Glied beschädigt, beeinträchtigt den ganzen Organismus. Und losgelöst aus dem Organismus kann kein Glied existieren. So muß die Bildungsarbeit, die gefordert ist, mit beiden rechnen und beide miteinander und füreinander gestalten.

Dazu gehört aber noch mehr als eine richtige Anschauung darüber, was Individuum und Gemeinschaft überhaupt sind, nämlich die Erkenntnis der *einzelnen* Individuen und Gemeinschaften, mit denen man es jeweils zu tun hat und an denen es Hand anzulegen gilt. Wer eine gute Theorie des sozialen Lebens hat, kann immer noch in der Praxis Schaden anrichten, wenn er die Natur der bestimmten Individuen und die Bedürfnisse der speziellen Gemeinschaft verkennt. Denken wir etwa an moderne Jugend- und Volksbildner, die der Individualität Rechnung tragen und durch Heranbildung kraftvoller Führerpersönlichkeiten dem ganzen Volk Wege zum Aufstieg bahnen wollen. Wenn sie nun bei einem durchschnittlichen Schülermaterial etwas voraussetzen, was sich nur bei seltenen Ausnahmemenschen findet, so züchten sie Dünkel und Anmaßung, Menschen, die mit großen Worten und mit großen Gesten statt mit schlichter Tat aufwarten.

Wir können jetzt die Ergebnisse unserer kritischen Erwägungen zusammenfassen. Wir haben gefunden, daß in der Forderung nach sozialer Bildungsarbeit drei Voraussetzungen stecken:

Gemeinschaft ist notwendig.
Soziale Bildungsarbeit ist möglich.
Soziale Bildungsarbeit ist notwendig.

Wir haben sie alle geprüft und als berechtigt erkannt:

Die Grundgeheimnisse unseres Glaubens wiesen uns darauf hin, daß die Erreichung des ewigen Ziels an die Gemeinschaft gebunden ist.

In der natürlichen Einordnung in die Gemeinschaft und in der Freiheit des Menschen sahen wir die Möglichkeit begründet, ihn zum tauglichen Gemeinschaftsglied zu bilden.

Die Werdenatur des Menschen, die Disharmonie zwischen seiner individuellen und seiner sozialen Anlage sowie die Gefahren, die der sozialen Praxis von den Einflüssen falscher Theorien und mangelhafter Erkenntnis der jeweiligen konkreten Verhältnisse drohen, zeigten uns die Notwendigkeit einer auf guter theoretischer Grundlage aufgebauten sozialen Bildungsarbeit. Die theoretische Grundlage ist gut, wenn wir Einsicht in die Natur von Individuum und Gemeinschaft überhaupt haben, wenn wir uns über den Sinn der verschiedenen Typen von Gemeinschaft klar sind und wenn wir das Material an konkreten Individuen, an dem wir praktische Bildungsarbeit zu leisten haben, richtig beurteilen. Schließlich, wenn wir die Mittel kennen, die zur richtigen Eingliederung des Individuums in die Gemeinschaft führen können.

II. Theoretische Grundlagen für aufbauende soziale Bildungsarbeit

Wir versuchen nun den Grund zu legen, den theoretischen, den Erkenntnisgrund, auf dem sich das Gebäude der sozialen Bildungsarbeit erheben kann.

1.

Zunächst fassen wir zusammen, was wir über das allgemeine Verhältnis von *Individuum und Gemeinschaft* bereits festgestellt haben, und ergänzen es, soweit es der Zweck erfordert. Das menschliche Individuum ist mit einer allgemein-menschlichen Anlage ausgerüstet und steht von Natur aus in Verbindung mit seinesgleichen, so daß überall da, wo Menschen zusammentreffen, eine Verständigung sich anbahnt und eine Gemeinsamkeit des Lebens, in der sie zu bestimmten, konkreten sozialen Gebilden zusammenwachsen, die wir Gemeinschaften nennen. Sie sind aber überdies mit einer individuellen Anlage ausgestattet, einer einzigartigen Eigenart, an der die Gemeinsamkeit des Fühlens, Denkens und Handelns eine Grenze findet. Trotzdem hat die Individualität eine positive Bedeutung für das soziale Leben. Durch sie ist vorgezeichnet, zu welcher Stellung in dieser oder jener engeren Gemeinschaft und evtl. in der gesamten Menschheitsentwicklung der Einzelne bestimmt ist. Die Gemeinschaft ist ein Leib mit mancherlei Gliedern, und die Mannigfaltigkeit der Individualitäten entspricht der Mannigfaltigkeit der Funktionen in dem großen Körper. Das eine Individuum ist zu diesen, das andere zu jenen Gliedfunktionen tauglich, es ist keine beliebige Vertauschung der Individuen bzw. Glieder möglich. Das Individuum ist ferner *freie Person,* und sobald es den Gebrauch seiner Freiheit erlangt hat, ist es der Gemeinschaft nicht mehr einfach ausgeliefert, sondern kann sich ihr hingeben oder sich gegen sie verschließen und diese oder jene Rolle in ihr übernehmen oder ihre Annahme ablehnen. Die Existenz und die besondere Beschaffenheit und Ausgestaltung der jeweiligen Gemeinschaft ist also von dem freien Willen und der individuellen Anlage der Individuen abhängig, die ihr angehören. Wäre die Menschennatur schlackenlos rein, wie sie aus den Händen des Schöpfers hervorging, und verliefe das menschliche Leben rein nach den Gesetzen der Vernunft, so würde sich die Einordnung des Individuums in die Gemeinschaft reibungslos vollziehen. Es würde jeder erkennen, an welchen Platz er durch seine Individualität gehört, und würde diesen Platz bereitwillig einnehmen, und die andern, ebenfalls von der richtigen Erkenntnis geleitet, würden ihm den Platz ebenso bereitwillig einräumen. Wir alle wissen, wie wenig die Wirklichkeit diesem schönen Bilde entspricht. Es ist schwer zu ermessen, was mangelhafter ist: unsere Selbsterkenntnis oder unsere Erkenntnis anderer Menschen. Beständig streben Menschen nach Ämtern und Stellen, zu denen sie ihrer Natur nach keineswegs befähigt sind, beständig werden von andern auf Grund mangelhafter Erkenntnis ihrer Individualität Anforderungen gestellt, denen sie nicht gewachsen sind. Die verschiedenartigsten Bewerber treten miteinander in den Wettkampf um denselben Platz. So mancher verblutet sich im Ringen um ein Ziel, das er sich bei vernünftiger Einsicht nicht setzen würde. Mancher zerfällt mit sich selbst und mit der Gemeinschaft, in der er lebt, weil seiner Natur kein angemessener Spielraum gegönnt wird. Und selbst, wo Einsicht vorhanden ist oder doch den persönlichen Fähigkeiten nach vorhanden sein könnte, richtet sich das Handeln nicht danach. Der Mensch flüchtet sich in Illusionen und Selbsttäuschungen, weil er die Wahrheit, die seinen Wünschen widerspricht, nicht sehen *will*. Wer ihn auf Grund besserer Einsicht aufklären und in andere Bahnen lenken will, in dem sieht er seinen Feind. Und die wiederholten Mißerfolge, zu denen sein unvernünftiges Streben führt, können dahin wirken, daß er von keiner Gemeinschaft mehr etwas wissen will, sich ganz in sich selbst verschließt und von allen anderen abkapselt. Dann sind die Wege vollends abgeschnitten, auf denen ihm Hilfe kommen könnte. Kampf auf allen Seiten, einsame Wanderer, weglos verirrt, von ihrem eigenen Bestimmungsziel abgetrieben und niemandem nütz – das sind Bilder des sozialen Lebens, wie wir sie täglich beobachten können. Seit die ersten Menschen die erste Gemeinschaft und die erste soziale Ordnung zerrissen, in die sie gestellt waren: die Gemeinschaft mit Gott in kindlichem Gehorsam, ist mit der menschlichen Natur auch alle menschliche Gemeinschaft aus den Fugen geraten. Jeder liegt im Streit mit sich selbst und mit allen andern. In der ursprünglichen Gemeinschaft mit Gott war der Mensch völlig geborgen. Er erkannte sich nicht selbst, aber er war erkannt und wußte sich erkannt. Er sorgte nicht für sich und um sich, doch es war für ihn gesorgt. Auf Gott ruhte sein Blick, nicht auf sich selbst. Seine Gemeinschaft mit Gott war von seiner Seite keine absolute und vollkommene. Als Gottes

Abbild vermochte er eben soviel von Gott zu erfassen, um sich mit allen Kräften ihm hinzugeben. Doch als unvollkommenes Bild in unendlichem Abstand sah er sich Gott gegenüber als dem Unfaßlichen und Undurchdringlichen, der alle menschliche Erkenntnis und Liebe unendlich übersteigt. Von dem Unermeßlichen erkannt und geliebt und in ihm geborgen, muß er alle Erkenntnis und Liebe, deren er fähig ist, aufbieten, um ihm zu nahen. Vor dem Mysterium seiner Unermeßlichkeit muß er sich in Ehrfurcht und Gehorsam beugen. In Gott und von Gott aus erfaßt und umfaßt er alle Geschöpfe. Als Gottes Geschöpfe sind sie gut und Gegenstand seiner Liebe. Er weiß sich eins mit ihnen in der Verherrlichung Gottes, vor allem mit denen, die wie er selbst Gott geistig nahen, in Erkenntnis und Liebe. Er ist in Harmonie mit sich selbst und mit allen andern. Von Gott losgerissen, ist er auf sich selbst gestellt. Die Gnade trägt ihn nicht mehr, er muß für sich selbst sorgen. Er muß sich selbst und die andern Geschöpfe zu erkennen suchen, seine Kräfte prüfen und sehen, wie er damit durch die Welt kommt. Und da jeder für sich seinen Weg sucht, hat jeder ein anderes Ziel, und oft kreuzen sich die Wege. Man sieht sich den Nebenmenschen daraufhin an, wie er einem zum eigenen Zweck dienen kann – so wie man es mit den toten Dingen macht –, und je nachdem macht man mit ihm gemeinsame Sache oder tritt ihm entgegen. Das ist die „gesellschaftliche" Einstellung, die verstandesmäßig abwägende, auf praktischen Nutzen gerichtete. Die ursprüngliche Gemeinschaft der Menschen ist nicht aufgehoben, eine gewisse Verständigung besteht noch immer und ist für das „gesellschaftliche" Leben selbst vorausgesetzt; noch immer bilden sich Gemeinschaften, aber ihre Bildung wird durch jene isolierende Seelenhaltung gehemmt und durchkreuzt. Da der Mensch sich von Gott losriß, trennte er sich auch von seinem Mitmenschen. Auf den Sündenfall folgte der Brudermord.[12]

2.

Wir können die Folgen des Falls[13] an allen menschlichen Gemeinschaften gewahren, wenn wir uns ihren ursprünglichen Sinn vergegenwärtigen und dem ihre gegenwärtige Durchschnittsgestalt entgegenhalten. Wir wollen das hier für die Gemeinschaften durchführen, die in der sozialen Bildungsarbeit eine besondere Rolle spielen: *Familie, Volk, Kirche* und *Schule.* Nicht nur Gemeinschaft überhaupt, sondern jeder besondere Gemeinschaftstyp ist gottgewollt und hat seinen eigenen Sinn im Zusammenhang der Menschheit. Der organische Charakter der Gemeinschaft ist nirgends deutlicher als

---

[12] ⟨Kain erschlug Abel: Gen 4, 8.⟩
[13] ⟨Des Sündenfalls: Gen 3, 1 ff.⟩

bei der Familie. Gott schuf den Menschen als Mann und Weib und wollte, daß beide „ein Fleisch" seien. Die Fortexistenz der Menschheit ist daran geknüpft, daß sie, die getrennte Individuen und selbständige Personen sind, wie ein einziger Organismus fungieren und daß sie das neue Leben, das diesem Organismus entspringt, die neu entstehenden Individuen, hegen und hüten, bis sie für sich selbst sorgen können. Und wie alle Geschöpfe Gottes, so hat auch die Familie neben ihrer natürlichen Bedeutung einen Heilssinn. Das eheliche Zusammenleben soll für die Ehegatten ein Heiligungsmittel sein, und durch sie sollen die Kinder auf den Weg des Heils geführt werden. Daneben stellen wir das Durchschnittsbild der modernen Familie. Die Eheschließung ist für die einen eine wirtschaftliche Angelegenheit, ein Geschäft, das man rückgängig macht, wenn es sich nicht als rentabel erweist; für die andern eine Einrichtung, in der man unter dem Schutz der Gesetze seine Triebe befriedigen kann. Der eine Teil benutzt den andern zu diesem Zweck und schiebt ihn beiseite wie ein verbrauchtes Spielzeug, wenn der Zweck nicht mehr erreicht wird. Bei dem zweiten Typus erscheint es als ein unglücklicher Zufall, wenn Kinder kommen. Beim ersten ist es eine Sache der Berechnung, ob man sich Kinder und wieviele man sich leisten kann. Entartung ist beides. Der natürliche Sinn von Ehe und Familie ist hier wie dort verloren gegangen, von dem sakramentalen Sinn ganz zu schweigen.

Der Mensch, der in der Familie herangewachsen und ihr schließlich *ent*wachsen ist, kann doch nicht ganz für sich allein stehen. Seine individuelle Anlage stempelt ihn zum Bruchstück oder richtiger zu einem Glied oder Organ, das berufen ist, in einem großen Ganzen eine aufbauende Rolle zu spielen und darin zugleich seine eigene Existenz zu sichern. Das Ganze ist nicht nur da um der Existenz der einzelnen willen, sondern hat seine eigenen Aufgaben. Es bringt Güter hervor, die die einzelnen Mitschaffenden und ganze Generationen überdauern und sich auf ferne Geschlechter vererben. Den großen Organismus, der imstande ist, relativ selbständig zu existieren und eine in sich geschlossene Güterwelt, eine Kultur, zu erzeugen, nennen wir ein Volk. Gemeinsamkeit der Art, der Sprache, der Arbeit, des Schicksals schlingt um die Volksgenossen ein engeres Band, das sie aus dem gesamten Menschheitsorganismus – freilich nicht außerhalb, sondern *in* ihm, wiederum als Glied – herausgrenzt. Der Einzelne wird in der Volksgemeinschaft geboren und von ihr getragen, es ist ihm natürlich, sie zu lieben und ihr zu dienen. Daß sie auch einen Heilssinn hat, zeigt uns am deutlichsten das Volk, das Gott sich speziell zum heiligen Volk erwählt hat: dem *ganzen Volk* hat er das *Gesetz* gegeben, das jedem Einzelnen den Weg durchs Leben weisen sollte, und er hat es dem *einen* Volk gegeben, um es für alle andern, für die gesamte Menschheit zu bewahren und es fortlaufend zu überliefern. Er gab es dem ganzen Volk, aber durch auserwählte Einzelne, durch Führer, ausgezeichnete Organe des Ganzen, die das Gesetz zu verkünden, zu hüten und für seine Ausführung zu sorgen hatten. Der Volksorganismus differenzierte sich in Haupt und Glieder, in Obrigkeit und Untertanen, er nahm die Form des *Staates* an. Das Volk ⟨ist⟩ berufen, die Individuen zum Heil zu führen und zugleich dem Heil der ganzen Menschheit zu dienen – das Individuum, durch das Volk gehütet, ⟨ist⟩ ihm als aufbauendes Glied am angemessenen Platz eingeordnet; das ist der Ewigkeitssinn allen Volkstums, wenn er auch am „Volk Gottes" in besonderem Maße ausgeprägt ist, weil in seiner Organisation Kirche und Staat zugleich vorgebildet sind. Sehen wir dagegen wieder das Durchschnittsbild des gegenwärtigen Volkslebens: wohl gibt es Staatsmänner, die ihr Amt sachgemäß, d.h. seinem Sinn gemäß verwalten; auch solche, die es als einen heiligen Dienst am Volke ausüben. Aber daneben steht die Menge derer, denen das Amt eine Futterkrippe ist und zugleich eine Verführung zu widergöttlichen, gemeinschaftsauflösenden Machtgelüsten und ihrer Befriedigung. Und die große Masse der „Staatsbürger", für die die Volksgemeinschaft als solche jeden Sinn verloren hat, die für die staatlichen Einrichtungen nur soweit Interesse haben, als sich ein persönlicher Vorteil herausschlagen oder ein Nachteil umgehen läßt. Die Atomisierung ist soweit vorgeschritten, daß es kaum noch möglich ist, einen scharf ausgeprägten Volkscharakter zu erkennen, daß große Aktionen des ganzen Volkskörpers kaum noch zustandezubringen sind.

Im Alten Bunde wurde die natürliche Gemeinschaft des Volkes Israel in eine göttliche Heilsanstalt hineinorganisiert. Die Kirche des Neuen Bundes ist primär göttliche Heilsanstalt und setzt keine andere natürliche Gemeinschaft als die allgemein-menschliche voraus. Sie ist die Hüterin und Lehrerin der Heilswahrheiten, die Verwalterin und Ausspenderin der Heilsmittel; durch beides soll sie die Menschen in die Gemeinschaft mit Gott zurückführen. Sie ist zugleich der mystische Leib Christi, dessen Glieder die Gläubigen bilden. Jeder, der die von ihr dargebotenen Gnadengüter annimmt, geht als Glied in den Organismus, in die Gemeinschaft der Heiligen ein. Weil die Kirche nicht von unten her erwachsen, sondern von oben her begründet ist, gibt es bei ihr keine parallele Entartung wie bei den natürlichen Gemeinschaften. Es ist nur möglich, daß von ihren Gliedern ihre Einrichtungen mißachtet oder mißbraucht werden. Eben damit scheiden sie aus dem Organismus aus und hören auf, lebendige Glieder zu sein. Entweder sie werden auch äußerlich abgetrennt oder sie sterben doch ab und werden nur noch als tote Werkzeuge benützt: wie der unwürdige Priester Gnaden vermitteln kann, ohne selbst Anteil daran zu haben.

Gehen wir nun zu dem sozialen Gebilde über, das uns ganz speziell angeht, zur *Schule,* so sehen wir zunächst, daß der ursprüngliche Sinn hier nicht so ohne weiteres zu Tage liegt. Sie ist keine natürliche Gemeinschaft, wie Familie und Volk; sie ist eine „gesellschaftliche Einrichtung", planmäßig geschaffen zu bestimmten Zwecken. Aber diese Zwecke sind Zwecke der natürlichen bzw. übernatürlichen Gemeinschaften. So bekommt sie ihren Sinn von diesen, und wenn sie ihn erfüllt, so wird sie Gemeinschaft, ja um ihn zu erfüllen, muß sie Gemeinschaft sein. Die Schule steht im Dienst des Volkes und der Menschheit, sofern es ihre Aufgabe ist, Kulturgüter zu überliefern, was Vergangenheit und Gegenwart geschaffen haben, der Zukunft zu überliefern. Dazu bedarf es einer lebendigen Berührung der Generationen, d.h. von reifen Menschen, die am Kulturleben mitschaffend oder mindestens verstehend Anteil nehmen, mit Jugendlichen, in denen Verständnis und Teilnahme angebahnt werden sollen. Daß eigene Einrichtungen für diese Berührung geschaffen wurden, hat zur Voraussetzung, daß die Familie, der natürliche Boden für die Überlieferung von einer Generation auf die nächste, nicht ausreichend war. Offenbar ist ihr Anteil am Kulturleben nicht umfassend genug und wird immer weniger genügen, je größer der Reichtum an Kulturgütern wird. So ist der berufsmäßige Lehrer und Bildner nötig geworden, der auf Grund natürlicher Begabung und planmäßigen Studiums bestimmte Kulturgebiete lebendig beherrscht und andern zu erschließen vermag. Schon um das leisten zu können, ist Gemeinschaft zwischen Lehrern und Schülern nötig. Noch mehr bedarf es dessen zu einem andern Zweck. Je mehr die Auflösung der Familie fortschreitet, desto dringlicher wird das Verlangen nach einer anderen *Erziehungsstätte*: einer Stätte, wo die individuellen und sozialen Kräfte der Kinder in sachgemäßer Pflege und Obhut sich entfalten und gestalten können, statt zu verkümmern oder auszuarten, und wo sie für ihr irdisches und ewiges Ziel gebildet werden. So ist es uns heute fast selbstverständlich geworden, in der Schule, speziell in der Volksschule, eine *Erziehungsgemeinschaft* zu sehen. Heim und Familie soll sie dem heimatlosen oder verwaisten Kinde so weit als möglich ersetzen, dem Kind, das kein Elternhaus hat oder dessen Elternhaus diesen Namen nicht verdient; wo die Familie ihre natürlichen Pflichten dem Kinde gegenüber noch erfüllt, aber nichts mehr tut, um es der Gemeinschaft Christi einzugliedern, kann die Schule als Führerin zur Kirche eintreten; und wo das Elternhaus seine Arbeit sachgemäß leistet, soll es von der Schule darin unterstützt werden. Gaubens- und Kulturtradition und Erziehung sind also ihre doppelte Aufgabe. Messen wir wieder den durchschnittlichen Schulbetrieb an ihrem Sinn und Zweck, so wird man geneigt sein, das Bild weniger trübe zu finden als den Zustand von Familie und Volk. Jedenfalls darf man sagen, daß bei denen, die am Schulbetrieb aktiv beteiligt sind, bei der Lehrerschaft und bei den Behörden, mehr ernstliches Streben zu finden ist, sich über den Sinn und Zweck der Schule Rechenschaft zu geben und praktisch danach zu verfahren, als innerhalb der andern Gemeinschaften. Man wird ferner sagen dürfen, daß die typischen Abirrungen von dem ursprünglichen Sinn und Zweck heute weniger verbreitet sind, als sie es noch vor wenigen Jahrzehnten waren. Das ist einmal der Mißbrauch des Lehramts als reine Erwerbsquelle, ein Streben danach und eine Praxis, ohne nach der eigenen inneren Tauglichkeit und Berufung zu fragen und ohne sachlichen Dienstwillen. Sodann der Cäsarenwahn des Schulmeisters, der eine brutale Herrschaft über die Kinder ausübt und die Seelen mißhandelt, statt ihnen zu dienen. Verschwunden sind die Verirrungen keineswegs, aber es zeigt sich doch daneben mehr ernster und selbstloser Berufseifer. Dagegen ist eine andere Gefahr in den letzten Jahren und Jahrzehnten wohl noch gegen früher angewachsen: die Gefahr einer verkehrten Ausgestaltung der Schulen unter dem Einfluß falscher pädagogischer Theorien. Individualismus und Sozialismus, die wir als Gefahren für die Gestaltung des gesamten sozialen Lebens erkannten, haben sich auf dem Gebiet des Schulwesens in der letzten Zeit des pädagogischen Experimentierens besonders stark auswirken können. Eigenbrötler, wirkliche oder vermeintliche Originale, anmaßende und überhebliche oder überempfindliche Menschen, jedenfalls solche, die sich keiner Gemeinschaft reibungslos einfügen, zieht das individualistische Prinzip heran, Herdenmenschen ohne Rückgrat oder Rebellen das sozialistische. Und der Einfluß religionsloser Kreise auf die Gestaltung des Schulwesens hat schon weitgehend zur Säkularisierung der Schulen geführt und strebt danach, sie völlig durchzuführen.

3.

Also Entartung und Zersetzung bei allen sozialen Gebilden ist das Ergebnis unserer kritischen Sicht. Nur die Rückkehr zu ihrem ursprünglichen Sinn in Erkenntnis und Tat kann Genesung bringen. Mittel und Wege dazu werden wir bald noch erörtern. Zuvor müssen wir noch die letzte theoretische Bedingung erwägen, die für erfolgreiche soziale Bildungsarbeit erfüllt sein muß: die Erkenntnis und richtige Beurteilung des jeweils vorliegenden Materials. Das ist eine bekannte Tatsache, von der gerade auf pädagogischem Gebiet schon mehr als genug gesprochen worden ist: Wenn der Lehrer auch die richtige theoretische Auffassung von Individuum und Gemeinschaft hat und wenn er sich über Sinn und Aufgabe des sozialen Gebildes, in das er hineingestellt ist, der Schule, klar ist, so wird er doch an seinem Schülermaterial keine erfolgreiche soziale Bildungsarbeit leisten, wenn er es nicht in seiner Sonderart erkennt und dementsprechend anzupacken weiß. Denn es ist keine völlig formlose Materie, die man in jede beliebige Form hineinpressen kann und die jede gleich willig annimmt, sondern es trägt eine innere Form in sich, die jeder von außen herantretenden Formung Richtlinien vorschreibt und Grenzen setzt. Nur wer auf diese naturgegebenen Richtlinien achtet, wird aus dem Menschenmaterial, das in seine Hände gegeben ist, eine Gemeinschaft formen können, in der individuelle und soziale Anlagen zu ihrem Recht und zu harmonischem Ausgleich kommen, und damit zugleich den Ansprüchen gerecht werden, die von andern Gemeinschaften an seine Bildungsarbeit gestellt werden.

III. Mittel sozialer Bildungsarbeit

1.

Wir haben erkannt, wie Gemeinschaften überhaupt und speziell die Gemeinschaften, an denen und für die wir arbeiten sollen, ihrem ursprünglichen Sinne nach beschaffen sein sollten und wie sie davon abweichen. Danach ist es klar, worin *soziale Bildungsarbeit* bestehen muß: In der *Rückführung der Gemeinschaften zu ihrem ursprünglichen Sinn durch entsprechende Formung der Gemeinschaftsglieder.* Und wenn die Auflösung des menschlichen Gemeinschaftslebens ihre Wurzel in der Aufhebung der Gemeinschaft mit Gott hat, so ist eine Gesundung nur durch *Wiederherstellung der Gemeinschaft mit Gott* möglich. Sie ist für die gesamte Menschheit geleistet durch die Erlösungstat Christi. Und wie beim Sündenfall die menschliche Freiheit dahin wirkte, daß das Band zerriß, so hat sie auch mitgewirkt, es neu zu knüpfen. Mit dem Wort der Jungfrau: Ecce ancilla Domini. Fiat mihi secundum verbum tuum![14] ergriff die Menschheit die ausgestreckte Gnadenhand Gottes und kehrte in das Verhältnis des kindlichen Gehorsams zurück. Maria, die sich selbst in Gott vergißt und Gottes Sache zu ihrer Sache macht, tritt damit zugleich in die ursprüngliche Gemeinschaft aller Menschen zurück, in Gott umfaßt sie alle mit ihrer Liebe und ihrem Heilswillen. Aber der Weg, der damit für alle geöffnet ist, muß von jedem in eigener Tat begangen werden, und jede einzelne Gemeinschaft muß in Gott und von Gott her neu begründet werden. Wie das innerhalb der andern Gemeinschaften zu leisten ist, das brauchen wir hier nicht zu erörtern. Wir wollen uns nur noch darüber Klarheit verschaffen, wie es in der Schule möglich ist.

2.

Wir nehmen die ganz konkrete Situation: eine Lehrerin und eine Volksschulklasse. 40 Kinder, die zum erstenmal in einem Schulsaal zusammen sind. Soziale Bildungsarbeit bedeutet hier: diese Kinder sollen zu einer Ge-

[14] ⟨Siehe, ich bin die Magd des Herrn. Mir geschehe nach deinem Wort. Lk 1,38.⟩

meinschaft geformt werden, in der jedes den Platz einnimmt, der seiner Individualität entspricht; und sie sollen dadurch fähig werden, in den Gemeinschaften, denen sie außerdem angehören oder in die sie noch hineinwachsen werden, sich ebenso angemessen einzugliedern. Wie ist das zu erreichen? Wir haben gesehen: von der Natur der Individuen hängt der Charakter der Gemeinschaft ab, die aus ihnen erwachsen kann. Die Individualität jedes einzelnen muß soweit erkannt werden, um den Platz herauszufinden, der ihm in der Gemeinschaft gebührt; jeder muß sich ferner bereit finden, diesen Platz einzunehmen und überhaupt am Gemeinschaftsleben teilzunehmen und auch die Opfer zu bringen, die das von seiner Individualität fordert. Nur *ein* Individuum ist der Lehrerin zunächst bekannt; es ist zugleich das einzige, für das es von vornherein feststeht, welcher Platz ihm zukommt: das ist sie selbst. Sie ist berufen, das Haupt dieses Organismus zu sein, der da werden soll; durch sie soll das Ganze organisiert werden. Ob es gelingt, das hängt zunächst davon ab, daß sie die rechte Einstellung mitbringt, die wir uns früher klar gemacht haben: sie muß wissen, daß sie nicht da ist, um zu herrschen, sondern um zu dienen – den Kindern, dem Volk und Gott. Sie muß im Kindesverhältnis zu Gott stehen, in Ehrfurcht und Liebe zu ihm sich selbst vergessen; dann bringt sie Ehrfurcht und Liebe für die Kinder als Gottes Geschöpfe in die Schule mit hinein und *steht* schon in Gemeinschaft mit ihnen, ehe noch äußerlich das Gemeinschaftsleben beginnt. Der Grund dafür ist gelegt. Liebe weckt Gegenliebe und Vertrauen. Ehrfurcht erhebt das Kind zu dem Gefühl seiner eigenen Würde als Gotteskind und läßt es erst recht zu dem Menschen emporschauen, der es diesen Adel empfinden lehrt. Das ist vielleicht seine erste lebendige Berührung mit dem Gottesreich. Liebe und Ehrfurcht werden so die Atmosphäre, in der die Schulgemeinde erwächst. Indem die Lehrerin sie allen entgegenbringt, begegnen sie den Kindern als die Grundhaltungen der Seele, die ihnen allen zukommen, die jedes von ihnen allen andern entgegenzubringen hat. In dieser Atmosphäre kann nun das Gemeinschaftsleben sich entfalten, die Gemeinschaft sich organisieren und jedes Einzelne sich zu ihrem Glied formen. Wo Liebe und Vertrauen herrschen, schließt sich das Kinderherz leicht auf und gibt einen ersten Einblick in die Eigenart der einzelnen.

Weiter schreitet diese Erkenntnis und zugleich die Gemeinschaftsbildung in der *Arbeit,* die der Schulgemeinde durch den ursprünglichen Zweck der Schule, die Kulturtradition, als hauptsächlicher Lebensinhalt gegeben ist. Die Kinder sollen soweit gebracht werden, daß sie einmal verstehend und schaffend am Kulturleben teilnehmen können. Gewisse Fertigkeiten und Kenntnisse werden bei allen dazu nötig sein; es gibt also allgemeine Lehrziele, die möglichst von allen erreicht werden sollen. Aber wir wissen, daß nicht alle das Gleiche leisten können, daß jedes andere Gaben mitbringt und daß auch später ihre Aufgaben draußen im Leben sehr verschiedene sein werden. So werden wir darauf achten, was die einzelnen gut und gern tun, was ihnen Mühe macht und evtl. unerreichbar ist. So erkennen wir die individuellen Gaben und Kräfte. Wir werden nun nach Möglichkeit jedem Gelegenheit geben, sein besonderes Talent zu pflegen und es zugleich für die Gemeinschaft nutzbar zu machen. Da ist ein Rechenkünstler, der von selbst findet, was man den andern mühsam beibringen muß. Man wird ihm besondere Aufgaben stellen und ihn evtl. schon zum Mitunterrichten anstellen. Im deutschen Aufsatz ist er vielleicht schwach und bedarf der Nachhilfe durch den sprachgewandten Kameraden. Ein kleiner Maler bringt die nötigen Zeichnungen an der Wandtafel besser fertig als die Lehrerin. Es finden sich Vorturner und Vorsänger. Bei Spielen in der Freistunde und auf Ausflügen entdeckt man Organisationstalente. Läßt man diese Kräfte alle zur Geltung kommen, so entfaltet sich ein reges und freudiges Leben. Es entwickeln sich kleine Persönlichkeiten von fest ausgeprägter Individualität und starkem Gemeinschaftssinn. Jeder fühlt sich im Besitz seiner Kräfte und schätzt die des andern. Jeder weiß sich als Glied des Ganzen, das seiner bedarf und dem er freudig dient. Wenn er der Schule entwachsen ist, wird er soweit sozial gebildet sein, daß er sich in den Gemeinschaften, in die er neu eintritt, nach dem Platz umschaut, den er ausfüllen könnte, und sich leicht und sicher einfügt.

Wir hatten schon anfangs gesehen, daß die Gemeinschaftsbildung in der Schule vom „Haupt" ausgeht. Und einer Leitung bedarf es beständig: es müssen die Aufgaben gestellt oder es muß zum mindesten die Gelegenheit zur Betätigung gegeben werden, damit die Kräfte in Erscheinung treten; diese Kräfte müssen erkannt und an der richtigen Stelle eingesetzt werden. Dazu bedarf es keines gebieterischen Auftretens und keiner Machtmittel, nur einer inneren Überlegenheit, die von selbst fühlbar wird. Wer sie besitzt, der hat Autorität; wer sie nicht besitzt, der wird sich durch kein Zwangsmittel „in Respekt setzen" können. Äußere Unterwerfung kann man erzwingen, aber nicht innere, willige Unterordnung, wie sie zu rechter Gemeinschaftsbildung nötig ist. Der Überlegene, der nicht auf seine Überlegenheit pocht, sie gar nicht hervorkehrt, findet freudigen Gehorsam, weil unentwikkelte Kräfte von selbst nach Halt an einem Stärkeren und nach Leitung verlangen. Er findet Respekt und Gehorsam gerade darum, weil er beides nicht fordert, jedenfalls nicht *für sich* in Anspruch nimmt. Die Lehrerin, die in echtem Sinn das Haupt ihrer kleinen Gemeinde ist, gehört ja selbst der Gemeinschaft an. Jedes fühlt, daß sie dem Ganzen dient und nur verlangt, was ihm dienlich ist. Und sie gehorcht, indem sie befiehlt, einem Höheren, von dem sie ihre Autorität empfangen hat und dem sie ihre Gemeinde zuführt.

Soziale Bildung hat ihren Sinn letztlich darin, daß Gemeinschaft zu Gott führt und in Gott begründet ist. Die Lehrerin empfängt die Kinderseelen aus Gottes Hand, soll sie zu Gott führen und ist vor Gott für sie verantwortlich.

Das Gemeinschaftsleben selbst ist ihr eine Hilfe dabei. Die Kinder werden in der Schule in die Glaubenslehren und in die Praxis des Glaubenslebens eingeführt. Die einen zeigen sich empfänglicher als die andern, es entwickeln sich religiöse Führernaturen, die die andern mit sich reißen. Andererseits erhält die Gemeinschaft durch das Glaubensleben erst ihren festesten Grund. Die Gemeinschaft betet miteinander, und die einzelnen wissen, daß gerade dem *gemeinsamen* Gebet Erhörung verheißen ist.[15] Die Kinder werden zusammen auf den Empfang der Sakramente vorbereitet und im gemeinsamen Empfang aufs innigste verbunden. Sie lernen auch die Bedeutung des Fürbittgebetes kennen und fühlen sich vor Gott füreinander verantwortlich. Und jedes Einzelne, das soweit geführt worden ist, daß es in das echte Kindesverhältnis zu Gott eintritt, gewinnt damit jene universale Aufgeschlossenheit, jene echte Brüderlichkeit, die ihm für *jede* Gemeinschaft die rechte Einstellung gibt.

Und das ist das tröstliche Ergebnis, zu dem unsere Untersuchung führt: die recht geführte Schule leistet eine soziale Bildungsarbeit, die den Menschen für jede mögliche Gemeinschaft tauglich macht. Sie entwickelt Tüchtigkeit und Gemeinsinn, Bereitwilligkeit zu Ein- und Unterordnung, die sich in der Familie wie im öffentlichen Leben bewähren werden. Und sie kann zur Liebesgemeinschaft mit allen Menschen in Gott führen. Ich glaube, daß der Lehrer – und speziell der Volksschullehrer – in seiner sozialen Bildungsarbeit günstiger gestellt ist als die andern, die auf dasselbe Ziel hinarbeiten: als Behörden, Reformschriftsteller und Reformprediger, die auf Familie und Volksleben Einfluß zu gewinnen suchen. Er hat ein weniger verbildetes Menschenmaterial, er hat es viel stärker in der Hand und wird weniger in seiner Arbeit durch andere Einflüsse gestört. Wenn er seinen Beruf so ausübt, wie dessen Sinn es fordert, so hat er am ehesten Aussicht, eine Gesundung von Familie und Volk anzubahnen. Und sollte es dazu heute zu spät sein, so arbeitet er jedenfalls für die Gemeinschaft der Heiligen.

Freilich erfordert eine solche soziale Bildungsarbeit eine Lehrerschaft, die gewissermaßen eine Elitetruppe der heiligen Kirche darstellt: fest begründet im Glauben, geleitet von einer Erkenntnis, die vom übernatürlichen Licht erleuchtet ist, gestärkt durch die Gnadenmittel der Kirche und ein beständiges, kraftvolles und gesundes inneres Gebetsleben zur äußersten Hingabe und Opferbereitschaft für die Sache Jesu Christi, für das Reich Gottes. Das Prinzip aller sozialen Bildungsarbeit läßt sich in ganz wenige Worte zusammenfassen: Du sollst den Herrn, deinen Gott, über alles lieben und deinen Nächsten wie dich selbst.[16]

---

15 ⟨Vgl. Mt 18, 19.⟩
16 ⟨Vgl. Lev 19, 18; Mt 19, 19.⟩

Zur Idee der Bildung

Situierung: Am 9. Oktober 1930 schrieb Edith Stein an Emil Vierneisel: „Könnten Sie Ihren Besuch bis nach dem 19. X. verschieben? Am 18. habe ich einen großen Vortrag für Lehrer und Lehrerinnen zu halten, der guter Vorbereitung bedarf und noch gar nicht vorbereitet ist." (Br. 110, ESGA 2). – Es handelte sich um den Vortrag *Zur Idee der Bildung*, den Edith Stein für die katholischen Lehrer und Lehrerinnen der Pfalz am 18. Oktober 1930 in Speyer zu halten hatte. Der Text wurde veröffentlicht in der Zs. des Vereins katholischer bayerischer Lehrerinnen *Zeit und Schule* 22 (16. 11. 1930), S. 27, 99–102 u. 107 (B II 75, P/B I 17); später auch in ESW XII, S. 25–38. – Ein handschriftliches Vortragskonzept befindet sich im Nachlaß (P/B II).

⟨Vortragskonzept⟩

Zum 18. X.
Alle Bildung Selbstbildung. Alle Schulung Selbstschulung

6. X.

I.
Bildung

Mehrfache Bedeutung der Wortform –ung. Bilden = Formen eines Stoffs zu einem Bild oder Gebilde. Toter Stoff wird von außen geformt, lebender von innen, abgesehen von dem, was er mit dem toten gemeinsam hat. *Form* ist 1.) die Gestalt, die der Stoff annimmt (auch „Bildung" genannt) 2.) das, was dieser Form gibt, eine von außen herankommende oder *innere Form.*

7. X.

Bildung von außen: Gießen oder Prägen in eine fertige Bildform; einem sichtbaren oder geistigen Urbild durch mechanische Einwirkungen zu möglichster Ähnlichkeit nachbilden. – Bei Lebendigem möglich auf d⟨er⟩ Basis d⟨er⟩ inneren Formung (Beschneiden, Anbinden etc. von Pflanzen; evtl. Schutz gegen äußere Einflüsse [Wind], die die innere Formung hindern).

Bildung von innen: bei Pflanzen Organisation d⟨er⟩ Materie in bestimmter Gestalt durch d⟨ie⟩ innere Form.

Beim *Tier* darüber hinaus: Disponieren über d⟨ie⟩ gestaltete Materie, evtl. Abwehr äußerer Einwirkungen. Darum diese beschränkt. Dafür Möglichkeit d⟨er⟩ *Beeinflussung d⟨er⟩ Formung von innen: Anknüpfen an d⟨ie⟩ Triebe. Bilden d⟨er⟩ inneren Form: seelische Eigenart (spezifische), in Grenzen variierbar.*

Mensch: darüber hinaus *geistige Bildung*: Aufnahme u⟨nd⟩ Organisation von geistigem Stoff. *Freies* Verhalten dazu u⟨nd⟩ zu Eingriffen.

8. X.

Überall muß die Formung von außen mit d⟨er⟩ Formung von innen rechnen, sonst gibt es „Dressur", nicht Bildung, oder Verkrüppelung.

Beim Menschen ist zu rechnen:
1.) mit spezifischer Anlage,
2.) mit individueller Anlage,
3.) mit geistigem Wesen: Erkenntnis u⟨nd⟩ Willen.

9. X.

Pflanzenseele = Gestaltung der Materie, Aufbau und Formung des „Körpers" aus aufgenommenen Stoffen.

Tierseele außerdem: „Regieren des Körpers", aktive Selbsterhaltung.

Menschenseele: Gestaltung der Seele zu dem, was sie werden soll, Aufbau und Formung von aufgenommenem *geistigen* Material. (Kulturgüter – Material: in seiner Bedeutung für den Aufbau der Seele Bildungsgüter) Die innere Form schreibt vor, was aufgenommen werden kann, wie und wozu es gestaltet werden soll.

Geistige Aufnahmeorgane.

Bildung = Formung der *ganzen Seele* zu dem, was sie werden soll. (Darin Willmann, Kerschensteiner, Eggersdorfer enthalten.)[1]

10. X.

<u>Selbst</u> = 1.) Original gegenüber Abbild oder Vertreter. Auch bei toten Dingen möglich. Hier nicht in Betracht.
= 2.) zugleich *Subjekt* und *Objekt*, und zwar
a) = movens motum (auch Tier)[2]
b) = primum movens – *freies* Selbst.[3]

11. X.

Wovon die Seele genährt wird: Kulturgüter, lebendige Personen, überirdische Welt.

---

1 ⟨Vgl. S. IX u. XXIV.⟩
2 ⟨Bewegendes Bewegtes.⟩
3 ⟨Erstes Bewegendes.⟩

Wie sie organisiert wird.
Abgrenzung gegen *Schulung*

12. X.

Welche Gestalt soll die Seele annehmen?
Gottes Bild sein auf ihre Weise.
Wert-aufgeschlossen. Alles entsprechend seiner Bedeutung aufnehmen und in sich ordnen, so daß es in Ruhelage kommt und sie in Ruhe und Frieden. – Aber nicht *träge* Ruhe, nur die Materie träge, der Geist aktiv u⟨nd⟩ lebendig: sich ihrer Berufung gemäß betätigen, ohne aus der Ruhe zu kommen.

13. X.

Der Mensch bildet „sich selbst"
1.) im Sinn d⟨es⟩ Wachstums
2.) frei tätig.
Er wird 3.) von außen unterstützt oder gehemmt,
4.) von Gott von innen geformt.
Welches ist das Bild, wonach?

⟨Vortrag⟩

Wie alle Wörter auf -ung hat auch das Wort „Bildung" schon der *Form* nach einen mehrfachen Sinn: es bezeichnet auf der einen Seite die Tätigkeit des Bildens oder auch den Prozeß des Gebildetwerdens; und auf der andern das Ergebnis dieser Tätigkeit, das an dem „gebildeten" Objekt, was ihm den Charakter des „gebildeten" verleiht. Dem *Wortinhalt* nach bedeutet *Bilden* ein *Material formen* und dadurch ein *Bild* oder *Gebilde schaffen.* Sagen wir „Gebilde", so meinen wir damit eben, daß es Geformtes, Gestaltetes ist. Sagen wir *Bild,* so meinen wir, daß es Abbild eines Urbildes ist. Es gehört also zum Bildungsprozeß, daß eine Materie eine Form annimmt, die sie zum Abbild eines Urbildes macht.

I. Materie der Bildung

Was kommt als *Materie* in Betracht? Alles, was nicht fertig geformt und der Formung zugänglich ist. Ich sage: nicht *fertig* geformt. Denn etwas völlig Ungeformtes begegnet uns im Bereich der Erfahrung nicht. Mit völlig ungeformter Materie – *materia prima*[4], wie sie die Scholastik nennt – hat es nur Gott zu tun. Für uns kommen nur die „Gebilde" seiner Schöpfung in Be-

[4] ⟨Erste Materie.⟩

tracht. Sie sind, wie sie aus Gottes Hand hervorgehen, schon geformte Materie, aber *nicht so durchgeformte Materie*, daß an ihnen nichts mehr zu formen wäre. Vielmehr gehört zu aller Materie die *Bildsamkeit*, die Empfänglichkeit für neue Formen.

1. Tote Stoffe und Dinge

Bildsam, formbar sind zunächst die *toten Stoffe*. Sie lassen sich in eine *äußere Form prägen*, die dann zugleich das *Urbild* des zu formenden Gebildes ist (Gebilde – Güsse, Abdrücke – aus Metall, Wachs usw.) oder *durch formende Griffe* einem Urbilde *nachgestalten*, das dem *Bildner* als Modell vor Augen steht oder das er im Geiste trägt. – Auch *Dinge*, die in augenfälligerer Weise als die Stoffe bereits geformte Materie sind, lassen eine weitere Formung, eine Um- und Neuformung, zu: der Diamant, der geschliffen und in einen Ring gefaßt wird; der Backstein, der mit vielen seinesgleichen zum Hause gefügt wird usw.

2. Belebte Materie

a) Pflanze

Auch *belebte Materie* ist bildsam. Betrachten wir die Pflanzenwelt. Die Rebe ergibt sehr verschiedenartige Gebilde, je nachdem man sie an einzelne Pfähle bindet oder sie an einer Hauswand emporklettern oder um die Bogen eines Laubenganges sich winden läßt. Die Gartenkunst des 17. und 18. Jahrhunderts wußte aus Taxus die mannigfaltigsten und erstaunlichsten Gebilde zurechtzuschneiden. Ihrer rein stofflichen Natur nach sind die belebten wie die toten Stoffe mehr oder minder bildsam. Zu diesen Grenzen, die die Natur der Dinge dem bildenden Zugreifen setzt, kommen aber hier neue hinzu. Die toten Dinge kommen in einem gewissen Sinne „fertig" in unsere Hand. Sie bleiben unverändert, wenn ihnen nichts von außen geschieht. Die Pflanzen aber wandeln sich vor unsern Augen, gestalten sich ohne äußeres Zutun. Es vollzieht sich hier eine Formung von innen her, eine *innere* Form ist als Bildnerin tätig. Und nach dieser inneren Form müssen wir uns bei unserem von außen bildenden Zugreifen richten, wenn sie uns nicht einen Strich durch die Rechnung machen soll. Die aristotelisch-scholastische Philosophie nennt dieses innere Lebensprinzip *Seele*: Pflanzen- oder Ernährungsseele. Unsichtbar und geheimnisvoll ruht sie im Samenkorn und macht es, daß es die brauchbaren Stoffe aus seiner Umgebung in sich aufnimmt und verarbeitet; sie organisiert den Stoff, d.h. sie baut daraus den *Organismus*, das mannigfach Gegliederte und doch in sich einheitliche Gebilde von bestimmter Eigenart; sie formt den Stoff – den, der ihr ursprünglich anhaftet, und den damit verwachsenden, von außen aufgenommenen – nach einem Bilde, das sie weder sinnlich noch geistig vor Augen hat, das ihr aber als Ziel gesetzt ist und dem sie vermöge einer blinden inneren Zielstrebigkeit zustrebt. Wir können nichts aus der Pflanze machen, was nicht in ihr liegt. Aber es liegen mannigfaltige Möglichkeiten in ihr, und so kann sie – je nach den äußeren Einwirkungen – diese oder jene Gestalt annehmen. Zu den äußeren Einwirkungen gehört nicht nur jenes formende Zugreifen, von dem wir vorhin sprachen, das Anbinden, Beschneiden u. dgl., es gehören dazu rein naturhafte Einflüsse, wie Bodenbeschaffenheit, Witterung u. dgl.; die Wirkung dieser Einflüsse ist groß, sie kann den inneren Bildungsprozeß, die Bildung nach dem Urbild, sehr stark hemmen oder auch fördern. Es ist auch ein tiefergehendes, planmäßiges Eingreifen möglich: auf Grund der erkannten Einwirkungen der äußeren Natur; und so kann es evtl. zum Schutze des inneren Bildungsprozesses gegenüber hemmenden äußeren Einflüssen werden; und ⟨planmäßiges Eingreifen ist weiterhin möglich⟩ auf Grund des erkannten inneren Bildungsprozesses und der verschiedenen möglichen Verläufe unter verschiedenen Bedingungen; so kann die innere Form dahin gebracht werden, diese oder jene Spielart zu gestalten.

b) Tier

Wir gehen eine Stufe höher im Reich der Lebewesen: *das Tier.* Auch hier sind rein äußere Eingriffe zur Änderung der Gestalt möglich: man kann das Schaf oder den Pudel scheren, dem Pferd den Schwanz stutzen usw. Es gibt auch die tieferen Eingriffe: durch Herstellen der geeigneten Lebensbedingungen, durch Rassezucht-Maßnahmen u. dgl. kann man den inneren Bildungsprozeß unterstützen und dazu helfen, daß das „Urbild", die „Species", möglichst rein verwirklicht wird. Aber die innere Form ist hier eine wesentlich andere als bei der Pflanze. Die *Tierseele* leistet dasselbe wie die Pflanzenseele – Aufnahme und Organisation äußerer Stoffe –, aber sie vermag mehr: sie kann über die von innen her organisierte Materie – den *Leib* – in gewisser Weise *verfügen;* d.h. sie kann ihn *bewegen* und ihm dadurch aus einem weiteren Umkreis die Stoffe verschaffen, deren er zu seinem Aufbau bedarf, andererseits ihn drohenden äußeren Einwirkungen entziehen. Diese Bewegungen im Dienst der Selbsterhaltung haben zur Voraussetzung, daß Förderliches und Hemmendes als solches *gespürt* wird, und so ist die Tierseele nicht bloß *Bewegungs-*, sondern auch *Empfindungsseele.* Es ist hier ein wirkliches *seelisches Leben* vorhanden, und zwar besteht es in einem Wechselspiel von *Reizen* und *Reaktionen.* Dieses Wechselspiel ist ein typisch verschiedenes bei den verschiedenen *Tierspecies*, und dementsprechend kann und muß man beim Tier nicht nur von einer äußeren, sondern auch von einer *Seelengestalt* oder *-bildung* sprechen. Die innere Form arbeitet daraufhin, Seele und Leib die ihnen bestimmte Gestalt zu geben. Wie weit ist dieser Prozeß von außen zu beeinflussen? Man kann Reize planmäßig hervorrufen und dadurch die entsprechenden Reaktionen auslösen; und dadurch ist es möglich, das äußere Gehaben weitgehend zu beeinflussen; darauf beruht alle *Dressur.* Es ist aber auch möglich, durch Variation der Lebensbedingungen auf den inneren Bildungsprozeß Einfluß zu gewinnen und die „Seelengestalt" mitzubestimmen: das tun *Zähmung* und *Züchtung.* So ist auf der einen Seite der Spielraum der Bildungseinflüsse erweitert; auf der andern Seite werden sie häufig durchkreuzt durch die Eigenwirksamkeit der tierischen Natur, die sich zur Wehr setzen kann.

3. Die Menschenseele und ihre Aufbaustoffe

Die *Seele des Menschen* ist nicht nur innere Form, die den Leib aufbaut, gestaltet und regiert und in sich empfindet, was ihm widerfährt oder widerfahren kann. Sie ist *Vernunftseele,* sie ist *Geist;* Form des Leibes zu sein, ist gleichsam nur ihr niederstes Geschäft; sie hat *eine eigene* und *höhere Existenz* als die des Leibes; sie muß sich selbst aufbauen, gestalten und regieren und zugleich eine Welt aufbauen, in der sie leben und wirken kann: ihre *Umwelt,* eine *geistige Welt.* Dem Leib und der Seele, dem ganzen Wesen aus Leib und Seele, das *eines* ist, d.h. der *ganzen Person,* ist ihr Bildungsprozeß vorgeschrieben, die innere Form arbeitet daraufhin, Leib und Seele nach ihrem Urbild zu gestalten. Der Leib bedarf dazu der Aufbaustoffe aus der materiellen Welt; sie müssen in ihn aufgenommen und von innen her gestaltet werden. Die Seele braucht auch Aufbaustoffe, aber andere, geistige. Sie hat Aufnahmeorgane, um ihr die nötigen Stoffe zuzuführen: Sinne und Verstand, die gewissermaßen Außenposten sind, die sie ausschickt, um ihre Vorräte hereinzuholen, und eine tiefer innen sitzende Kraft – die deutsche Sprache hat dafür das Wort „Gemüt" –, die es spürt, was von den eingebrachten Vorräten für sie Wert hat und was keinen hat. Was als Aufbaustoff für die Seele in Betracht kommt, das wird in ihr Innerstes aufgenommen und verwächst mit ihr. So wächst die Seele, wird reich und weit, zugleich aber wächst damit die Welt, in die sie erkennend hineinschaut und in die sie – das ist wiederum etwas Neues gegenüber den niederen Lebewesen – gestaltend eingreifen kann. Was Sinne und Verstand ihr gegenüberstellen, ist eine Welt von *Sachen;* die Bedeutung, die sie für den Aufbau der inneren Welt haben, als Nahrung der Seelen, stempelt sie zu *Wertgegenständen* oder zu *Gütern.* Sofern diese Güter Erzeugnisse des menschlichen Geistes sind, aus seiner schöpferischen Tätigkeit hervorgegangen, bezeichnen wir sie als *Kul-*

turgüter. Sie haben ein selbständiges Dasein, losgelöst von ihrem Urheber. Meist haben sie ein materielles Ding zur Grundlage ihres Seins. Aber das, was ihren Wert ausmacht, ist etwas Geistiges; ein Stück geistiges Leben ist geheimnisvoll in sie eingefangen und kann von der Seele, die mit ihnen in Berührung kommt, aufgenommen werden. Wenn wir sie unter diesem Gesichtspunkt betrachten, nennen wir sie *Bildungsgüter.* Mehr noch als aus dem Umgang mit dieser Güterwelt gewinnt die Seele durch den Verkehr mit den möglichen Urhebern solcher Güter, den lebenden Personen. Besonders das Kind lebt geistig und seelisch überwiegend von seiner menschlichen Umwelt. Sobald es sein geistiges Auge aufschlägt, als geistiges Wesen zum Leben erwacht, findet es sich in einer Welt von Personen und Geistesgütern, aus denen ihm Leben zuströmt. Das Wachstum der Seele und das Wachstum ihrer geistigen Umwelt geht Hand in Hand. Das Organ der Seele, das ihr diese Welt erschließt, ist der *Intellekt* (wir können den lateinischen Ausdruck mit *Verstand* wiedergeben, wenn wir das Wort in einem etwas weiteren und freieren Sinn nehmen, als es gewöhnlich geschieht). Er ist *aktiv* und *passiv* zugleich: aktiv, sofern er sich seinen geistigen Besitz frei tätig erarbeitet; passiv, sofern er etwas von außen empfängt, was sich ihm zunächst ohne sein Zutun darbietet und in dessen Besitz er, nachdem er es für sich gewonnen hat, wiederum ruht. An der aktiven Verstandesleistung hat der Wille Anteil. Es ist in gewisser Weise in unsere Hand gegeben, ob und wie wir unseren Verstand arbeiten lassen wollen, damit zugleich, wie weit wir unsere geistige Welt ausdehnen, was wir an Bildungselementen in uns aufnehmen. Damit rühren wir an die Frage der Selbstbildung. Wir sind aber noch nicht genügend gerüstet, um sie in Angriff zu nehmen. – Die Seele holt sich durch ihre „Kräfte" ihre Nahrung aus der erkannten Welt. Aber ihr Leben und Wachstum ist noch von anderen Faktoren abhängig. Die Seele ist *eingesenkt in den Leib,* mit ihm ist sie zur Einheit verbunden, so sehr, daß Gesundheit und Frische des Leibes der Seele Kraft und Leben zuströmen lassen, Krankheit und Schwäche des Leibes auch die Seele mit leiden lassen. Schließlich erfährt die Seele in ihrem Innersten Erneuerung und Kraftzustrom nicht von Geistesgütern der äußeren Welt, sondern von einem Formprinzip, das aus dem Urquell alles Seins und Lebens ihr eingegossen wird, durch die *göttliche Gnade.* Damit haben wir die Reiche abgesteckt, aus denen die Seele ihr Aufbaumaterial gewinnen kann. Durch den Leib hat sie eine Wurzel ihres Daseins in der materiellen Welt. Durch ihre geistigen Organe erschließt sich ihr eine Gegenstandswelt, aus der sie schöpfen kann. Mit ihrem innersten Grunde kann sie in eine jenseitige Welt hineinwachsen. Aber es ist nicht nur ihre Aufgabe aufzunehmen und zu wachsen, sondern sie soll das Aufgenommene organisieren und damit sich selbst gestalten, sich *bilden,* sich zu einem „Gebilde" und nach einem „Bilde" formen, und darüber hinaus schließlich in die äußere Welt gestaltend eingreifen.

II. Geistesbildung

Erst damit haben wir den Bildungsbegriff erreicht, den man im allgemeinen im Auge hat: an *Geistes*bildung, an Menschenbildung denkt man dabei. Die Seele soll Gestalt annehmen.

1. Schulung der Kräfte

Das geschieht einmal, wenn sie ihre *Organe* ausbildet: Sinne, Gedächtnis, Phantasie, Verstand, Gemüt, Willen. Und sie werden ausgebildet, wenn man sie in der ihnen gemäßen Weise betätigt, übt. Diese Übung der seelischen Kräfte bezeichnen wir als *Schulung*. Es kann also der *Gesichtssinn* nur geschult werden, wenn man den Menschen sich im Sehen üben läßt, d. h. im Auffassen, Unterscheiden, Wiedererkennen von Farben, Helligkeiten, Gestalten; das *Gehör* nur, wenn es sich in entsprechender Weise an Tönen, Klängen, Geräuschen betätigt. Das *Gedächtnis* wird geschult, wenn es sich darin übt, Aufgenommenes sich einzuprägen und wieder hervorzuholen; der *Verstand* durch Denken und Erkennen – dadurch, daß man die Ergebnisse fremder Denkarbeit in fertigen Worten sich einprägt, schult man nur das Gedächtnis, nicht den Verstand. Das *Gemüt* wird „geschult", hier liegt uns allerdings der Ausdruck „gebildet" näher, wenn es durch Begegnung mit wertvollen oder persönlich bedeutsamen Gegenständen oder Ereignissen in Bewegung versetzt wird. Den *Willen* schult man durch Übung im Wählen, Entscheiden, Überwinden, Beharren usw. Man hat für Schulung auch den Ausdruck *formale Bildung*. Die Bezeichnung empfiehlt sich nicht so sehr, weil die einzelne Kraft, die durch Übung leistungsfähig gemacht ist, für sich kein „Gebilde" ist. Sofern aber die geschulten Kräfte zum Aufbau des ganzen Seelengebildes gehören und die Schulung ein Teil des Bildungsprozesses ist, kann man den Ausdruck gelten lassen. Im übrigen ist formale Bildung niemals *bloß* formale Bildung. Keine Schulung ist möglich ohne ein entsprechendes Material. Die Sinne kann man nur üben, indem man Sinnesdaten aufnimmt, den Verstand nur, wenn man über etwas nachdenkt, etwas erkennt, erschließt usw. So wird allemal bei Gelegenheit der Kräfteschulung der Seele Material zugeführt. Freilich dient nicht alles Material wirklich ihrer Bildung. Was Sinne und Verstand aufnehmen und im Gedächtnis aufstapeln und was man fälschlich oft „Bildung" nennt, das bleibt, wenn es nicht ins Innere der Seele aufgenommen wird, toter Stoff. Die Seele schleppt es als einen äußeren Besitz mit sich, es ist kein Teil von ihr selbst. Es ist wie eine unverdaute Speise, die nicht den Körper aufbauen hilft, sondern ihn als Fremdkörper belastet. Was dagegen ins Innere der Seele aufgenommen wird, das wird ein Stück von ihr, ihr selbst unabtrennbar angehörig wie

Fleisch und Blut dem Leibe. Weil hier im Innern der Seele die Umformung des aufgenommenen Materials und damit der Seele stattfindet, erscheint der Ausdruck „Gemütsbildung“ passender als „Gemütsschulung“.

2. Verarbeitung der Stoffe; Formung der Seele

Was heißt es nun, daß die Seele diesen geistigen Stoff, der ihr von außen zugetragen wird, organisieren und zu einem Gebilde gestalten soll? Es soll mit dem verwachsen, was sie schon von Natur aus ist, und das ist zugleich ein Allgemeines – eine Menschenseele überhaupt – und etwas Individuelles, eine der einzelnen Seele zugehörige Eigenart; dabei sind diese beiden Elemente nicht als getrennte Bestandstücke zu denken, sondern als realiter untrennbar eins: keine Seele kann anders als in individueller Ausprägung existieren. Die natürliche Anlage der Seele ist gewissermaßen eine Grundform, worin das einzuordnen ist, was die Seele im Laufe ihres Lebens aufnimmt. Die Form liegt nicht von vornherein fertig vor, sondern sie prägt sich erst im Laufe ihres Entwicklungsgangs und Hand in Hand mit der Aufnahme von geistigen Stoffen aus, ähnlich wie der Same sich zur Pflanze entfaltet. Es gibt in dieser Form ein Zentrum und eine Peripherie, eine Oberfläche und eine Tiefe. (Wir haben keine andere Möglichkeit, das, was rein geistig und unräumlich ist, auszudrücken als mit Bildern aus der räumlichen und sichtbaren Welt.) Und unter den Stoffen, die aufgenommen werden, gibt es solche, die an die Oberfläche und solche, die in die Tiefe *gehören.* Es gibt eine Gesetzlichkeit, die über diese Anordnung entscheidet. Das ist die *Vernunft.* Sie entspricht der Ordnung der äußeren Welt. Man hat oft die Seele eine „kleine Welt“, einen *Mikrokosmos,* genannt und gesagt, daß sie ein Bild des *Makrokosmos,* der „großen Welt“, sein solle. Man hat das zunächst nur in dem Sinne gemeint, daß die „Vorstellungen“ oder „Begriffe“ des erkennenden Geistes ein Abbild der erkannten Welt seien. Aber es könnte auch so aufgefaßt werden, daß die Bildungsstoffe, die der Seele aus der äußeren Welt zugeführt werden, in ihr so geordnet werden sollen, wie es dem Rang und der Bedeutung der entsprechenden Gegenstände im Aufbau der großen Welt gemäß ist. Wenn die Seele sich in dieser Weise formt, wenn alles in ihr „an seinem Platz“ ist, dann ist in ihr Ruhe, Klarheit und Frieden, dann ist sie „harmonisch gebildet“. Das besagt nicht, daß sie jetzt „nichts mehr zu tun habe“. Trägheit und Untätigkeit sind Eigentümlichkeiten der Materie. Der Geist ist aktiv und lebendig. Wenn die Seele eine Fülle von geistigem Material in sich aufgenommen und es vernunftgemäß verarbeitet hat, dann ist sie tatbereit und leicht beweglich. Sie nimmt mit der geistigen Nahrung Antriebe zum Schaffen und Gestalten in sich auf; es drängt sie, ihr eigenes Wesen, das sie innerlich zum Gebilde gestaltet, nach außen hin wirksam werden zu lassen in Taten und Werken, die davon Kunde geben. Diese Wirksamkeit nach außen, das Sichaussprechen, Schaffen und Gestalten ist ein wesentliches Stück der Persönlichkeit, darum ⟨ist⟩ die Schulung der entsprechenden praktischen und schöpferischen Fähigkeiten zu aktionsbereiten Fertigkeiten ein wesentliches Stück des Bildungsprozesses. Darin liegt wohl der tiefste Sinn der *Arbeitsschule.*[5]

III. Bildungsfaktoren

Wir sind davon ausgegangen: Bilden ist Formen eines Materials zu einem Gebilde, nach einem Bilde. Wir haben erwogen, was als Material in Betracht kommt und welcher Art das Gebilde ist, das erzielt werden soll. Es bleiben noch die weiteren Fragen: Welches ist das Bild, nach dem die Seele gestaltet werden soll? Und wer oder was ist das Subjekt der formenden Tätigkeit? Ich möchte die zweite Frage zuerst in Angriff nehmen, weil ohne ihre Lösung die erste kaum zu beantworten ist.

1. „Alle Bildung ist Selbstbildung" – Sinn von „Bildung" und „Selbst"

Der Satz der Lehrordnung, der als Leitgedanke für dieses Jahr gewählt wurde, scheint darauf Antwort zu geben: *Alle Bildung ist Selbstbildung.* Allerdings ist es fraglich, welchen Sinn wir diesem Satze zu geben haben. Dürfen wir für das mehrdeutige Wort „Bildung" Bil*den* einsetzen, d.h. formende Tätigkeit? Dann würde es heißen: Alles Bilden ist Selbst-Bilden; deutlicher gesagt: in allem bildenden Tun bildet das Tätige sich selbst, d.h. das Subjekt und das Objekt dieses Tuns ist dasselbe. Nehmen wir dagegen Bildung als das Ergebnis der bildenden Arbeit, als die Gestalt, die das, was gebildet wird, annimmt, so meint man offenbar: alle Bildung ist selbsterarbeitete Bildung. Und versteht man unter „Bildung" – nach dem weitverbreiteten, wenn auch nicht ganz sinngemäßen Spruch gehend – das von außen aufgenommene Material, so ist der Satz wohl zu denken: Alle Bildung ist selbst-erworbene Bildung. – Will man (wie Dr. Josef Dolch im Volksschulwart, Juni 1930)[6] den Gegensatz des Tuns und des Ergebnisses eines Tuns aus dem Bildungs-

---

[5] ⟨Kerschensteiner, Georg, *Der Begriff der Arbeitsschule*, Leipzig 1912. Vgl. dazu Notizen aus Steins Exzerpten, S. XX.⟩

[6] ⟨Dolch, Josef, „Die Lehre von der Spontaneität des Bildungsvorgangs in der Geschichte der Erziehungswissenschaft" in: *Volksschulwart. Monatsschrift für ausübende Erziehungs- und Unterrichtstätigkeit*, hg. vom Münchner Lehrerverein 18, 6 (1930), S. 277–311.⟩

begriff ausschließen und das Wort für den Bildungsprozeß als einen Wachstumsprozeß in Anspruch nehmen, so wäre es sprachlich wohl am richtigsten, das „Selbst“ ganz zu streichen und zu sagen: Alle Bildung ist Wachstum. Höchstens könnte man der Deutlichkeit halber hinzufügen: des sich Bildenden selbst. Das „selbst“ würde dann den Gegensatz eines Bildenden und eines, das gebildet wird, ausschließen. Wo man dagegen unter „Bildung“ eine formende Tätigkeit versteht, da wird der Gegensatz von Bilden und Gebildetwerden anerkannt, aber die Tätigkeit wird als eine reflexive aufgeführt und ein anderes Subjekt oder Objekt der Tätigkeit ausgeschlossen. Wo Bildung als erworbener Besitz oder als erarbeitete Form der Persönlichkeit gilt, da besagt das „selbst“ wiederum den Gegensatz gegen einen andern, dem man sie zu verdanken hätte, als etwas, was aus eigener Tätigkeit entspringt. Das sind die verschiedenen Deutungen, die etwa durch die Themen 5, 6 und 8[7] nahegelegt sind. Und je nach dem verschiedenen Sinn wird man prüfen müssen, ob und wie weit man dem Satz zustimmen kann.

Nehmen wir zunächst die Deutung, die Bildung als Wachstum faßt und durch das „selbst“ eine bildende *Tätigkeit* ausschließen möchte.

2. Die natürliche Anlage als Bildungsfaktor

Wenn man ein wenig darüber nachdenkt, was „Wachstum“ bedeutet, wie wir es vorhin taten, so wird man dem nicht ganz zustimmen. In allem Wachstum stecken ein Tun und ein Leiden als zwei Seiten einer Sache. Es ist eine Materie vorausgesetzt, die aufgenommen und geformt wird, und eine Form, die aufnimmt und formt. Das „Tun“ ist nur hier kein freies, sondern ein naturhaftes Wirken. So können wir auch bei der Wachstumstheorie der Bildung das Tun nicht ausschalten, wenn wir es nur weit genug fassen. – Nehmen wir dann „Bilden“ als Tätigkeit: Das Subjekt des Bildens bildet sich selbst. Wir können auch sagen: Was Bildung erlangt, erlangt sie durch sich selbst. Können wir dem auf Grund unserer bisherigen Analyse der Bildung zustimmen? Wenn wir die niederen Stufen der Bildung mit hereinziehen, so müssen wir sagen: Tote Stoffe werden nicht durch sich selbst, sondern durch eine formende Tätigkeit von außen gebildet. Bei den ungeistigen Lebewesen erfolgt die Bildung von innen. Dabei sind aber Formendes und Geformtes verschieden: das, was geformt wird, ist ein Material von natürlichen Anlagen und Stoffen, die von außen aufgenommen werden. Das, was formt, ist ein immaterielles Prinzip, das mit der belebten und zu

[7] ⟨Nicht zu ermitteln.⟩

formenden Materie zusammen die Einheit des Lebewesens bildet. Indem man von dieser Einheit ausgeht, kann man sagen, daß das Lebewesen sich selbst bilde. Dabei ist das Bilden kein freies, bewußtes Tun. Es kann ferner durch äußere Einwirkungen beeinflußt werden, und ein frei tätiges Wesen kann planmäßig in den Bildungsprozeß eingreifen, aber nur unter Berücksichtigung der natürlichen Gesetze dieses Bildungsprozesses. Hier wirken also äußere und innere Kräfte zur Bildung zusammen.

3. Das freie Tun

Die *Bildung des Menschen* wird einmal wie bei den niederen Lebewesen durch die innere Form gewirkt, die keimhafte Anlage, die den Entwicklungsgang des Leibes und der Seele bestimmt. Darüber hinaus hat es aber bei ihm noch einen anderen Sinn, daß er „sich selbst bildet". Wir sahen, daß die Tätigkeit der geistigen Organe, die der Seele ihre Nahrung zuführen, eine „freie" ist. Die freie Person ist „sich selbst" in die Hand gegeben, d.h. Leib und Seele sind – wenn auch nicht bedingungslos – der Leitung des Willens unterstellt. Der Mensch kann aus der ihn umgebenden Welt die bereitliegende Nahrung für Leib und Seele holen, er kann das Angemessene auswählen und Schädliches fernhalten; er kann das aber auch verabsäumen, er kann „sich vernachlässigen" und es damit selbst verschulden, wenn er „ungebildet" bleibt oder „verbildet" wird. Wir sahen aber schon, daß er nicht *allein* dafür verantwortlich ist. Einmal kann er nicht alles „aus sich machen", was er will. Seinem vernünftigen Wollen sind durch seine natürliche Anlage Grenzen gezogen. Geht er über das hinaus, bescheidet er sich nicht mit dem, was ihm bestimmt ist, so gibt das keine wirkliche Bildung, sondern eine Scheinbildung, einen „äußeren Anstrich". Von hier aus wird auch der Sinn der „Selbst*schulung*" klar. Wir haben Schulung als Ausbildung der Kräfte durch Betätigung verstanden. Sofern diese Betätigung von der Freiheit der Person abhängig gemacht ist, wie es bei der Betätigung des Verstandes und Willens am deutlichsten der Fall ist, da *kann* das freie Subjekt sich „selbst" schulen, auch hier in den Grenzen, die durch die Natur gezogen sind, denn wo die erforderliche Naturgabe fehlt, da ist durch Übung wenig zu erreichen. Ferner geht nicht *alle* Schulung von dem freien Subjekt aus. Die Kräfte werden auch „unwillkürlich" zur Betätigung angeregt und geschult. – Nimmt man dagegen das „Selbst" im Sinne der ganzen Person, so stimmt es freilich, daß sie ihre Kräfte betätigen muß, um sie zu schulen, ohne daß dabei eine Mitwirkung anderer ausgeschlossen wäre. So macht sich in dem Satz „Alle Bildung ist Selbstbildung" die Doppelbedeutung des „Selbst" geltend: es kann damit einmal nur das Subjekt des freien Willens und der vom Willen bedingten „freien Akte" gemeint sein, sodann aber die ganze menschliche Person. Wenn man den ersten Sinn zugrunde legt, so muß aus dem Satz das „Alle" herausgestrichen werden; denn der Bildungsprozeß, auch der seelische, setzt beim Kinde schon ein, ehe es zum Gebrauch seiner Freiheit gelangt, ehe es selbst gestaltend eingreifen kann, ehe es auch nur den Eindrücken, die es empfängt und die in ihm wirksam werden, willensmäßig Einlaß gewähren oder sie abweisen kann. – Nehmen wir das Selbst im Sinne der ganzen menschlichen Person, dann ist der Satz wohl richtig, nur darf man nicht hineinlegen, daß die Bildung von dem sich Bildenden *allein* abhänge.

4. Die äußeren Bildungsstoffe

Wir haben ja gesehen: er holt sich seine Bildungsstoffe zum größten Teil von außen, und ohne die ihm gemäßen Bildungsstoffe kann er nicht die Bildung erlangen, zu der er von Hause aus befähigt ist. Der Irrtum in dem weitverbreiteten Gebrauch des Wortes „Bildung", daß man „Bildung" als eine Art von äußerem Besitz ansieht und „gebildet" den nennt, der gewisse Kenntnisse erworben hat, besteht nicht darin, daß man an eine Annahme von außen glaubt, sondern darin, daß man die unverarbeiteten Bildungsstoffe mit der Bildung selbst verwechselt. Von dem Vorhandensein und der Erreichbarkeit der nötigen Stoffe also ist die Bildung abhängig; das ist ein dritter Faktor neben der natürlichen Anlage und der freien Tätigkeit des zu Bildenden.

5. Menschliche Bildung

Darüber hinaus ist nicht zu leugnen, daß der Mensch – mindestens, so lange er nicht selbst frei an seiner Bildung arbeiten kann – auf die Tätigkeit anderer angewiesen ist, die ihm die nötigen Bildungsstoffe zuführen können und sollen, von menschlichen *Bildnern*. Sofern die Bildung eines Menschen von der freien Tätigkeit seiner Umgebung, ihrem Tun und Unterlassen, abhängig ist, besteht für die Umgebung auch eine Pflicht und Verantwortung in dieser Richtung. Ihr Eingreifen in den Bildungsprozeß kann allerdings nur darin bestehen, daß sie dem Objekt ihrer Bildungsarbeit Stoffe zuführt; diese Stoffe sollen möglichst geeignete sein, und sie sollen in einer Form dargeboten werden, die für die Aufnahme möglichst förderlich ist. *Ob* sie aber dann wirklich aufgenommen werden, das hat der menschliche Bildner nicht mehr in der Hand: Paulus hat gepflanzt, Apollo bewässert – der das Gedeihen gibt, ist *Gott.*[8]

---

[8] ⟨Vgl. 1 Kor 3, 6.⟩

6. Gott als Bildner

Damit kommen wir auf ein Letztes. Nach unserm Glauben ist der Bildungsweg des Menschen ein Werk der göttlichen Vorsehung. Gott hat dem Menschen seine natürliche Anlage gegeben und hat sie ihm in Form eines Keimes gegeben, der zu Entfaltung und Entwicklung bestimmt ist. Er hat den Entwicklungsgang von verschiedenen äußeren Faktoren und vom freien Willen des betreffenden Menschen selbst abhängig gemacht. Das Zusammenspiel und Ergebnis dieser mannigfachen Faktoren, das für den menschlichen Blick nicht durchschaubar, höchstens dunkel zu fühlen und zu ahnen ist, schaut Er klar voraus. Und Er hat sich selbst eine besondere Form des Eingreifens in dieses Spiel vorbehalten. Wie er gelegentlich – in dem, was wir „Wunder" nennen – in den Gang des äußeren Naturgeschehens eingreift und die Dinge zu Wirkungen befähigt, die nicht in ihrer Natur liegen, so wirkt er auch „Wunder" in der inneren Welt; wir nennen das Gnadenwirkung. Keine Bildungsstoffe aus dem Bereich der menschlichen Werke, keine Bildungsmaßnahmen eines Erziehers können die Natur eines Menschen verändern, sie können nur dazu beitragen, daß sie diese oder jene unter den ihr möglichen Bildungsrichtungen einschlägt. Gott aber kann Gaben verleihen, die Er nicht in die Natur gelegt hat, Er kann Schlacken beseitigen, die in der ererbten Anlage steckten oder durch eigene Schuld in die Seele einwurzelten; Er kann also die Natur umwandeln und so von innen her den Bildungsgang in einer nach außen hin, ja für den, dem es widerfährt, selbst höchst überraschenden und erstaunlichen Weise beeinflussen.

IV. Das Urbild

Noch eine Frage bleibt zu behandeln: nach welchem Bilde wird der Mensch geformt? Um diese Frage zu beantworten, müssen wir die verschiedenen Faktoren in Betracht ziehen, die an der Bildung mitarbeiten. Solange der Mensch noch nicht frei tätig an seiner Bildung arbeitet, hat er auch noch kein Bild dessen, was er werden soll oder will. Sein unbewußter Bildungsgang hat nur eine innere Zielstrebigkeit wie der der Pflanze und des Tieres. Sobald er aber bewußt an sich arbeitet, steht ihm ein Bild vor Augen. Entweder sieht er es draußen: wenn er sich einen Menschen als Vorbild wählte, dem er sich nachbilden will. Da aber die Naturen der Menschen verschieden sind, besteht bei solchem Nachbilden immer die Gefahr, daß etwas angestrebt wird, was in der Natur des Nachstrebenden nicht angelegt ist. Dann kommt es zu keiner wirklichen Bildung von innen heraus, sondern nur zu einem „Wie er sich räuspert und wie er spuckt".[9] Nur soweit sich das Nachstreben auf allgemein-menschliche Züge erstreckt, die jedem Menschen erreichbar sind, oder auf einer wirklichen Verwandtschaft der Naturen beruht, kann es zu echter Bildung führen. Ähnlich steht es mit einem geistigen Bildungsideal, das man in sich trägt und zu dem man sich emporzuarbeiten sucht. Es kann nur dann bildend wirken, wenn es mit der eigenen Natur im Einklang steht. Dasselbe gilt schließlich für die Bildungsarbeit, die man an andern zu leisten sucht. Je nach der Weltanschauung stehen den Bildnern die verschiedensten Bildungsideale als Zielbilder vor Augen. Nur wenn sich in diesem Zielbilde das, was jedem Menschen als Ziel bestimmt ist, mit dem, was ihm als Individuum vorgezeichnet ist, vereinigt, kann auf einen Erfolg der Bildungsarbeit gerechnet werden. Was aber dem Menschen als Menschen und was dem einzelnen als Ziel bestimmt ist, das steht, vollkommen erkannt, vor keines Menschen Auge. Manches davon wird erkannt, manches darüber hinaus gefühlt und geahnt. Klar und vollständig schaut es Gott allein, der jeder Natur ihr Ziel bestimmt und das Streben nach diesem Ziel in ihn hineingelegt hat. Gott schuf den Menschen nach Seinem Bilde:[10] Aber dieses Bild schaut ja in Vollkommenheit wiederum nur Er allein. Wir schauen es in vielen Bildern, die es jedes unvollkommen, jedes von einer andern Seite darstellen: in den Geschöpfen. Am vollkommensten in dem vollkommensten aller Geschöpfe, in Gottes Sohn, und im Wort der Offenbarung, das uns von Gott kündet. Wir sollen von diesem Bild soviel in uns aufnehmen, wie wir nur können, damit es zur inneren Form werde und uns von innen heraus gestalte. Wir sollen auch, soweit unsere Kraft reicht, uns selbst zu erkennen streben und das, wozu wir angelegt sind, und ebenso andere, deren Bildung uns mit anvertraut ist. Aber wir werden nie in den Besitz einer vollkommenen Erkenntnis gelangen, weder für uns selbst noch für andere, und darum niemals in der Lage sein, unsere Bildungsarbeit, an uns selbst und an andern, mit unfehlbarer Sicherheit in Angriff nehmen zu können. Sicher gehen wir nur, wenn wir uns bedingungslos der Hand dessen übergeben, der allein weiß, was aus uns werden soll, und allein die Macht hat, uns diesem Ziel zuzuführen – vorausgesetzt, daß wir guten Willens sind.

[9] ⟨Zitat aus: Friedrich Schiller, *Wallensteins Lager*, 6. Auftritt, 208.⟩
[10] ⟨Gen 1,27.⟩

Die Mitwirkung der klösterlichen Bildungsanstalten an der religiösen Bildung der Jugend

Situierung: Im Juli 1929 erwähnt Edith Stein in einem Brief an Roman Ingarden (ESGA 4, Br. 127) ihre Arbeitspläne für die kommenden Ferien. Darin heißt es: „... bis etwa 25. VIII. werde ich dort ⟨in Breslau⟩ sein, dann einige Tage in München (da habe ich einen Vortrag zu halten), 1. IX. sicher wieder hier ⟨in Speyer⟩." – Im Archiv der Zisterzienserinnen-Abtei Seligenthal in Landshut findet sich folgende Chroniknotiz für das Jahr 1929: „Ende August wurde die von H.H. Domkapitular Stahler (Würzburg) 1916 gegründete klösterliche Arbeitsgemeinschaft nach Würzburg berufen zu einer wissenschaftlichen (erziehlich-unterrichtlichen) Konferenz." Höchstwahrscheinlich hielt Edith Stein auf dieser Konferenz den Vortrag *Die Mitwirkung der klösterlichen Bildungsanstalten an der religiösen Bildung der Jugend*. Der Vortrag wurde abgedruckt in: *Klerusblatt. Organ der Diözesan-Priestervereine Bayerns und ihres wirtschaftlichen Verbandes*, 10, 48/49 (1929), S. 661–663 und S. 677–678. Der Vortrag erschien auch als Separatum des *Klerusblattes* (E I 16); Nachdruck in: ESW XII, S. 95–108. – Die Handschrift zu diesem Vortrag befindet sich im Nachlaß, dort auch der Durchschlag einer Maschinenabschrift, der Stempel – offensichtlich eines Setzers – aufweist (P/B I 4). Die ersten Sätze des Durchschlags wurden mit Blaustift durchgestrichen; der Abdruck beginnt bei den Worten: „Zur religiösen Bildung ist (sachlich) ..." Auch wurde in der Überschrift „Bildungsanstalten" in „Anstalten" geändert. Der folgende Text gibt den Wortlaut der Handschrift wieder und an einigen Stellen Korrekturen, die im Typoskript gekennzeichnet sind.

Man hat mich gebeten, über „Die Mitwirkung an der religiösen Bildung der Jugend" zu sprechen. Ich fand das Thema ergänzungsbedürftig. Es ist zu fragen: Mitwirkung *mit wem* und *wessen? Mit wem?* Zur religiösen Bildung der Jugend ist (sachlich) in erster Linie berufen die Hl. Kirche durch ihr Lehramt; sie erfüllt ihre Aufgabe durch den Gottesdienst, die Ausspendung der Sakramente, durch das Wort des Priesters auf der Kanzel und im Religionsunterricht, durch seine gesamte seelsorgliche Tätigkeit. Die *zeitlich* erste Bildungsarbeit fällt normalerweise dem Elternhaus zu, und wir alle wissen, daß im allgemeinen die nachhaltigsten Wirkungen von hier ausgehen. Als dritter Faktor kommt zu Kirche und Elternhaus die Bildungsanstalt hinzu, in der die heranwachsenden jungen Menschen einen großen Teil der für ihr ganzes Leben entscheidenden Entwicklungszeit zubringen. Wenn auch bei einem Versagen des ersten und zweiten Faktors für den dritten die Aussichten auf Erfolg äußerst gering sind, so entfällt doch in jedem Fall ein großer

Teil der Verantwortung auf ihn. Schon wenn das Kind nur vom Elternhaus aus für die Unterrichtszeit die Schule besucht, kann es von daher richtunggebende Einflüsse für sein ganzes Leben empfangen. Noch größer ist die Wirkungsmöglichkeit und damit zugleich die Verantwortung, wenn die gesamte Erziehung in die Hände einer Anstalt gelegt wird. Dabei sind die Möglichkeiten verschiedene, je nachdem die Erziehungsgemeinschaft interkonfessionellen oder konfessionellen Charakter hat und ob es eine weltliche (wenn auch konfessionell eingestellte) oder eine klösterliche ist. Ich betrachte es heute als meine Aufgabe, über die besonderen Möglichkeiten zu sprechen, die gerade einer klösterlichen Bildungsanstalt für die Mitwirkung an der religiösen Bildung der Jugend gegeben sind.

I. Religiöse Bildung

Als unerläßliche Vorbereitung dafür ist die Frage zu behandeln, was wir unter *religiöser Bildung* zu verstehen haben. Bilden ist Formen eines Materials. Als Bild*ung* bezeichnet man sprachüblich sowohl diesen Prozeß des Formens als ⟨auch⟩ das Ergebnis, die Form, die dem Material eingeprägt ist, die es angenommen hat. Zur Bildungsarbeit gehört viererlei:

1. die Form, die erreicht werden *soll;* d. i. das *Bildungsziel*;
2. das *Material*, das zu formen ist, d⟨as⟩ sind die Menschenkinder, die uns anvertraut werden;
3. die Hände, die am Werk sind, und die *Werkzeuge,* deren sie sich bedienen;
4. der Formungs- oder *Bildungsvorgang.*

1. Das Bildungsziel

Wir betrachten zunächst das *Bildungsziel.* Welche Form sollen wir dem Material geben? Wir sollen die Menschenkinder zu *Gotteskindern* bilden helfen. *Gott-förmig,*[1] *Christus-förmig*[2] sollen sie werden. Das heißt: sie sollen ihren Lebensweg an Gottes Hand gehen, von Gottes Willen widerstandslos geleitet. Dazu gehört ohne weiteres, daß dieser Weg der Weg der Nachfolge Christi sein wird. Sie sollen sich selbst ausziehen und Christus anziehen,[3] lebendige Glieder am Leibe Christi sein,[4] durch die das übernatürliche Leben dieses mystischen Leibes hindurchströmt. Alter Christus – ⟨=⟩ ein anderer

[1] ⟨Vgl. Lev 19, 2; Mt 5, 48.⟩
[2] ⟨Vgl. Röm 8, 29.⟩
[3] ⟨Vgl. Röm 13, 14; Gal 3, 27.⟩
[4] ⟨Vgl. 1 Kor 12, 12.⟩

Christus, das ist die Form, das ist das Bildungsziel, das erreicht werden soll. Erschreckend in seiner Größe! Aber wir dürfen nicht niedriger greifen. Wenn man von einem Stand der Vollkommenheit innerhalb der Hl. Kirche spricht, so besagt das nicht, daß er allein zur Vollkommenheit berufen sei. Die Auszeichnung der Ordensleute ist es, daß sie sich des Berufs bewußt geworden sind und sich dazu verpflichtet haben, und zwar in den besonderen Formen, mit den besonderen Mitteln, die der Ordensstand vorsieht. Berufen zur Vollkommenheit aber ist jeder Christ.

2. Das Material

Welcher Art ist das *Material,* das diese Form annehmen soll? Bringt es eine Eignung dafür schon mit? Trägt es sie vielleicht schon keimhaft – als *innere Form* – in sich wie das Samenkorn die Form des Rosenstrauchs oder des Apfelbaums; oder muß sie von außen herangebracht werden wie an den Ton des Bildners? Menschenkinder sollen zu Gotteskindern geformt werden. Die Arbeit, die wir dabei zu leisten haben, ist die des Gärtners und des Bildners zugleich. In der Tat, es liegt eine innere Form in der Menschenseele, die triebkräftig gemacht werden muß, um das ganze Menschenwesen von innen her nach außen hin durchzuformen. Und das in doppeltem Sinn. Es liegt einmal in jedem Geschöpf Gottes ein *natürliches Streben zu Gott* hin, seinem Ursprung und Ziel. Es regt sich in *jedem* Menschenherzen als Sehnen nach Glück, als Verlangen nach Reinheit und Güte, auch wo keinerlei Gotteserkenntnis vorliegt. Und es ist überdies in die Seele des Christenkindes mit der *Taufgnade* ein Samenkorn gelegt, das aufsprießen kann in übernatürlichem Leben und seine Krone bis in den Himmel erheben. Aber beide, das natürliche Streben nach dem Guten und die übernatürliche Ausrüstung zum ewigen Leben sind Samenkörner, die der Pflege bedürfen und ohne Pflege verkümmern können. Sie sind eingebettet in eine Materie, die der Formung mehr oder weniger große Widerstände entgegensetzt; sie müssen, um zu wachsen und die Materie gefügig zu machen, triebkräftig gemacht und erhalten werden. Es müssen Nährstoffe zugeführt, und es muß auch eine vorgebildete äußere Form herangetragen werden. Das Streben nach dem Guten wächst und wird widerstandsfähig, wenn z. B. das natürlich gute Verhalten gerechte Anerkennung findet. Die Freude daran ist ein Nährstoff, den die Seele sich assimiliert hat. Bestimmte Ziele und Aufgaben, sittliche Vorbilder sind äußere Formen, die dem zunächst noch unbestimmten Trieb Richtung geben und damit formbildend wirken. Das Gnadenleben erwacht und sprießt auf, wenn vor dem erwachenden Geist das Gottesbild in seiner Liebenswürdigkeit und Majestät hintritt und Liebe und Ehrfurcht in der Seele entzündet. Es wird von außen geformt durch feste Gebets- und Kultformen, die dem unbestimmten Ausdrucksbedürfnis entgegenkommen. Das ist die *positive* äußere Pflege und Formung, nach der die inneren Formen für ihre Entfaltung verlangen. Dazu muß als *negative* Ergänzung die Bekämpfung der hemmenden Einflüsse, der wilden Schößlinge und Schädlinge, der Trägheit und Widerspenstigkeit der Materie treten. So ist mit der Schilderung des Bildungsmaterials schon der Bildungsprozeß in großen Linien gezeichnet: als ein Wachstums- und Gestaltungsprozeß von innen her, der nur bestimmt gearteter äußerer Hilfen bedarf.

3. Bildungsmittel

Wer berufen ist, die Hilfe zu leisten, davon haben wir einleitend gesprochen. Die Mittel, die für die Formungsarbeit in Betracht kommen, haben wir in unseren Beispielen nur flüchtig gestreift. Wir müssen sie jetzt genauer betrachten, um zu sehen, welche davon der klösterlichen Bildungsanstalt zur Verfügung stehen.

Das Menschenkind soll Gotteskind werden, die Menschenseele soll Christusgestalt annehmen. So muß als äußere Form *Christus selbst* an das Material herangebracht werden: zunächst das *Bild* Christi als *des Menschensohns*, wie er über diese Erde gewandelt ist; das Bild, das die Evangelien zeichnen. Es ist das Vor-Bild, dem die Menschenseele sich nach-bilden kann. Sodann der *fortlebende Christus*, der als gegenwärtige Wirklichkeit unter uns weilt: der *eucharistische* Christus, der im Sakrament der Liebe in die Seele selbst eingeht und sie nun wiederum von innen heraus formt, und damit in engstem Zusammenhang der *mystische Leib Christi*, die Hl. Kirche mit ihrem *geschichtlichen Werdegang* und ihrem *liturgischen Leben*, ihrem Gebet und Opfer, die ihre Kinder sich eingliedert und den lebendigen Gliedern die Christusgestalt einprägt.

II. Die Bildungsarbeit der klösterlichen Anstalten

Was vermag die klösterliche Bildungsanstalt zu tun, um die Berührung der Kindesseele mit Christus als der bildenden Form zu vermitteln?

1. Formung durch das Bild des Menschensohns

Das Bild des Menschensohns nach den Evangelien zu zeichnen, ist natürlich zunächst Sache des Religionsunterrichts, und das kann in jeder Schule geschehen. Aber *wie* es geschieht, davon hängt die formende Kraft des Bildes ab. Es ist etwas anderes, ob jemand die Tatsachen der Hl. Schrift einfach berichtet wie einen andern Lehrstoff, den er sich inhaltlich zu eigen gemacht hat, oder ob jemand vom Heiland erzählt, der durch langen, vertrauten Verkehr sein Bild ganz in sich aufgenommen hat, gewissermaßen von ihm durchdrungen ist. Wer die Evangelien wieder und wieder durchbetrachtet, sich in die Taten und Worte Christi mit liebender Seele versenkt, dem werden sie zu einem Stück seiner selbst, zu einer lebendigen Kraft, die dauernd in ihm wirkt. Und was er so in sich trägt, das wird sich ihm ganz unwillkürlich bei dieser und jener Gelegenheit auf die Lippen drängen. Die Lehrerin, die so mit dem Heiland lebt, wird nicht nur im Religionsunterricht von ihm sprechen. Wo es eine praktische Entscheidung gilt, wird sein Verhalten in dieser oder jener Situation vor ihr auftauchen und Richtschnur für die Entscheidung sein. Bei schwierigen gedanklichen Fragen, wie sie bei Aufsatzbesprechungen etwa auftauchen, wird sich manchmal ein Lehrwort des Heilands ganz ungesucht einstellen, das Licht gibt. Es kommt für die pädagogische Wirkung gerade darauf an, daß all das ganz ungesucht geschieht. Wenn ein Wort der Hl. Schrift etwas erhellt, was vorher dunkel war, so geht den Kindern gerade daran auf, welche lebendige Kraft im Wort Gottes steckt. Es wird nicht als ein „frommer Spruch" empfunden werden, wenn es so mitten in einem lebendigen Gedankenprozeß erleuchtend und befruchtend auftaucht. Wer als gelehriger Schüler ständig die Schule der Hl. Schrift besucht, der wird den Heiland in *seine* Schule mit hineinnehmen, und die Kinder werden es spüren, daß Er mit zugegen ist und mit bei der Arbeit hilft; so wird er von ihren Seelen mit Besitz ergreifen. Damit wird ein gutes Stück religiöser Bildungsarbeit geleistet, ohne daß planmäßig darauf hingearbeitet wird: die vom Gotteswort geformte Seele wirkt unwillkürlich im selben Sinne formend weiter. Und wo könnte besserer Boden sein für eine solche formende Wirkung als in einer klösterlichen Gemeinschaft, deren Glieder die tägliche Betrachtung pflichtmäßig üben? Sie brauchen nur diese tägliche Übung in fruchtbarer Weise zu gestalten und in ihrer unterrichtlichen Tätigkeit zwanglos sich auswirken zu lassen – natürlich am rechten Ort und zu rechter Zeit –, dann wird bei empfänglichen Kinderseelen die Wirkung nicht ausbleiben. Das aber muß festgehalten werden: nie darf etwas in einer künstlichen und äußerlichen Weise herangezogen werden und in einem Zusammenhang, wo es sachlich kein Recht hat; sonst empfinden die Kinder eine „Absicht, die verstimmt"[5], und die Wirkung ist in der Regel abstoßend statt religiös formend.

[5] 〈„So fühlt man Absicht, und man ist verstimmt." Goethe, *Torquato Tasso 2*, 969.〉

2. Eucharistische Formung

Die beste Hilfe, um zu einem lebendigen Heilandsbild zu gelangen, das im Erzieher wie im Zögling die Seele formt, ist es, wenn zu der Betrachtung des geschichtlichen Christus der Verkehr mit dem gegenwärtigen tritt: zunächst der *Verkehr mit dem eucharistischen Heiland.* Wer es ausprobiert hat, weiß, daß die Betrachtung nirgends fruchtbarer gemacht wird als vor dem Tabernakel. Es ist ja jedem bekannt, daß dieselbe Sache zu verschiedenen Zeiten und unter verschiedenen Umständen ganz verschieden wirkt. Man hat ein Schriftwort hundertmal gelesen, gehört und gesagt, auch in gewissem Sinn verstanden, aber es ist nicht ins Innere eingedrungen – es liegt an der Oberfläche wie das Samenkorn auf steinigem Grund und kann nicht zum Keimen kommen. Aber plötzlich einmal dringt es durch und wird zum blitzartig aufstrahlenden Licht, das hineinleuchtet in die Geheimnisse des Glaubens und den eigenen dunklen Lebenspfad erhellt. Und das ereignet sich am häufigsten in der Nähe des eucharistischen Heilands. Wer ihn aufsucht und ihm die Seele öffnet, sie ihm gleichsam als bildsames Material in die Hände legt, dem formt er selbst sie. Er öffnet die Augen des Geistes, so daß sie hellsichtig werden für das, was geschrieben steht, und die Ohren, daß sie es vernehmen, und die Lippen, daß sie es künden können, wann und wo und wie es fruchtbar geschehen kann. Das ist nur *eine* der Wirkungen, die vom eucharistischen Heiland ausgehen: er legt die Hand auf uns, wenn wir zu ihm kommen, am stärksten natürlich, wenn wir am Hl. Opfer teilnehmen in der Weise, wie es der Sinn dieses Opfers verlangt, d.h. wenn wir nicht nur beiwohnen und sehen und hören, sondern mit*opfern*, uns selbst ganz hingeben, um mit umgewandelt und mit dargebracht zu werden: den Menschen, der in dieser Gesinnung zum Altar tritt, kann der Heiland in der eigentlichsten Weise sich einverleiben, zum Glied seines Leibes machen, zum Rebzweig am göttlichen Weinstock. Es bedarf kaum eines Wortes, daß zu solcher Teilnahme am Hl. Meßopfer die Hl. Kommunion als Vollzug der Vereinigung mit gehört. Eine stärkere religiös formende Wirkung gibt es nicht. Der Heiland selbst ist hier der Bildner, und Aufgabe des Erziehers ist es nur, die Kinder diesem Bildner zuzuführen.

Da hat nun die klösterliche Anstalt einen unermeßlichen Vorzug vor jeder andern rein dadurch, daß sie den Heiland im Hause hat. Von der stillen Wirkung, die von diesem Hausherrn ausgeht, spürt wohl jeder etwas (auch ohne von dem Ursprung etwas zu wissen), der in die Umfriedung eines Klosters eintritt. Daß die Kinder für diese Wirkung empfänglich sind, sieht man, wenn man Gelegenheit hat zu beobachten, wieviele im Laufe eines Tages für ein paar Minuten in die Kirche hineinschlüpfen zur stillen Zwiesprache. Gewiß muß bei den meisten etwas nachgeholfen werden, damit ihnen das Verständnis dafür aufgeht, was sie am eucharistischen Heiland haben. Das geschieht zunächst dadurch, daß ihnen lebendig und eindringlich zu Gemüte geführt wird: Christus ist wahrhaft und wirklich zugegen im Allerheiligsten Sakrament und wartet nur darauf, daß wir zu ihm kommen, um uns von seiner Liebe überschütten zu lassen; Christus opfert sich wahrhaft und wirklich im Hl. Opfer; Christus vereinigt uns mit sich aufs innigste in der Hl. Kommunion. Wer einen lebendigen Glauben an diese Wahrheiten hat, den muß es ja mit aller Gewalt hinziehen zum Besuch des Allerheiligsten, zum Meßopfer, zur Kommunion. Sie den Kindern zu erschließen, ist Aufgabe des dogmatischen Unterrichts, aber die Möglichkeit ist nicht darauf beschränkt. Man stößt auch in andern Unterrichtsstunden – in der Geschichte, in der Lektüre – oder im Gespräch mit den Kindern außerhalb des Unterrichts auf solche Fragen, und dann kommt es darauf an, daß man in der rechten Weise Bescheid geben kann. Man entdeckt Unklarheiten, Zweifel, Schwierigkeiten, von denen der Religionslehrer vielleicht gar nichts ahnt und über die sich die Kinder mit ihm aus diesen oder jenen Gründen nicht aussprechen möchten. Das rechte Wort kann hier ein Schutz gegen schwere Verirrungen sein. Dieses rechte Wort zu finden, dazu wird man auf Grund des eigenen, unerschütterlichen Glaubens allein nicht immer imstande sein; eine unbefriedigende Antwort kann mehr Schaden anstiften als helfen. So ist gründliche dogmatische Durchbildung notwendig, d. h. man muß nicht nur die Glaubenswahrheiten gedächtnismäßig parat haben, sondern sie müssen in ihrem organischen Zusammenhang und in ihrer Bedeutung innerlich erfaßt und wiederum innere Form des Geistes sein: d. h. ihm so zu eigen, daß er sich jederzeit auf die besonderen Anforderungen des Augenblicks einstellen kann. Eine solche dogmatische Durchbildung gewinnt man natürlich nur durch dauernde Beschäftigung mit der Glaubenslehre: mit den Definitionen der Dogmen selbst, mit den Schriften der großen Kirchenväter und Kirchenlehrer, mit klassischen theologischen Werken der neueren Zeit. Woher die Zeit dazu nehmen? Diese Frage wird sich wohl vielen aufdrängen und ich weiß, daß es nicht leicht ist. Aber es steht ja das ganze Leben zur Verfügung. Es kann und braucht nicht alles auf einmal zu geschehen, auch nicht viel auf einmal. Die Hauptsache ist die Kontinuität. Die inneren Formen des Geistes wachsen langsam und unmerklich, aber unaufhaltsam und sicher, wenn man ihnen nur das tägliche Brot gönnt. Wo gar keine andere Zeit zur Verfügung steht, wird es vielleicht – ähnlich wie bei der Hl. Schrift – möglich sein, die vorgeschriebenen täglichen Übungen mit dazu zu verwenden: statt der üblichen Betrachtungs- und Erbauungsbücher zeitweise Schriften der genannten Art zu benützen. (Natürlich darf die Beschäftigung damit keine rein intellektuelle sein, es muß die rechte Einstellung gewahrt werden, wie sie für eine gute Lesung oder Betrachtung erforderlich ist; aber das ist gerade auch die rechte Einstellung, um die Glaubenswahrheiten innerlich aufzunehmen und sich organisch zu eigen zu machen.) – Zu dieser gründlichen Beschlagenheit in der Dogmatik der Eucharistie, die uns instand setzt, im gegebenen Augenblick Rede und Antwort zu stehen, muß aber noch etwas anderes treten, um wirklich die Kinder dem eucharistischen Heiland zuzuführen: das ist das eigene eucharistische Leben. Tägliche Hl. Messe und Kommunion sind ja für Klosterfrauen eine Selbstverständlichkeit und für die meisten Klosterzöglinge durchschnittlicher Brauch. Aber die Kinder müßten es spüren, daß dies nicht nur einer eingeführten Regel entspringt, sondern innerstem Zug des Herzens. Zum Glauben an die eucharistischen Wahrheiten muß die lebendige Konsequenz daraus treten: daß die Eucharistie wahrhaft der Mittelpunkt des gesamten Lebens ist und daß im Vergleich dazu alle irdischen Angelegenheiten zu etwas Bedeutungslosem zusammenschrumpfen. Um nur ein ganz kleines praktisches Beispiel zu sagen: wenn ich Schulleiterin wäre, würde ich nie einen Ausflug so einrichten, daß die Hl. Messe und Kommunion dadurch entfallen. Die Freude und Erholung der Kinder braucht darum nicht zu kurz zu kommen. Steht nur ein Tag zur Verfügung, so läßt man gar keinen Gedanken an weit entfernte Ziele aufkommen, sondern wählt etwas Schönes in der Nähe. Trifft man aber einmal auf den lebhaften Wunsch nach einer weiteren Fahrt, so finde ich es angemessener, sie auf zwei oder mehr Tage auszudehnen, statt das Höchste dafür aufzugeben. Natürlich auch dies nicht als eine starre Regel, sondern weil man es als selbstverständlich empfindet und die Kinder es auch spüren, daß man sich Kraft, Frieden und Freude beim eucharistischen Heiland holt und ohne seinen Segen nichts unternehmen möchte. – Wenn es gelungen ist, so durch Lehrwort und Beispiel die junge Seele der Schule des Heilands zuzuführen, so ist die Arbeit des Erziehers getan und er kann als Mittelsperson verschwinden. Ich glaube, wenn diese positiven Wege genügend ausgenützt würden, so könnte man etwas anderes entbehren, was mir immer als ein sehr bedenkliches Mittel erschienen ist: die Kontrolle und Überwachung des Kirchenbesuchs und des Sakramentenempfangs. Ich weiß wohl, welche Gründe sich für diese übliche Praxis anführen lassen und daß man sie nicht unbedenklich ohne weiteres beseitigen kann. Aber ich kann es verstehen, wenn die Kinder die Aufsicht als einen Polizeidienst empfinden, der dem Heiligsten und Zartesten gegenüber peinlich und aufreizend wirkt und die Aufsichtführenden selbst in ihren Augen herabsetzt. Ich bin überzeugt, daß gerade in fein empfindenden Kinderseelen manche Keime inneren Lebens durch solche Reglementierung getötet werden, und ich weiß nicht, ob dafür ein ausreichendes Äquivalent vorhanden ist.

3. Formung durch den mystischen Leib Christi

Die Eucharistie ist die Seele, das innere Lebensprinzip der Kirche; die Menschen, die sich Christus durch die Eucharistie zu eigen macht, sind die Glieder seines mystischen Leibes. Dieser Leib selbst, die Hl. Kirche, kann nun ebenfalls Formprinzip in der religiösen Bildung sein. Es ist dabei an ein Dreifaches zu denken: an die äußeren Geschicke der organisierten Christengemeinschaft, an das Dogma, in dem sich die Lehre Christi fortschreitend entfaltet, schließlich an das Gebet der Kirche. –

a) Kirchengeschichte.

Wie die *Kirchengeschichte* formend wirken kann, ist leicht zu sehen. Welch lebhafteren Ansporn könnte es für junge, empfängliche Gemüter geben als das Bild der Heiligen, die uns den Weg der Nachfolge Christi vorangegangen sind, als den heroischen Glaubens- und Opfermut der frühen Christengemeinden und der großen Kampfzeiten der Kirche, des 13., des 16. und 17. Jahrhunderts. Es kommt wieder darauf an, daß dies alles ihnen lebendig vor Augen tritt; und dazu ist nötig, daß wir selbst den Werdegang der Kirche beständig mit- und nachleben: dazu wird man ja im Ordensleben schon durch das Mitleben des Kirchenjahres im Brevier angeleitet. Zur Bereicherung des Bildes stehen uns heute schon eine ganze Reihe von guten, aus den Quellen gearbeiteten Darstellungen großer Begebenheiten und Persönlichkeiten der Kirchengeschichte zur Verfügung, die wir für uns benützen und, wo wir es angebracht finden, auch den Kindern selbst in die Hand geben können.

b) Dogmatik.

Wie das Senfkörnlein der kleinen Jüngerschar aufgeschossen ist zum weltüberschattenden Baum der Kirche, so die knappen Lehrworte Christi zum reich entfalteten Organismus der kirchlichen *Glaubenslehre.* Am Beispiel der eucharistischen Wahrheiten wurde schon gezeigt, welche Bedeutung einer gründlichen dogmatischen Durchbildung zukommt. Wir müssen heute immer daran denken, daß unsere Kinder auf Schritt und Tritt mit Anschauungen in Berührung kommen können, die sie in Zweifel und Schwierigkeiten bringen, Unklarheit und Verwirrung hervorrufen. Selbst wenn sie aus gut katholischen Familien stammen und im Kloster aufwachsen, sind sie nicht davor sicher: Externe Mitschülerinnen, Menschen, mit denen sie in den Ferien in Berührung kommen, Zeitungen und Bücher, selbst die Lehrbücher, die sie in unseren Schulen in die Hände bekommen, tragen die Zeitatmosphäre an sie heran. Und sollten sie während ihrer Institutszeit davon unberührt geblieben sein, so stoßen sie doch sofort darauf, sobald sie die Tore des Klosters verlassen haben. Und es ist gut, wenn wir sie nicht unvorbereitet, sondern wohl gerüstet in diesen Kampf der Geister[6] hinausgehen lassen. Darum heißt es zunächst wieder für uns, wohl gerüstet zu sein: einmal um den Stoff, den wir selbst nach den lehrplanmäßigen Anforderungen mit den Kindern durchgehen müssen, kritisch durchzudenken und zu behandeln, sodann um Fragen, die unvermutet an uns herantreten, sachlich einwandfrei und überzeugend erörtern zu können. So sollen den Kindern allmählich die geistigen Organe erwachsen, damit sie selbst mit dem fertigwerden können, was an sie herantritt, wenn sie auf sich gestellt sind.

c) Liturgie.

Die Kirche kämpft und lehrt und formt ihre neu heranwachsenden Glieder zu Kämpfern und Lehrern, wenn sie auf die Bilder der Vorzeit schauen und auf das Lehrwort hören. Und sie hat noch ein mächtiges Mittel, die Seelen zu formen: das ist ihr *Gebet.* Wie der äußere Bau und das Dogma, so hat sich auch das Gebet der Kirche reich und herrlich entfaltet in ihrer *Liturgie.* Ja, in ihr ist alles zusammengefaßt, was überhaupt an formenden Kräften zum Ziel der religiösen Bildung zur Verfügung steht. Wir haben von der Bedeutung des Hl. Opfers und der angemessenen Teilnahme an diesem Opfer gesprochen. Es gibt keine bessere Anleitung zum rechten Mitvollzug als die Worte der Meßliturgie, in der die heilige Handlung ihren vollkommenen sprachlichen Ausdruck gefunden hat. Wer mit geöffnetem Geist und Herzen diese Worte mitbetet, in dem muß ihr Sinn lebendig werden und muß ihn zum Mitvollzug treiben. Wort und Sinn gehören zusammen wie Leib und Geist, sie sind zusammen *ein* lebendiges Gebilde. Darum können die Worte nicht durch beliebige andere ersetzt werden. Es ist etwas anderes, ob ich in der Kirche bin und frei bete (was natürlich seinen Wert und sein Recht hat und keiner Seele genommen werden soll, die danach verlangt), oder ob ich der Opferhandlung mit den Gebeten und Liedern einer deutschen Singmesse folge oder in engstem Anschluß an den Wortlaut der Meßtexte selbst (und zwar der lateinischen; denn auch die Übersetzung ist immer noch „Ersatz", wenn auch unter allen möglichen Ersatzmitteln die größte Annäherung an das Original).[7] So wird man wohl sagen dürfen: wenn auch für einzelne Seelen ihrer individuellen Veranlagung oder zeitweiligen Verfassung nach eine andere Gebetsweise fruchtbarer sein mag – objektiv ist es die vollkom-

---

[6] ⟨Vgl. Eph 6,12.⟩

[7] ⟨In diesen Vorschlägen spiegelt sich die liturgische Bewegung. Grundlage für das Mitbeten der Laien war der „Schott" (*Meßbuch der Hl. Kirche*, 1883). Vor dem II. Vatikanischen Konzil (1962–65) wurden die Gottesdienst-Texte vom Priester lateinisch gebetet.⟩

menste Opferfeier, wenn die Gläubigen die liturgischen Gebete des Priesters mitbeten. Damit dies innerlich völlig fruchtbar geschehen könne, wäre natürlich das Verständnis des Lateinischen nötig; und als liturgisches Ideal muß ich es schon bezeichnen, daß alle Gläubigen soviel Latein könnten, wie zum Verständnis der Liturgie gehört. Das Idealbild einer liturgischen Opferfeier bedarf nun noch einer Ergänzung in anderer Richtung. Das Wort ist ja seiner vollen Natur nach nicht geschriebenes oder gedrucktes, auch nicht still gedachtes, sondern tönendes und klingendes Wort. Und wiederum gibt es Töne und Klänge, die ihm seinem Sinn entsprechend ganz eigentlich zugehören. Auch das liturgische Wort hat seine ihm zugehörigen Töne, und das sind die Töne des *gregorianischen Chorals*. Alles andere, was in der Kirche gesungen und gespielt wird, mag Ausdruck persönlicher Andacht und stärkster religiöser Ergriffenheit sein und auch die Seele der Sänger und Hörer entsprechend stimmen – liturgische Musik, d.h. objektiv der Heiligen Handlung zugehörig, ist es nicht. Und so möchte ich sagen: die ideale Form der Meßfeier, die zugleich am stärksten wirken kann, um die Teilnehmer zu Gliedern der Kirche zu formen, ist das liturgische Amt, das die Gläubigen mitbeten und wo möglich mitsingen. Es wirkt eucharistisch formend durch die Gebete, die auf das Opfer selbst Bezug haben, dogmatisch formend durch die Teile, die ein feierliches Bekenntnis enthalten (Gloria, Credo, Präfation), geschichtlich formend durch Epistel[8], Evangelium und die wechselnden Gebete.

Mit der Meßliturgie hängt aufs innigste zusammen das Breviergebet.[9] Was dort angeregt wird, aber durch die Konzentration auf das Opfer im Raum beschränkt ist, kann sich hier breiter entfalten: die geschichtlichen Erzählungen, die Gedanken darüber, dogmatische Erwägungen in den Lektionen,[10] die Aussprache mit Gott, Lob- und Dankgesänge in Psalmen und Hymnen. Andererseits verlangt das feierliche Gotteslob in sich, „quia maior omni laude nec laudare sufficis“,[11] nach dem Übergang vom Wort zur Tat, zum Opfer, das allein der göttlichen Majestät entsprechend ist. Welche Bedeutung für die Seelenformung nicht nur des Priesters und Ordensmannes, sondern auch des gesamten gläubigen Volkes dem feierlichen Chorgebet zukommt, weiß jeder, der mit dem Leben unserer Benediktinerabteien ver-

---

[8] ⟨Gottesdienstteile: Lobgesang, Glaubensbekenntnis, das zur Wandlung hinführende Dankgebet, Lesung.⟩

[9] ⟨Liturgisches Stundengebet.⟩

[10] ⟨Lesungen aus dem Alten und Neuen Testament.⟩

[11] ⟨5. und 6. Zeile aus der von Thomas v. Aquin verfaßten Sequenz des Fronleichnamsfestes *Lauda, Sion, Salvatorem*. Im Vorwort zur 34. Auflage (1929) des *Schott-Meßbuches* liest man: „Die Vorlage zur Neuübersetzung der Sequenz Lauda Sion (S. 545) stammt von Dr. E⟨dith⟩ St⟨ein⟩“. Die Übersetzung der beiden genannten Zeilen lautet in dieser Ausgabe: „Ihm gebührend Lob zu sagen, man vergebens sich vermißt.“ – Wir danken Angelus Häußling OSB/Maria Laach für diesen Hinweis.⟩

traut ist. Wohl an jedem Tag des Jahres sieht man stille Beter im Kirchenschiff, wenn die Mönche in den Chorstühlen Platz nehmen. Und an den hohen Festen strömen große Scharen von nah und fern herbei, so daß die Räume kaum ausreichen. Was zieht sie hierher? Ist es nicht das instinktive Gefühl, daß man hier dem Himmel am nächsten ist, daß dies dem Gotteslob geweihte Leben die Grenze darstellt, an der die streitende Kirche sich mit der triumphierenden berührt, und daß man von diesen geweihten Stätten Kräfte mit hinausnimmt für die täglichen Kämpfe unserer Erdenpilgerschaft?

So glaube ich, daß es kein umfassenderes und wirksameres Mittel für die religiöse Bildung gibt als die Liturgie in ihrer doppelten Gestalt: Meßliturgie und Chorgebet. Die klösterlichen Anstalten, denen die Bildung der Jugend anvertraut ist, haben wohl in ihrer Mehrzahl beides im eigenen Haus. Aber machen sie davon einen ausreichenden Gebrauch? Zweierlei wäre dazu nötig: einmal die gebührende Pflege der Liturgie innerhalb des Klosterlebens, sodann die Teilnahme der Kinder daran. Für die Hl. Messe ist ja schon manches in dieser Richtung geschehen: liturgischer Unterricht für die Kinder, Schulung im Choralgesang, Einübung von Choralämtern wenigstens für einige Sonntage und Festtage im Jahr. Anders steht es mit dem Chorgebet. Es scheint mir, daß man dessen Bedeutung für die religiöse Bildung noch nicht genügend erfaßt hat. Man findet es vielfach schwer oder gar nicht möglich, Chorgebet und Lehrtätigkeit miteinander zu vereinen, und bedenkt nicht, welche Kräfte man sich aus dem Gebet für die tägliche Arbeit in der Schule holen kann: wie man hier immer wieder herausgehoben wird aus den Kleinlichkeiten des irdischen Lebens und erfüllt mit dem Leben der Kirche, das man den Kindern zutragen soll. Diese Wirkung wird umso stärker sein, je vollkommener im liturgischen Sinne das Chorgebet gestaltet ist. Und nun glaube ich an die Möglichkeit, diese Wirkung den Kindern auch unmittelbar zugänglich zu machen. Natürlich kann man sie nicht mit in den Chor stellen. Auch in Beuron hat kein Fremder dort seinen Platz. Aber jeder kann sehen und hören, was darin vorgeht, und die Türen nach draußen stehen weit offen: wer mitbeten will, ist herzlich willkommen. In vielen Frauenklöstern spielt sich für mein Gefühl alles zu stark „unter Ausschluß der Öffentlichkeit“ ab. Vielfach hängt es ja mit dem Bau der Klosterkirchen zusammen, die keinen Einblick ins Chor[12] gestatten, und daran wird nicht leicht etwas zu ändern sein. Aber es ist doch auch eine gewisse innere Einstellung mit wirksam, die das innere klösterliche Leben als eine Klausurangelegenheit betrachtet, in die man sich nicht hineingucken lassen will. Im Interesse der religiösen Bildung bedauere ich das. Wenn die Kinder in den Geist des Chorgebetes eingeführt würden und, soweit ihre Zeit es erlaubt und das Verlangen danach vorhanden ist, wenigstens zu*hören* könnten, und wenn sie es in

[12] ⟨In den Chor.⟩

einer Ausgestaltung zu hören bekämen, die heilige Freude und Begeisterung wecken kann, dann würden sie für ihr ganzes Leben etwas mitnehmen. Was hier für das Chorgebet ausgeführt wurde, gilt auch für das übrige klösterliche Leben. Es sollte nicht als etwas Geheimnisvolles dastehen, was die Neugier reizt. Das entspricht nicht seiner Würde und Heiligkeit. Kinder, die im Kloster aufwachsen, sollten wissen, was wahres Ordensleben ist. Ich glaube fast, die Klagen über fehlenden Nachwuchs würden dann aufhören, weil die werbende Kraft eines recht vorgelebten Ordenslebens so stark wäre. Und die Zöglinge, die nicht berufen sind, im Kloster zu leben, würden nach einer solchen klösterlichen Erziehung als wahre Apostel[13] hinausgehen, denn echte religiöse Bildung schließt Apostelgeist ein. Wer nach dem Bilde Christi geformt ist, in dem muß auch die Liebe Christi, die Liebe zu den Seelen, lebendig sein. Es gibt im Grunde keine Scheidung zwischen Selbstheiligung und Apostolat[14]. Wer nach Vollkommenheit strebt um Gottes willen, der sucht sie nicht nur für sich, sondern für alle.

Und so komme ich zum Schluß: religiöse Bildung ist Formung durch Christus zu Christus. Christus, wie er gelebt hat und wie er uns gezeichnet ist in den Evangelien; Christus, der fortlebt in der Eucharistie und in den Kämpfen, den Lehren und den Gebeten der Kirche, er selbst muß die Seele formen. Niemand ist so berufen, die Verbindung zwischen ihm und den Menschenkindern herzustellen, als die klösterlichen Gemeinschaften, deren ganzes Leben ihm gewidmet ist. Religiöse Bildung zu vermitteln ist der spezifische Beruf der klösterlichen Bildungsanstalten; wenn sie das nicht vermöchten, hätten sie keine Daseinsberechtigung. Sie werden es aber umso vollkommener vermögen, je vollkommener sie ihrem Ordensberuf gerecht werden und ihre apostolische Arbeit von daher in Angriff nehmen.

---

13 ⟨Botschafter, Gesandter.⟩

14 ⟨Sendung in die Welt oder Gesellschaft.⟩

Eucharistische Erziehung

Situierung: Den Vortrag hielt Edith Stein am 14. Juli 1930 in Speyer beim „Eucharistischen Kongreß der Länder deutscher Zunge" (12.–14.7.) anläßlich des 900jährigen Jubiläums der Grundsteinlegung des Speyerer Kaiserdoms (1030–1930). Der Vortrag gehörte zu einer Veranstaltung der Speyerer Frauensektion, die um 15 Uhr im Marthaheim tagte. – Die Handschrift befindet sich im Edith-Stein-Archiv Speyer. Veröffentlicht wurde der Text im *Pilger*, der Speyerer Kirchenzeitung, 30 (1930), S. 699f. (27. Juli 1930; EI 8, B I 3a/b, P/B I 19); Nachdruck in ESW XII, S. 123–125. – Zu diesem Vortrag vgl. Br. 94 vom 27.VI.1930 an Domkapitular Franz Josef Gebhardt, in dem Edith Stein ihre Zusage gibt (ESGA 2). Im Anschluß wird das handschriftliche Vortragskonzept aus der grauen Kladde in P/B II abgedruckt, das über den Vortrag hinausgehende Gedanken enthält.

Die großartige Ehrung des eucharistischen Heilands in den Kundgebungen dieser Tage und in den vorausgehenden Festwochen – Fronleichnams- und Herz-Jesu-Fest mit ihren Oktaven – soll nicht etwas Einmaliges und Vorübergehendes sein, sondern eine dauernde Wirkung in uns hervorbringen. Darum fragen wir uns in stiller Besinnung: wie können wir die Liebe zum eucharistischen Heiland in den Herzen anderer entzünden? – das heißt ja *eucharistisch erziehen.* Man nimmt an, daß wir als Frauen in besonderer Weise an diesem Werk mitarbeiten können und daß wir alle – ungeachtet der Unterschiede unserer Lebensstellung: als Gattin und Mutter, als Ordensfrau, als alleinstehende, beruflich oder frei tätige Frau – etwas Gemeinsames dafür mitbringen. Und was könnte das anderes sein als das weibliche Herz mit seinem Verlangen nach schrankenloser, opferfreudiger Hingabe, das gewissermaßen eine natürliche Verwandtschaft mit dem göttlichen Herzen hat, das im Tabernakel für alle schlägt, und darum für die Anregungen dieses göttlichen Herzens besonders empfänglich sein müßte? So wollen wir überlegen, was uns tauglich machen kann zum Werk der eucharistischen Erziehung und wie wir sie leisten können. *Ein* Grundsatz gilt für uns alle, die wir eucharistisch erziehen wollen: wir können es nur, wenn wir *eucharistisch leben.* Zu einem eucharistischen Leben wollen wir andere führen, und das können wir nur, indem wir es ihnen vorleben. So wird unsere erste Frage sein:

I. *Was gehört zu einem eucharistischen Leben?*

Eucharistisch leben heißt, *die eucharistischen Wahrheiten praktisch wirksam werden lassen.* Es sind im wesentlichen drei einfache Glaubenssätze, um die es sich dabei handelt: 1. Der Heiland ist gegenwärtig im Allerheiligsten Sakrament. 2. Er erneuert täglich sein Kreuzesopfer auf dem Altar. 3. Er will jede einzelne Seele sich aufs innigste verbinden in der Hl. Kommunion. Wir fragen zunächst:

1. *Was verlangen die eucharistischen Wahrheiten von uns?*

Des Heilands Wonne ist es, unter den Menschenkindern zu sein[1], und er hat versprochen, bei uns zu sein bis ans Ende der Welt.[2] Er hat dies Versprechen wahr gemacht durch seine sakramentale Gegenwart auf den Altären. Hier wartet er auf uns, und man sollte meinen, daß die Menschen sich drängen müßten zu den geweihten Stätten. Der schlichte Sinn dieser Glaubenswahrheit verlangt es, daß wir hier unsere Heimat haben müßten, uns von hier nur entfernten, soweit unsere Aufgaben es verlangten, und diese Aufgaben sollten wir täglich aus den Händen des eucharistischen Heilands entgegennehmen und das vollbrachte Tagewerk in seine Hände zurücklegen. –

Der Heiland ist auf Kalvaria für uns gestorben. Aber es genügte ihm nicht, mit diesem Opfertod ein für allemal für uns das Erlösungswerk zu vollbringen. Er wollte jedem einzelnen die Früchte seiner Tat persönlich zuführen. Darum erneuert er täglich das Opfer auf dem Altar, und jeder, der gläubigen Herzens beiwohnt, der wird im Blut des Lammes reingewaschen und seelisch erneuert. Jedes Hl. Meßopfer ist bestimmt, diese Gnadenfülle den Menschen zuzuführen, die es erreichen kann, d. h. denen, die es ermöglichen können, zugegen zu sein und es für sich und andere fruchtbar zu machen. Wer aber zugegen sein könnte und es nicht ist, der geht kalten Herzens am Kreuz des Herrn vorbei und tritt seine Gnade mit Füßen. – Der Heiland legt die Gnadenfrüchte des Opfers nicht nur auf dem Altar für uns nieder. Er will zu jedem einzelnen kommen; wie eine Mutter ihr Kind mit seinem Fleisch und Blut uns nähren, in uns selbst eingehen, damit wir ganz in ihn eingehen, als Glieder seines Leibes in ihn hineinwachsen. Je öfter die Vereinigung erfolgt, desto stärker und inniger wird sie. Ist es begreiflich, daß jemand sich diesem stärksten göttlichen Liebesbeweis entzieht, auch nur *einmal* weniger zum Tisch des Herrn tritt, als es ihm praktisch möglich ist? – Das also ist es, was der recht verstandene Sinn der eucharistischen Wahrheiten von uns ver-

---

[1] ⟨Vgl. Spr 8, 31.⟩
[2] ⟨Vgl. Mt 28, 20.⟩

langt: den Heiland im Tabernakel aufsuchen, so oft wir können, dem Hl. Opfer beiwohnen, so oft wir können, die Hl. Kommunion empfangen, so oft wir können. – Wir fragen nun weiter:

2. *Was gibt uns der Heiland im eucharistischen Leben?*

Er erwartet uns, um all unsere Lasten auf sich zu nehmen, uns zu trösten, zu raten, zu helfen als treuester, immer gleich bleibender Freund.

Zugleich läßt er uns *sein Leben mitleben*, besonders wenn wir uns anschließen an die *Liturgie* und darin sein Leben, Leiden und Sterben, seine Auferstehung und Himmelfahrt, das Werden und Wachsen seiner Kirche mit erfahren. Denn werden wir aus der Enge unseres Daseins herausgehoben in die Weite des Gottesreiches; seine Angelegenheiten werden die unseren, immer tiefer werden wir mit dem Herrn verbunden und in ihm mit all den Seinen. Alle Einsamkeit hört auf, und wir sind unanfechtbar geborgen im Zelt des Königs, wandeln in seinem Licht.

II. Eucharistische Erziehung

Das Leben, das wir selbst führen, können und sollen wir andern vermitteln. Das geschieht durch *Beispiel, Belehrung* und *Gewöhnung.*

Durch Beispiel: wenn das eucharistische Leben in uns wirksam und spürbar ist als Kraft, Frieden, Freude, Liebe und Hilfsbereitschaft – wenn andererseits deutlich die Eucharistie der Mittelpunkt unseres Lebens und Quell all dieser Ausstrahlungen ist –, dann muß es werbende Kraft entfalten. *Durch Belehrung:* eine Einführung in die eucharistischen Wahrheiten ist nötig; die schulmäßige Unterweisung wird durch das ergänzende Wort und die entsprechende Praxis der Mutter und der übrigen Umgebung des Kindes wirksam unterstützt. Das junge Kind zeigt sich besonders empfänglich für diese Wahrheiten und ihre Umsetzung in die Tat. Bei größeren Kindern und bei Erwachsenen muß man mit Worten sparsam sein und das Verlangen nach Belehrung abwarten, dazu aber immer bereit und gerüstet sein.

Gewöhnung: Leib und Seele müssen zum eucharistischen Leben geformt werden; je früher, desto empfänglicher ist das Material und leichter die Formung: darum *frühe Kommunion.* Je öfter, desto stärker die formende Wirkung: darum möglichst *tägliche Kommunion.* Das stellt bestimmte Anforderungen an den *Körper* und bedingt starke Einflüsse auf die *tägliche Lebensordnung,* zugleich sorgsame Hut der Seele: *Entwöhnung von der Sünde,* d.h. erhebliche Opfer für den natürlichen Menschen. Das ist auch nicht anders möglich, da der eucharistische Heiland ja der *gekreuzigte* Heiland ist und das Leben mit ihm eine *Teilnahme an seinem Leiden.* Er hat der hl. Margarete Maria Alacoque[3] offenbart, wie lieb ihm die *Sühne* seiner Getreuen ist. Aber die vollkommene Weihe an das göttliche Herz ist doch erst dann erreicht, wenn wir in ihm unsere Heimat, unsern täglichen Aufenthalt und den Mittelpunkt unseres Lebens haben, wenn sein Leben unser Leben geworden ist.

⟨Vortragskonzept⟩

2./11. VII. 30

Eucharistische Erziehung

1.

A. Die Feste zu Ehren des euchar⟨istischen⟩ Heilands

Jetzt Besinnung: *wen* haben wir zu erziehen und *wie*? Beides evtl. verschieden für Mütter, Lehrerinnen (klösterl⟨iche⟩ u⟨nd⟩ weltl⟨iche⟩), alleinstehende Frauen. Aber gemeinsam: euchar⟨istische⟩ Erziehung an andern nicht möglich ohne eigenes

I. Eucharistisches Leben:

1. Was sind wir dem Heiland schuldig?
   Dem, der im Tabernakel wohnt, tägliche Besuchung.
   Dem, der sich täglich opfert, die Teilnahme am Opfer.
   Dem, der zu uns kommen will, die Hl. Kommunion.
2. Was gibt er uns dafür?
3. Was können wir dann andern geben?

3. VII.

I *1. Dogma: Sakr*⟨amentale⟩ *Gegenwart.* Der Heiland ist auf die Erde gekommen, weil es seine Freude ist, bei den Menschenkindern zu sein. Er will bei uns sein bis ans Ende der Welt und ist es im Tabernakel. Er erwartet uns hier und so sollte es keinen Platz geben, wo es uns mehr hinzieht. Wir sollten anderswo nur sein, soweit es unsere Aufgaben erfordern; aber diese Aufgaben aus seiner Hand empfangen, in seine Hand zurücklegen, bei ihm Rat u⟨nd⟩ Hilfe dafür holen, d. h. ganz hier zu Hause sein.

[3] ⟨Margareta Maria Alacoque (1647 Lauthecour/Burgund – 1690 Paray-le-Monial), Schwester des Ordens der Heimsuchung Mariä, war mystisch begnadet, besonders durch Schauungen des göttlichen Herzens, und förderte die Einführung des Herz-Jesu-Festes und des Herz-Jesu-Freitags (d. i. die besondere Andacht zum Herzen Jesu am ersten Freitag jedes Monats).⟩

2. Dogma: Der Heiland erneuert sein Kreuzesopfer auf dem Altar: er will die Früchte denen zuwenden, die gegenwärtig sein können. Sooft wir einer Hl. Messe beiwohnen können und es versäumen, verschmähen wir die Gnadenfrucht des Kreuzesopfers, lassen den Heiland sterben, ohne uns darum zu kümmern.

3. Dogma: Der Heiland kommt zu uns in der Hl. Kommunion. Er will uns nähren mit seinem Fleisch u⟨nd⟩ Blut, uns einen Leib d⟨er⟩ Herrlichkeit aufbauen, uns zu Gliedern seines Leibes machen. Je öfter es geschieht, desto mehr wachsen wir hinein. Was kann so wichtig sein, daß es uns davon fern halten dürfte?

2. Was gibt uns der Heiland im eucharistischen Leben?

Er *nimmt alle Lasten* entgegen, die wir zur Besuchung mitbringen, er weiß für alles Rat und macht sie uns dadurch leicht. Nichts ist ihm zu geringfügig, was uns angeht; es ist d⟨er⟩ treueste, immer gleichbleibende, zärtlichste *Freund.*

Er läßt uns *sein Leben mitleben*, vor allem, wenn wir uns anschließen an die *Liturgie.* Da gehen wir sein Leben, Leiden, Sterben, Auferstehung, Himmelfahrt, Werden u⟨nd⟩ Wachsen d⟨er⟩ Kirche durch. Wir werden völlig aus d⟨er⟩ Enge unseres Daseins hinausgehoben, seine Gesinnung wird unsere Gesinnung, seine Angelegenheiten die unsern, wir werden dahin gedrängt, *in seinem Opfer* uns mitzuopfern, das ganze Leben für ihn zu leben. Wir wachsen in ihn hinein, ihm unauflöslich verbunden und in ihm mit all den Seinen. Alle Einsamkeit hört auf, wir sind unanfechtbar geborgen im Zelt des Königs, wandeln in seinem Licht.

4. VII.

Gestaltung des gesamten Lebens unter dem Einfluß der Eucharistie:

1.) der *Ordensfrau:* losgelöst aus der natürlichen Familie, Freundschaftsbeziehungen etc. Die Ordensfamilie ohne persönliche Rücksichtnahme. Der Heiland Vater, Mutter, persönlicher Freund, Tröster u⟨nd⟩ Berater der *sponsa Christi.*[4]

2.) der *Gattin u⟨nd⟩ Mutter: Sorgen u⟨m⟩ Gatten u⟨nd⟩ Kinder, die Lasten des Haushalts, erdrückender Kleinkram ohne Anerkennung, Gefahr nervöser Überreizung.*

---

[4] ⟨Braut Christi.⟩

Beim Heiland Ruhe, Verständnis, Trost, Stärkung.

3.) die *einsame, berufstätige Frau:* viele Tagesarbeit, lieblose, evtl. gemeine Umgebung, Spott.

Beim Heiland über alles hinaus- und hinaufgehoben in sein Reich, weit und frei bis zur Liebe für ihre Peiniger, geadelt als Braut des Königs und als solche ehrfurchteinflößend.

5. VII.

3. Was können wir den andern geben?

= II. Eucharistische Erziehung

ist die Übermittlung des eucharistischen Lebens an andere.

Was kann eine Mutter ihrem Kinde Besseres wünschen, als daß es dauernd geborgen sei im Zelt des Königs?

Was kann die Erzieherin Besseres tun, als die Kinder lehren, mit dem eucharistischen Heiland zu leben?

Was möchte man den Mühseligen und Beladenen, den irrenden, hastenden, ruhelosen Menschen anderes geben als den Frieden des eucharistischen Lebens?

Wie kann man es geben?
Beispiel, Belehrung, Gewöhnung.

6. VII.

1.) Die *werbende Kraft des eigenen eucharistischen Lebens:* der Eindruck von Kraft, Frieden, Freude, Liebe und Hilfsbereitschaft – und andererseits d⟨ie⟩ Eucharistie als Mittelpunkt, Höchstes und Wichtigstes.

2.) *Belehrung:* zunächst für das Kind Einführung in die eucharistischen Wahrheiten durch Religionsunterricht. Aber sehr wesentlich Unterstützung durch ergänzende Worte und entsprechende Praxis der Mutter und Lehrerin. Empfänglichkeit gerade des Kindes für diese Wahrheiten (das einfältige Herz, das noch der himmlischen Wahrheit offensteht) und für die Umsetzung in die Tat.

Bei Größeren – im Übergangsalter – und bei Erwachsenen sparsam mit Worten, das Verlangen aber achten, dafür aber möglichst gut gerüstet sein.

7. VII.

3.) *Gewöhnung: Leib u*⟨nd⟩ *Seele sind so geartet, daß jeder Akt 1. Schritt auf einem Wege ist und Ansatz zu einer dauernden Formung. Je früher der Anfang, desto umfänglicher das Material. Darum*

frühe Kinderkommunion.

Entwicklungsalter das ungeeignetste.

Wer von Kindheit an vertrauten Verkehr mit dem Heiland gepflegt hat, wird nicht leicht davon lassen. Gewiß nicht, wenn er einmal wirklich Zentrum des Lebens gewesen ist. Das Moment der Gewöhnung wirkt am stärksten bei der

täglichen Hl. Kommunion,

die ja eigentlich selbstverständliche Folgerung aus den eucharistischen Wahrheiten ist. Dazu ergeben sich allerdings Forderungen für die

körperliche Gewöhnung und *tägliche Lebensordnung.*

8. VII.

Für die schulpflichtigen Kinder – wie für die meisten Erwachsenen – wird frühes Aufstehen nötig und dementsprechend früher Tagesschluß und tunlichste Vermeidung abendlicher Veranstaltungen. Ein gesundes Kind, das um 8 (evtl. 9) zu Bett geht, wird ohne Schädigung früh u⟨m⟩ 6 aufstehen können; und ebenso wird bei gut geregelten Mahlzeiten das Nüchternbleiben unschädlich sein. Bei kranken und schwächlichen Kindern wird man natürlich mit Vorsicht verfahren.

Natürlich wird erst recht die *seelische Einstellung auf die Hl. K*⟨ommunion⟩ *in der ganzen Lebensführung sorgfältig gehütet werden müssen; darum ist die tägliche Hl. K*⟨ommunion⟩ *das stärkste Mittel zur Entwöhnung von d*⟨er⟩ *Sünde; zugleich der innige Verkehr mit dem Heiland eine Schulung in dem, was dem göttl*⟨ichen⟩ *Herzen wohlgefällt, d. h. die wirksamste Tugendschule. Und so wird das ganze Leben innerlich u*⟨nd⟩ *äußerlich eucharistisch geformt. Die starke Regulierung des äußeren Lebens erinnert an die Ordensregel, die ja nur sozusagen das aufgezeichnete „Naturgesetz" des Gnadenlebens ist. Das ist ein Opfer für den natürlichen Menschen, aber das euch*⟨aristische⟩ *Leben ist ja zugleich ein Leben mit dem gekreuzigten Heiland und in Vereinigung mit dem dornengekrönten Herzen, das zu Mitleid u*⟨nd⟩ *Sühne auffordert.*

9. VII.

Christus ist im Sakrament mit Gottheit u⟨nd⟩ Menschheit. Er hat dem sel⟨igen⟩ Heinrich Seuse[5] die *leidende Menschheit* als *Zugang zur Gottheit*

[5] ⟨Heinrich Seuse / Suso (1295–1366), Mystiker, Schüler von Meister Eckhart, verfaßte das *Büchlein der ewigen Weisheit.*⟩

bezeichnet. Er hat der hl. Marg⟨areta⟩ Maria[6] offenbart, wie lieb ihm die *Sühne* von Seiten seiner Getreuen ist: Sühnegebete, Sühnekommunion, Fest des Hl. Herzens. Aber die *vollkommene Weihe an das Heiligste Herz* ist doch erst dann erreicht, wenn wir in Ihm völlig unsere Heimat haben, den wahren Mittelpunkt, den täglichen Aufenthalt und das tägliche Brot, wenn Sein Leben unser Leben geworden ist und das unsere in dem Seinen verschwunden. Diese vollkommene Hingabe vorleben und andere dazu entzünden, das ist wirkliche eucharistische Erziehung.

[6] ⟨S. Anm. 2.⟩

Jugendbildung im Licht des katholischen Glaubens.

Bedeutung des Glaubens und der Glaubenswahrheiten für Bildungsidee und Bildungsarbeit

Situierung: Edith Stein hat an den Anfang der Handschrift die Anmerkung gesetzt: „Die folgenden Ausführungen entstammen einem Vortrag, der am 5. I. 33 in Berlin gehalten wurde, im Rahmen eines Kursus des Deutschen Instituts für wissenschaftliche Pädagogik, der die Grundlinien einer katholischen Pädagogik zeichnen sollte. Da die vorausgehenden Referate vorwiegend auf der natürlichen Erkenntnisgrundlage aufbauten, war es meine Aufgabe, aus den übernatürlichen Quellen zu schöpfen." Diese Bemerkung war vermutlich für eine Veröffentlichung gedacht, jedoch wurde ein solcher Druck bisher nicht aufgefunden. – Der Text ist veröffentlicht in ESW XII, S. 209–229. – Die Handschrift befindet sich im Edith-Stein-Archiv Köln (B I 14). Soweit feststellbar, ist es der letzte Vortrag, den Edith Stein gehalten hat; Ende Februar 1933 beschloß sie ihre öffentliche Tätigkeit. – Sie hat den Vortrag noch in Briefen aus Münster erwähnt; so an Adelgundis Jaegerschmid OSB am 12. 12. 1932: „Ich werde wohl bis zum 23. hier arbeiten – für einen Kursus, den wir 2.–5. I. in Berlin geben müssen ..." Und am 15. 1. 1933 an Petra Brüning OSU in Dorsten: „Die Berliner Tage sind nun vorbei. Rein äußerlich betrachtet, waren sie für mich ein Erfolg, und ich bin allen, die durch ihr Gebet dazu geholfen haben, herzlich dankbar. Was an fruchtbarer Wirkung bleiben mag, das entzieht sich ja unserer Kenntnis. Es waren sehr aufreibende Tage, und sie haben mir wieder deutlich gezeigt, wie groß und verantwortlich die Aufgabe ist, die wir vor uns haben ..." (ESGA 2, Br. 232; Br. 239) Der Text des Tagungsprogramms, soweit er Edith Stein betrifft, befindet sich im Anhang.

Für den Menschen, der auf naturalistischem Boden steht, ist die Wirklichkeit das, was er mit seinen Sinnen wahrnimmt und auf Grund der sinnlichen Wahrnehmung mit dem Verstande erkennt. Jugendbildung ist ihm eine Arbeit, die auf Grund natürlicher Erkenntnis mit natürlichen Mitteln zu leisten ist. Für den gläubigen Menschen ist die Welt eine Gotteswelt: alles, was ist, ist von Gott geschaffen; alles, was geschieht, geschieht nach Gottes Plan oder ist zum mindesten von Gott vorhergesehen und in seinen Plan eingestellt. Was Menschen wirken, wirken sie als „causae secundae"[1], mit oder ohne ihr Wissen und ihren Willen als Werkzeuge der göttlichen Vorsehung. So gesehen, ist auch Jugendbildung in erster Linie und hauptsächlich Gotteswerk: Formung und Führung des gottgeschaffenen Menschen zu dem Ziel, das

[1] ⟨Zweitursachen.⟩

ihm Gott gesteckt hat. Menschen sind berufen, als causae secundae zu diesem Werk mitzuarbeiten: der zu bildende Mensch selbst und andere, denen er anvertraut ist. Die Menschen brauchen ihr Werk nicht als blinde und willenlose Werkzeuge zu wirken. Verstand und Wille sind ihnen gegeben, um sich nach Kräften Aufschluß zu verschaffen über das, was sie wirken sollen und wie sie es wirken sollen. Katholischer Glaube ist nicht nur Überzeugung vom Dasein eines Schöpfers, Erhalters und Lenkers der Welt, sondern Glaube an eine offenbarte Wahrheit, die uns Aufschluß gibt über das, was wir in dieser Welt zu tun haben. Damit ist nicht gesagt, daß alle rein natürliche Erkenntnisarbeit auszuschließen sei. Die katholische Auffassung des Menschen legitimiert ja ein natürliches Erkenntnisstreben. Es ist aber nicht der einzige Weg, sondern bedarf der Glaubenswahrheit als Maßstab und als Ergänzung. Wer ein katholisches Bildungssystem aufbauen will, wird darum die offenbarte Wahrheit befragen, was sie ihm dazu beisteuert. Wer praktische Bildungsarbeit zu leisten hat, wird es nicht ohne die Hilfe der göttlichen Wahrheit tun.

So ist die nächste Frage: aus welchen Quellen schöpfen wir diese Wahrheit? Wir sind nun in der glücklichen Lage, einen kurzgefaßten Leitfaden zur Verfügung zu haben, der in knappstem Rahmen zusammenfaßt, was katholische Glaubenslehre zur Frage der Jugendbildung zu sagen hat: dieser Leitfaden ist das Rundschreiben des Hl. Vaters über die christliche Erziehung der Jugend[2]. Sie ist zunächst grundlegend für uns durch ihren *Inhalt.* Ein päpstliches Rundschreiben ist zwar nicht definiertes Dogma, verbindliche Glaubenswahrheit, aber es hat nächst den ex cathedra[3] definierten Dogmen den höchsten Anspruch auf Annahme und Befolgung durch die Gläubigen, weil hier der oberste Stellvertreter Christi und Verwalter des göttlichen Lehramts der Kirche zu uns spricht. Darüber hinaus aber hat die Enzyklika für uns Bedeutung durch die Angabe der *Quellen*, aus denen sie selbst geschöpft hat: sie weisen uns den Weg, um uns weiteren Aufschluß zu verschaffen über das, was hier auf eine knappe Formel gebracht ist. Diese Quellen sind einmal die Heiligen Schriften des A⟨lten⟩ und N⟨euen⟩ T⟨estament⟩s, sodann die verbindlichen Entscheidungen der Kirche (in der Erziehungsenzyklika wird kein eigentliches Dogma zitiert, dagegen öfters Bestimmungen des Corp⟨us⟩ Iur⟨is⟩ Can⟨onici⟩[4]; aber natürlich sind die definierten Dogmen Hauptquelle – die Ehe-Enzyklika[5] z. B. macht reichlichen Gebrauch vom Catechismus

[2] Autorisierte deutsche Ausgabe der Enzyklika *Divini illius magistri* von Pius XI. (31. 12. 1929) Herder, Freiburg 1930.

[3] ⟨Aus päpstlicher Lehr-Vollmacht.⟩

[4] ⟨Kirchenrecht; die zur Zeit Edith Steins letzte Fassung wurde von Papst Benedikt XV. 1918 in Kraft gesetzt.⟩

[5] ⟨Gemeint ist die Enzyklika Papst Pius XI. *Casti Connubii* von 1930; die autorisierte lateinisch-deutsche Ausgabe erschien bei Herder, Freiburg 1931.⟩

Romanus[6] und von Konzilsentscheidungen, z. B. des Tridentinums[7]), Stellen aus den Kirchenvätern und Kirchenlehrern (z. B. Augustin, Chrysostomus, Thomas von Aquin[8]), aber auch aus neueren kirchlichen Schriftstellern. Die Enzyklika beruft sich auch gelegentlich auf Äußerungen ihr fernstehender, sogar heidnischer Autoren. Darin liegt die Anerkennung einer natürlichen Erkenntnisarbeit in Sachen der Erziehung. Doch ihre Auswertung geschieht nach dem Grundsatz: Prüfet alles und das Beste behaltet.[9] Der Geist weht, wo er will;[10] und wer feststeht im Glauben und überdies kraft seines Amtes darauf bauen kann, daß er vom Geist geleitet wird, der darf es sich auch zutrauen, daß er die Geister unterscheiden kann, d. h. in dem, was von nicht autoritativer Seite kommt, das herausfinden, was im Einklang mit dem Glauben steht.

So haben wir eine Richtschnur für unser Verfahren. Wir werden uns von der Enzyklika selbst leiten lassen, aber wir werden auch von den Quellen Gebrauch machen, aus denen sie selbst schöpft, um weitere Aufschlüsse zu erhalten. Es kann sich dabei nur um eine Anregung zu einem Bemühen handeln, das jeder, der theoretisch oder praktisch in der Bildungsarbeit steht, sein Leben lang fortsetzen muß.[11]

I. Die katholische Auffassung der menschlichen Natur

Von grundlegender Bedeutung für die Auffassung der Erziehung ist die *Idee des Menschen*, die – theoretisch geklärt oder naiv vorausgesetzt – den Pädagogen beherrscht. Wer den Menschen für völlig verderbt hält und zu keiner natürlich guten Handlung fähig, für den wird Erziehung von Menschen durch Menschen als rein natürliche Leistung unmöglich. Der durch und

---

[6] ⟨Der *Römische Katechismus*, in Auftrag gegeben durch das Trienter Konzil, enthält eine umfassende lehramtliche Darlegung der Heilswahrheiten, vollendet 1566; erste deutsche Ausgabe Dillingen 1568. – Zur Zeit Edith Steins war die letzte deutsche Ausgabe von Michael Gatterer SJ herausgegeben, Innsbruck 1928.⟩

[7] ⟨Tridentinum = Konzil von Trient (1545–63)⟩ Zusammenfassung aller definierten Glaubenswahrheiten: Denzinger/Bannwart, *Enchiridion symbolorum, Definitionum et Declarationum de rebus fidei et morum.* Letzte Ausgabe: Herder, ⟨Freiburg⟩ 1928. ⟨Denzin- Denzinger, H./Hünermann, P., *Kompendium der Glaubensbekenntnisse und kirchlichen Lehrentscheidungen*, 37. Aufl. Freiburg i. Br. 1991.⟩

[8] ⟨Aurelius Augustinus (354–430); Johannes Chrysostomus (ca. 350–407); Thomas v. Aquin (1225–1274).⟩

[9] ⟨Vgl. 1 Thess 5,21.⟩

[10] ⟨Vgl. Joh 3,8.⟩

[11] ⟨Im Ms. ist ein Abschnitt angefügt, der im Druck fehlt: „Ich möchte noch hinzufügen, daß ich es als meine Aufgabe im Rahmen dieser Veranstaltung betrachte, positiv aus den übernatürlichen Quellen aufzubauen, weil an Aufbauarbeit aus natürlichen Quellen, die den Glauben nur als Maßstab benutzt, schon genügend von anderer Seite geschehen ist."⟩

durch sündige Mensch kann weder erzogen werden noch erziehen. Wer an die Güte der menschlichen Natur glaubt, für den wird Erziehung entweder ganz überflüssig – unter der Annahme nämlich, daß die Natur sich von selbst entfalte –, an ihre Stelle muß das „Wachsenlassen" treten; oder sie wird eine sehr leichte und erfreuliche Aufgabe: es bedarf nur der Belehrung und der rechten Aufgabenstellung, um die vollkommene Bildung des Menschen zu erreichen: der Optimismus der Aufklärungspädagogik.

Die katholische Auffassung steht zwischen diesen Extremen. Für sie ist Gegenstand der Erziehung „der ganze Mensch ..., der Geist mit dem Körper verbunden zur Einheit der Natur, mit allen seinen natürlichen und übernatürlichen Fähigkeiten, wie wir ihn aus Vernunft und Offenbarung kennen; somit der aus seinem paradiesischen Urzustand gefallene Mensch, der von Christus erlöst und in seine Stellung als Adoptivsohn Gottes wieder eingesetzt wurde, jedoch nicht in die außernatürlichen Vorrechte der leiblichen Unsterblichkeit und der Unversehrtheit oder Harmonie seiner Strebungen. Es bleiben darum in der menschlichen Natur die Folgen der Erbsünde, besonders die Schwäche des Willens und die ungeordneten Triebe."[12]

Das ist also die Grundlage, mit der wir zu rechnen haben: der Mensch war ursprünglich gut; seine Natur ist durch den Sündenfall entartet, aber nicht so, daß ihm alle natürlichen Fähigkeiten genommen wären; durch die Erlösungstat Christi ist der Weg zur Gotteskindschaft freigemacht und damit die Möglichkeit zu einer Wiederherstellung der ursprünglichen „Gerechtigkeit" eröffnet. Aber der erlöste Mensch hat den Urstand nicht einfach wiedererlangt; es bleibt in ihm der „fomes peccati"[13]; sein ganzer Erdenweg ist ein Kampf gegen die Verderbnis seiner Natur und um die verlorene „Gerechtigkeit"; ein Kampf, den er selbst kraft seines freien Willens zu führen hat; ein Kampf, in dem aber zugleich Gottes Gnade in ihm und für ihn wirksam ist und das Wesentliche leistet: denn sie ist es, die ihn schließlich zur Vollendung in der Glorie führt. – Menschen „in statu viae"[14] sind Zögling und Erzieher. Machen wir uns noch etwas klarer, wie die menschliche Natur „im Pilgerstand" beschaffen ist. Leib und Seele sind eine Einheit: Der Geist bedarf des Leibes als Werkzeug der Erkenntnis – denn die menschliche Erkenntnis baut sich auf sinnliche Gegebenheit auf und ist dadurch an leibliche Organe gebunden – und als Werkzeug seiner Taten; aber dies unentbehrliche Werkzeug ist ihm zugleich ein Hemmnis: die Sinne sind Täuschungen unterworfen; Schwäche und Krankheit des Körpers behindern den Geist in der Ausführung seiner Pläne; und die Bedürfnisse des Leibes zwingen den Geist in seinen Dienst; es ist gerade die Eigentümlichkeit der gefallenen Na-

[12] Autorisierte deutsche Ausgabe der Enzyklika (Herder ⟨Freiburg⟩ 1930) S. 28.
[13] ⟨„Zunder", Anfälligkeit zur Sünde⟩
[14] ⟨im Stande des Weges; im Schwebezustand⟩

tur, daß die leiblich-sinnlichen Triebe sich dem Geist nicht unterordnen wollen, daß sie nach der Herrschaft streben, und wenn man ihnen nachgibt, das höhere geistige Leben ganz ersticken. Der Mensch ist fähig zu erkennen, aber er ist dem Irrtum unterworfen: indem er dem Zeugnis der Sinne kritiklos Glauben schenkt oder nicht gemäß den Gesetzen des Denkens (in rein logischem Sinne) vorgeht. Der Mensch besitzt Erkenntnis des Guten, und sein Gewissen sagt ihm im konkreten Einzelfall, was er tun soll. Aber der Wille verfolgt nicht immer das als gut Erkannte; er läßt sich von den sinnlichen Trieben bestimmen. – Dieser ganze Zustand ist ein Schwebezustand. Die geschilderten Gefahren bestehen alle; aber es ist in keinem einzelnen Fall notwendig, daß der Mensch ihnen unterliegt; es stehen ihm allen Gefahren gegenüber natürliche Hilfsmittel zur Verfügung, und er hat die Freiheit, von ihnen Gebrauch zu machen: an den Sinnen und an dem Verfahren des Verstandes Kritik zu üben, die Triebe zu beherrschen oder ihnen nachzugeben, nach Erkenntnis des Guten zu streben und es zu vollbringen. Alle diese Möglichkeiten bestehen auch für den Unerlösten, aber es ist unwahrscheinlich bis zur praktischen Unmöglichkeit, daß er allen Gefahren entgeht. Der Mensch im Stande der Gnade ist auch im Schwebezustand, aber er ist durch die Kraft des Heiligen Geistes geschützt, so daß er nicht leicht den Gefahren erliegt.

Das, was ich den Schwebezustand nannte – die Freiheit, zwischen verschiedenen Möglichkeiten zu entscheiden –, ergibt den Einsatzpunkt für menschliche Erziehungsarbeit. Die Freiheit macht sie möglich, macht sie aber auch notwendig: die Erlangung der Gnade, das Beharren und Fortschreiten darin ist an die menschliche Mitwirkung gebunden. Daß Erziehungsarbeit zunächst Arbeit an andern sein muß, ist in der ursprünglichen Ordnung der Menschenwelt begründet, die den ersten Menschen vollendet ins Dasein treten ließ, für die folgenden Geschlechter aber Erzeugung und Erziehung durch die „reifen" Menschen vorsah.

Die Erziehungsaufgabe ist ein Eingreifen in den Schwebezustand, um dahin zu führen, daß die Entscheidung jeweils im rechten Sinne fällt. Dazu ist notwendig eine gründliche Kenntnis des Schwebezustands selbst (d. h. der menschlichen Natur in statu viae, der besonderen konkreten Situation des Zöglings, schließlich auch der eigenen Situation des Erziehers, der ja selbst ein Mensch in statu viae ist und sich klar sein muß, was daraus für seine Erziehersituation folgt); es ist ferner notwendig ein Maßstab für die Erkenntnis der *rechten* Entscheidung – d. h. Klarheit über das *Ziel* des Menschen; schließlich Kenntnis und – soweit möglich – Beherrschung der Mittel und Wege, die zum Ziel führen können. „Soweit möglich" – aus dem, was über den status viae gesagt wurde, geht schon hervor, daß keine menschliche Erziehungsarbeit an Menschen über den status viae hinausführen kann: einmal weil es in diesem Leben keine endgültige Versicherung gegen Schwäche und Krankheit, gegen Täuschung, Irrtum und Sünde gibt; sodann, weil der Erzieher auch in seiner Erziehungsarbeit all diesen Mängeln unterworfen bleibt. Den Schwebezustand in den „status termini"[15] überzuführen, das vermag Gott allein.

Ehe wir zur Betrachtung des Ziels übergehen, wollen wir uns den status viae noch nach einer andern Richtung hin klarmachen: der status viae betrifft nicht nur das isolierte menschliche Individuum. Der Sündenfall war eine Abwendung des Menschen von Gott, und seine Folge ist eine Störung in der Ordnung des ganzen Universums. Der sündige Mensch ist in Empörung gegen Gott, und die übrige Schöpfung ist in Empörung gegen ihn, er sucht sich im Kampf gegen sie durchzusetzen. An Stelle der Ehrfurcht vor Gottes Geschöpfen, die sie in ihrem Sein bejaht, zu erhalten und zu fördern sucht, ist die Ausnützung im Dienst der eigenen Begierden getreten, die sich selbst auf den Mitmenschen erstreckt, wenn auch die natürliche „Sympathie" nicht aufgehoben ist. Der Mensch im Gnadenstand ist in das Kindesverhältnis zu Gott zurückgekehrt, und es ist ihm der Blick für die andern als Gottes Geschöpfe und Gotteskinder geöffnet. Aber auch in seinem Verhältnis zu Gott und zur Welt befindet er sich in der Schwebe. Es bleibt die Möglichkeit des Abfalls, es bleiben Begehrlichkeit, Selbstsucht und Herrschsucht bestehen. Die Anbahnung der rechten Ordnung im Menschen bedeutet zugleich die Anbahnung der rechten Ordnung der Welt, insbesondere des sozialen Lebens.

II. Das Ziel des Menschen

Die Bezeichnung „status viae" oder Schwebezustand sagt schon, daß es sich dabei um etwas Vorübergehendes, um einen Durchgang zu einem *Ziel* handelt. Und die Darlegung des Schwebezustands ist kaum möglich, ohne daß das Ziel beständig durchleuchtet. Erziehung als Eingreifen in den Schwebezustand ist nur möglich als ein zielbestimmtes Tun. Die Enzyklika sagt:[16] „Da die Erziehung ihrem Wesen nach in der Bildung des Menschen besteht, wie er sein und im Diesseits seine Lebensführung gestalten soll, um das erhabene Ziel zu erreichen, für das er geschaffen ist, so ist es klar, daß es keine wahre Erziehung geben kann, die nicht ganz auf das letzte Ziel hingerichtet ist …" Die Frucht der Erziehung soll der „wahre Christ" sein, „der übernatürliche Mensch, der ständig und folgerichtig nach der vom übernatürlichen Lichte des Beispiels und der Lehre Christi erleuchteten gesunden Vernunft denkt, urteilt und handelt."[17]

---

[15] ⟨Endzustand.⟩
[16] A. a. O., S. 5.
[17] ⟨A. a. O.,⟩ S. 43.

Es ist hier ein *doppeltes Ziel* zu unterscheiden: das letzte und höchste Ziel, auf das der ganze Erdenweg hingeordnet ist, das ewige Leben in der Anschauung Gottes; das kann Gott allein geben; ihm untergeordnet ist das irdische Ziel, an dem die menschliche Erziehungsarbeit mitwirken kann: d. i. die Bildung des Menschen, wie er *sein* und *im Diesseits seine Lebensführung gestalten* soll. Soweit es sich dabei um Wiederherstellung der menschlichen Natur, wie sie ursprünglich geschaffen wurde, handelt, könnte man von einem *natürlichen* Ziel sprechen, obwohl es nicht mit bloß natürlichen Mitteln zu erreichen ist, sondern der Erleuchtung durch das Beispiel und die Lehre Christi und seines Gnadenbeistandes bedarf. Es soll aber der „wahre Christ" nicht bloß „natürlicher" Mensch sein (auch wenn wir unter „natürlich" die in vollkommener Harmonie wiederhergestellte Natur nehmen), sondern *übernatürlicher Mensch*, d. h. einer, der durch die Gnade am *göttlichen Leben* Anteil hat, in dem also schon während des Erdendaseins das ewige Leben seinen Anfang genommen hat. (Der hl. Thomas sagt: der Glaube ist der Anfang des ewigen Lebens in uns.[18]) So kommt der Gnade die doppelte Aufgabe zu: die gefallene Natur zu heilen und Vorstufe der Glorie[19] zu sein.

Es wird nun für Erziehungswissenschaft und Erziehungsarbeit dringendes Erfordernis, sich Klarheit über das Bild des Menschen, wie er sein soll, zu verschaffen. Im Schöpfungsbericht stehen die lapidaren Worte: Gott schuf den Menschen nach seinem Bilde.[20] Daraus ergibt sich die Forderung des Herrn: seid vollkommen, wie euer Vater im Himmel vollkommen ist.[21] „Bild Gottes sein – vollkommen sein" – da ist es in kürzester Form ausgesprochen, was der Mensch sein soll. Aber worin besteht das Gottesbild, worin besteht die Vollkommenheit? Es gibt eine natürliche Gotteserkenntnis; ihr Weg wird auch der Weg zur natürlichen Gewinnung eines Vollkommenheitsideals sein: die Betrachtung der „Vollkommenheiten", die wir an Menschen kennenlernen, und die gedankliche Entfernung alles dessen, was in ihnen Trübung und Mangel ist. Das ist die *via negativa.*[22] Gottes Wesen *positiv* zu bestimmen, dazu bedürfen wir der Offenbarung. So ist es immer wieder versucht worden – mit der größten Eindringlichkeit von Augustin –, das Gottesbild im Menschen als Bild der *Trinität* zu denken und aufzuweisen.[23] Wir haben auch ein unmittelbares Bild der menschlichen Natur in ihrer vollkommenen Ordnung und Entfaltung in der theologischen Lehre vom *Urstand,* von der Beschaffenheit des integren Menschen. – Es ist uns aber

[18] ⟨*De Veritate,* 9 XIV a 2 corp., Untersuchungen über die Wahrheit II, ESW IV, S. 7; ESGA 24.⟩
[19] ⟨Herrlichkeit der Schau Gottes.⟩
[20] ⟨Gen 1, 27.⟩
[21] Mt 5, 48.
[22] ⟨Der negative Weg.⟩
[23] ⟨Aurelius Augustinus, *De trinitate. Über den dreieinigen Gott*, Leipzig 1936.⟩

durch die Enzyklika noch ein anderer Weg gewiesen, und den wollen wir heute gehen: das Bild des vollkommenen Menschen ist uns gegeben im *Beispiel* und in der *Lehre* Christi.

Das Bild unseres Herrn zu zeichnen, wie er über diese Erde gegangen ist, das Bild, das die Propheten geschaut und die Evangelien bewahrt haben und das unsere Kirche in dem Wunderwerk ihrer Liturgie im Kreislauf des Kirchenjahrs uns immer wieder vor Augen stellt – dieses Bild zu zeichnen kann nicht Aufgabe einer kurzen Stunde sein. Wer es in sich aufnehmen will, immer reicher und immer tiefer – denn es ist unerschöpflich –, der muß mit der Hl. Schrift leben und muß mit der Kirche leben und beten. – Dagegen soll es versucht werden, aus den *Worten* des Herrn das Bild des Menschen zu zeichnen, wie er sein soll. Auf die Frage des Jünglings: „Was soll ich tun, um das ewige Leben zu gewinnen?" antwortet der Herr: „Wenn du zum Leben eingehen willst: *Halte die Gebote!*"[24] Und als ihn die Pharisäer nach dem größten Gebot fragen, lautet die Antwort: „Du sollst den Herrn, Deinen Gott, lieben aus ganzem Herzen, mit Deiner ganzen Seele[25] und mit Deinem ganzen Geist[26] (in tota mente tua) … Daran hängt das ganze Gesetz und die Propheten."[27] Wiederum heißt es im Johannes-Evangelium: „Daran erkenne ich, daß ihr mich liebt, wenn ihr meine Gebote haltet."[28] Das alles zusammengenommen ergibt: der wahre Christ[29] ist der Mensch, der die Gebote hält, aber in der Weise, daß sich die Befolgung aller Gebote aus der vollkommenen Erfüllung des größten, d.h. aus der vollkommenen Gottesliebe ergibt.[30] Aus der Gottesliebe folgt unmittelbar die schuldige Ehrfurcht und Anbetung; es folgt die Liebe zum Nächsten als Bruderliebe zu allen Gotteskindern und daraus das rechte Verhalten ihnen gegenüber;[31] es folgt die aus der Gottesliebe geborene Liebe zu sich selbst (wir sollen ja den Nächsten „wie uns selbst" lieben) und daraus das angemessene Verhalten zu sich selbst. Der Mensch, der so ist und lebt, besitzt nicht bloß natürliche Vollkommenheit, sondern lebt aus übernatürlicher Wurzel. Denn wir können Gott nur lieben, weil er uns zuvor geliebt hat. Das heißt aber, daß Gottes Gnade in uns ist und daß das ewige Leben in uns seinen Anfang genommen hat. Die Gottesliebe ist das „unum necessarium", auf das Gott die geschäftige

---

[24] Mt 19,17.

[25] ⟨In der ersten Manuskriptfassung: „Gemüt".⟩

[26] ⟨In der ersten Manuskriptfassung: „aus allen deinen Kräften"; diesen Begriff verwendet Edith Stein im folgenden Abschnitt.⟩

[27] Mt 22,37.

[28] ⟨Vgl. Joh 14,15: „Wenn ihr mich liebt, werdet ihr meine Gebote halten" sowie Joh 13,35: „Dann werden alle erkennen, daß ihr meine Jünger seid: wenn ihr einander liebt."⟩

[29] ⟨In der ersten Manuskriptfassung: „der vollkommene Mensch".⟩

[30] Die ganze Lehre Jesu kann als Auslegung der Gebote und Gesetzesbestimmungen des Liebesgebotes aufgefaßt werden.

[31] „Ein 2. Gebot ist diesem (der Gottesliebe) gleich: Du sollst deinen Nächsten lieben wie dich selbst." (Mt 22,39).

Martha hinweist[32]. Ich möchte an dieser Stelle auf das konkrete Bild eines Menschenlebens einzig und allein aus der Wurzel der Gottesliebe hinweisen, das unserer Zeit geschenkt wurde in der *hl. Theresia vom Kinde Jesus.*[33]

Ist daraus zu folgern, daß alles natürliche Vollkommenheitsstreben, darum auch alle Bildungsarbeit, die natürliche Fähigkeiten für irdische Aufgaben zu entfalten sucht, als überflüssig abzulehnen sei? Keineswegs: wenn wir Gott mit allen unseren Kräften lieben sollen, so müssen offenbar diese Kräfte entfaltet sein; ihn mit allen Kräften lieben kann offenbar nur heißen, alle unsere Kräfte in seinen Dienst stellen. Das kann nicht außerhalb der Welt geschehen, sondern in ihr, im rechten Umgang mit den Geschöpfen; und dazu sind natürliche Fähigkeiten *und* Gnadengaben erforderlich.

Wir haben außer den kurzen Antworten gegenüber gutwilligen und böswilligen Fragestellern die große zusammenhängende Belehrung der Jünger in der *Bergpredigt.*[34] Und wir haben als Kernstück der Bergpredigt die *Seligpreisungen,*[35] in denen uns das Bild des Menschen, der des ewigen Lebens sicher ist, ausführlicher gekennzeichnet ist. Die kirchliche Liturgie verwendet diesen Text als Tages-Evangelium am *Allerheiligen*-Fest[36]; und als Lesungen der III. Nokturn[37] im Brevier während der ganzen Oktav die Interpretation dieses Festes durch den hl. *Augustinus* aus seinem Sermon über die Bergpredigt.[38] Er sieht im Inhalt der Bergpredigt höhere Vorschriften für die Gerechtigkeit als die des Alten Bundes waren: die Möglichkeit zu solch höheren Vorschriften aber darin begründet, daß Christus an Stelle der Furcht die Liebe setzt, die Größeres möglich macht. Damit ist wiederum die Liebe als Wurzel der Tugenden bezeichnet, als deren Lohn das Himmelreich verheißen wird. – „Selig sind die *Armen im Geiste.*“[39] Dieses Wort, das so viel mißverstanden und blasphemisch mißhandelt wird, deutet er auf die *Demütigen* und *Gottesfürchtigen*. Sie müssen zuerst genannt werden, weil die

---

[32] ⟨Das Eine Notwendige: Lk 10, 42.⟩

[33] *L'Esprit de Ste. Thérèse de l'Enfant Jésus*, herausgegeben vom Karmel von Lisieux. Überhaupt sind Lebensbilder und Schriften französischer Karmelitinnen aus den letzten Jahrzehnten (Elisabeth de la Trinité, Dijon; Marie de la Trinité, genannt Consummata) außerordentlich erleuchtend dafür, wie das Gottesbild im Menschen ausgeprägt und Glaubenswahrheit gelebt werden kann. ⟨Therese vom Kinde Jesus (Theresia Martin, 1873 Alençon – 1897 Lisieux), 1925 heiliggesprochen. – Elisabeth (Catez) de la Trinité (1880–1906) wurde 1985 seliggesprochen. – Marie de la Trinité (Marie-Antoinette de Geuser, 1890–1918) konnte wegen Erkrankung nicht in den Karmel eintreten.⟩

[34] ⟨Mt 5, 1–7, 29.⟩

[35] ⟨Mt 5, 1–12.⟩

[36] ⟨1. November⟩

[37] ⟨Gebet in Vigil-(Nacht-) oder Matutin-(Morgen-)Gottesdienst.⟩

[38] ⟨Aurelius Augustinus, *Sermo Domini in monte secundum Matthaeum, libri duo, sub initium*, I, 1,2 und I, 1,3 (PL 34, S. 1231–1232). Edith Stein übersetzt aus dem vorkonziliaren *Breviarium Romanum* Die 1 nov. omnium sanctorum. In III. Nocturno. Homilia Sancti Augustini Episcopi.⟩

[39] ⟨Mt 5, 3.⟩

Furcht Gottes der Weisheit Anfang ist.[40] Der Gottesfürchtige weiß, daß alles Irdische „Eitelkeit und Anmaßung des Geistes" ist, daß alles – und er selbst eingeschlossen – nichts ist vor Gott. Die den Herrn nicht fürchten, das sind die Stolzen und Aufgeblasenen, die sich groß dünken im Besitz irdischer Güter und Gaben und nach ihnen streben. (Und weil es schwer ist, arm im Geist zu sein, wenn man irdische Güter besitzt, darum ist es der *Rat* des Herrn an den reichen Jüngling: „Wenn du vollkommen sein willst, verkaufe, was du hast, und gib es den Armen".[41]) – „Selig sind die *Sanftmütigen,* denn sie werden das Land besitzen."[42] „Terra" wird als das „Land der Lebendigen" gedeutet, das sichere ewige Erbteil. Den Sanftmütigen ist es verheißen, denen, die dem Bösen nicht widerstehen, sondern Böses mit Gutem überwinden. (Wir haben hier in der Tat ein „größeres Gebot", das der Herr ausdrücklich denen des Alten Bundes gegenüber gestellt hat: Ich aber sage euch – liebet eure Feinde![43] Es ist hier auch daran zu erinnern, daß der Herr gerade für die beiden Grundtugenden sich selbst als Vorbild hingestellt hat: Lernet von mir, denn ich bin sanftmütig und demütig von Herzen.[44]) – „Selig sind die *Trauernden,* denn sie werden getröstet werden."[45] Die sich zu Gott hinwenden, müssen das preisgeben, was ihnen in dieser Welt lieb war, und das geht nicht ohne allen Schmerz ab. Aber der Tröster-Geist erfüllt sie dafür mit himmlischer Freude. „Selig sind, die *hungern und dürsten nach der Gerechtigkeit,* denn sie werden gesättigt werden."[46] Sie sind es, die nach dem wahren und unvergänglichen Gut streben. Gerechtigkeit ist aber nichts anderes als Vollkommenheit, die in der Erfüllung des göttlichen Willens besteht; diese Erfüllung aber ist selbst Sättigung; der Herr sagt ja: „Meine Speise ist es, den Willen dessen zu tun, der mich gesandt hat"[47]; und dies ist der durststillende Quell, der fortsprudelt ins ewige Leben.[48] – „Selig sind die *Barmherzigen,* denn ihrer wird sich Gott erbarmen. – Selig sind, die *reinen Herzens* sind, denn sie werden Gott schauen."[49] Reinen Herzens sind die, die frei sind von der gierigen Sucht nach irdischen Dingen und auch nicht mehr erfüllt sind von sich selbst und dem Verlangen, sich selbst zur Geltung zu bringen. Das sind aber die „Armen im Geist", die schon die Nichtigkeit des Irdischen erkannt haben und darüber hinaus den Blick auf Gott gerichtet haben. Sie sind *einfältig,* weil sie nur von dem *einen* Verlangen erfüllt sind;

---

40 ⟨Ps 111, 10.⟩
41 Mt 19,21.
42 ⟨Mt 5, 5.⟩
43 ⟨Mt 5, 44.⟩
44 Mt 11,29.
45 ⟨Mt 5, 4.⟩
46 ⟨Mt 5, 6.⟩
47 Joh 4,34.
48 Joh 4,14.
49 ⟨Mt 5, 8.⟩

und weil der Herr sich von denen finden läßt, die ihn von ganzem Herzen suchen, darum werden sie Gott schauen. Und weil nur das Eine in ihnen herrschend ist, nichts in ihnen Gott widersteht, darum sind sie die *Friedfertigen*, im Einklang mit Gott und mit sich selbst, darum *Kinder Gottes*, die das Abbild Gottes sind. In ihnen sind die Begierden gezähmt und der Vernunft unterworfen, in ihnen ist die ursprüngliche Harmonie wiederhergestellt und der Friede eingekehrt, und daraus folgt der Friede mit allen Menschen, die gleich ihnen guten Willens sind: dies ist das Leben des vollkommenen Weisen, das durch keine äußeren Angriffe mehr gestört werden kann. Diese Menschen sind der Stein des Anstoßes für den Fürsten dieser Welt und seine Anhänger. Darum müssen sie *„Verfolgung leiden um der Gerechtigkeit willen"*[50], doch gerade darin wird ihnen das Himmelreich zuteil. – Es sind die einzelnen Züge dieses Bildes nicht voneinander zu trennen. Wenn wir das Leben der Heiligen betrachten, in deren Herrlichkeit uns die Allerheiligenliturgie hineinschauen läßt, so werden wir darin den einen oder anderen Zug stärker ausgeprägt finden: wir bewundern den einen besonders wegen der Stärke, mit der er sich in Verfolgungen bewährt hat, einen anderen um der Herzensreinheit oder um der Friedfertigkeit willen. Aber in allen wird schließlich das einheitliche Ganze des wahren Christensinns zu finden sein, den wir Gerechtigkeit oder Vollkommenheit oder Heiligkeit nennen. Augustin bringt die Seligkeiten in engste Verbindung mit den sieben Gaben des Hl. Geistes[51] (wie auch der Prophet Isaias[52], wo er das Bild des kommenden Erlösers zeichnet, seine Vollkommenheit durch die *Gaben des Geistes* charakterisiert). Auch da wäre also ein Weg, zur Klärung des Vollkommenheitsideals zu gelangen. Schließlich käme noch eine Erörterung der *evangelischen Räte*[53] in Betracht, die für den „Stand der Vollkommenheit" richtungsgebend geworden sind. Wir dürfen aber in dieser Richtung nicht weiter gehen.

Vollkommenheit im Sinne der Lehre Christi ist eine Verfassung der Seele: der „Gerechte" hat seine Seele ganz in der Hand, er ist Herr seiner selbst; es ist nichts in ihm und nichts Geschaffenes außer ihm, in dessen Gewalt er wäre. Aber er hat sich nur in der Hand, um sich aus der Hand zu geben, nämlich in Gottes Hand zu geben; auch das nicht in heroischer Anspannung und darin noch mit einer gewissen Selbstherrlichkeit, sondern in der selbstverständlichen Leichtigkeit und Gelassenheit des liebenden und vertrauen-

---

[50] ⟨Mt 5, 10.⟩

[51] ⟨Jes 11, 2: Weisheit, Einsicht, Rat, Stärke, Erkenntnis, Gottesfurcht. Frömmigkeit wird in der Tradition zugefügt.⟩

[52] ⟨Der Prophet Jesaja wurde um 763 v. Chr. berufen und wirkte ca. 40 Jahre in Juda/Jerusalem.⟩

[53] ⟨„Ratschläge" des Evangeliums zu den Ordensgelübden: Armut, Ehelosigkeit, Gehorsam.⟩

den Kindes, das sich und die Ordnung seines Lebens ganz dem Vater überläßt. – Dieses Ziel ist *eines* für alle Menschen, wie wir auch nicht sehen, daß Jesus darin einen Unterschied gemacht hätte nach Lebensalter oder Stand oder Geschlecht; wie auch der Apostel ⟨Paulus⟩ sagt:[54] „Es ist weder Jude noch Grieche; es ist weder Sklave noch Freier; es ist weder Mann noch Weib. Denn ihr seid alle Eines in Christo Jesu." Und doch spricht derselbe Apostel davon,[55] daß wohl *ein Geist* sei, aber *mancherlei Gaben*, daß alle Gläubigen den einen Leib Christi bilden, aber als mancherlei Glieder und mit verschiedenen Dienstleistungen. So hat auch der Herr aus der großen Schar derer, die auf ihn hörten und ihm anhingen, nur wenige berufen, mit ihm zu gehen, die andern hat er in ihrem Lebenskreis gelassen; und selbst die wenigen behandelt er nicht gleich: er setzt den einen zum Hirten über seine Herde ein und macht den andern zum Erwählten seiner besonderen Liebe, den er in seine tiefsten Geheimnisse hineinschauen läßt. Es sind Frauen unter den Treuesten seiner Getreuen, er überschüttet sie mit der Fülle seiner erbarmenden Liebe, er nimmt ihre Dienstleistungen an und freut sich ihrer Liebe, auch wenn sie sich in einer Form äußert, die den Menschen als Torheit und Ärgernis erscheint.[56] Aber er gibt ihnen nicht das Amt seiner Stellvertretung, wie er es den Aposteln gegeben hat. All diese Tatsachen müssen uns nachdenklich machen, ob die Bildungsarbeit sich nur auf das *Eine Ziel für alle* einzustellen habe oder ob noch etwas anderes mitaufgenommen werden müsse.

Gottes Bild sein – vollkommen sein wie der Vater im Himmel, das kann ja nicht heißen: Gott gleich sein. Denn der Abgrund zwischen Schöpfer und Geschöpf kann in alle Ewigkeit nicht aufgehoben werden. Vollkommen sein, das kann für die Geschöpfe nur heißen: ganz und unverfälscht das zu sein, was sie sein sollen. Das ist für jedes Geschöpf etwas Begrenztes. Und die Begrenztheit der menschlichen Natur bedeutet nicht nur, daß der Mensch nur Mensch sein kann und seine Vollkommenheit nur eine menschliche, sondern darüber hinaus, daß der einzelne Mensch nicht alles sein kann, was in der menschlichen Natur überhaupt an Möglichkeiten liegt. Die Menschen besitzen schon von Natur aus „mancherlei Gaben" und sind schon von Natur aus dazu geschaffen, „Glied zu Glied" zu sein. Als *Mann und Weib* hat Gott den Menschen erschaffen.[57] Und beim Erlösungswerk sehen wir wiederum neben dem neuen Adam die neue Eva als Miterlöserin; das Bild vollkommenen Menschentums ist der sündigen Menschheit in doppelter Gestalt, in *Christus* und *Maria* vor Augen gestellt. Diese Tatsache ist nur der stärkste Beweis dafür, daß der Unterschied der Geschlechter kein Mangel

54 Gal 3,28.
55 1 Kor 12 ⟨1 ff.⟩
56 Vgl. das Gastmahl in Bethanien, Mt 26,6 ff.
57 ⟨Vgl. Gen 1,27.⟩

der Natur ist, der überwunden werden könnte und sollte, sondern eine positive Bedeutung und eine Bedeutung für die Ewigkeit hat. Es kann in diesem Rahmen nicht meine Aufgabe sein, die Unterschiede der Geschlechter und die verschiedene Zielstellung, die sich daraus für Knaben- und Mädchenbildung ergibt, inhaltlich zu bestimmen.[58] Es zeichnet sich diese Differenzierung in das allgemeine Bild der christlichen Vollkommenheit ein, sofern es Aufgabe des Menschen ist, „mit allen seinen Kräften" Gott zu lieben und ihm zu dienen: d.h. aber mit *den* Kräften, die einem Gott gegeben hat und mit keinen andern. Sich in die Grenzen seiner Natur zu fügen, das gehört wesentlich zum Gehorsam gegenüber dem göttlichen Willen und zum inneren Frieden. – Dasselbe gilt für die *individuelle Natur* des einzelnen Menschen. Es ist katholische Glaubenswahrheit, daß jede einzelne Seele von Gott unmittelbar erschaffen wird und daß jede persönlich fortexistiert in Ewigkeit. Daraus ist zu entnehmen, daß die Eigenart einer jeden nicht als zufällige Trübung einer allgemeinen menschlichen Natur aufzufassen sei; sondern daß die Individualität eine positive Bedeutung für die Ewigkeit hat. Jeden einzelnen Menschen hat Gott sich zur Verherrlichung und Freude nach einer eigenen „Idee" geschaffen. Diese Idee steht über seinem Leben als das, was er werden soll, und ihr entspricht das, wozu er im Leben berufen ist. Die himmlische Hierarchie ist nicht als eine Versammlung von Gleichen zu denken, die alles Unterscheidende abgeschafft haben, sondern als eine vielstimmige Harmonie. Ziel des Menschen ist es, *seine* Stimme darin mitzusingen, Ziel der menschlichen Bildungsarbeit, daran mitzuwirken, daß er das wird, was *er* sein soll.

Wie Mann und Frau als verschiedene Ausprägungen des Gottesbildes anzusehen sind, wie jede Menschenseele ein eigenes göttliches Siegel trägt, so ist es auch als göttliche Ordnung des Menschengeschlechtes anzusehen, daß es sich gliedert in *Völker* von ausgeprägter Eigenart. Der Herr, der ein Volk erwählte, um aus ihm geboren zu werden, der während seines Erdenlebens die Sprache dieses Volkes sprach, in seinen Bildern und Gleichnissen dachte, seine Sitten bewahrte und ihm alle seine Kraft widmete, er hat jedem Volk eine Sendung in dieser Welt und für die Ewigkeit, jedem Einzelnen eine Sendung in seinem Volk gegeben. So entspricht es dem göttlichen Plan, daß der einzelne Mensch nach seinen Gaben zum Glied des Volksganzen geformt werde, das Volk im Gang seiner Geschichte seine „Idee" verwirkliche und dadurch seine Aufgabe im Ganzen der Menschheit erfülle.

[58] ⟨Vgl. *Die Frau. Reflexionen und Fragestellungen,* ESGA 13, Freiburg ²2002, S. 127 ff..⟩

III. Die berufenen Jugendbildner

Wir kennen das Ziel des Menschen und wissen, daß ihm dieses Leben als Weg zum Ziel gegeben ist. Wir wissen, daß die Gefahr des Abirrens besteht und daß er den Weg nicht von vornherein weiß, ja überhaupt nicht von vornherein imstande ist, allein zu gehen. Wer sind die berufenen Führer, denen er anvertraut ist?

Die Enzyklika antwortet:[59] „Die Erziehung ist notwendig eine Arbeit der Gemeinschaft, nicht des Einzelnen." Und sie nennt „drei notwendige Gemeinschaften", „in deren Schoß der Mensch hineingeboren wird": Familie, Staat und Kirche. Unter pädagogischem Gesichtspunkt haben wir nicht das *Recht* dieser drei Gemeinschaften auf Mitwirkung an der Jugendbildung zu prüfen und gegeneinander abzugrenzen (obgleich diese Rechtsfrage für die praktische Gestaltung des Bildungswesens wichtig ist), sondern zu fragen, was sie ihrer Natur und Bestimmung nach für das Ziel des Menschen leisten können und sollen. Die *Familie* hat Erzeugung und Erziehung der Nachkommenschaft zum eigentlichen Daseinszweck. Gott hat die Menschen zu Werkzeugen seiner Schöpfermacht in dem großen Prozeß der Entstehung des Lebens gemacht. Er hat die Eltern zugleich zu Mithelfern[60] seiner väterlichen Führung und Vorsehung gemacht und etwas von seiner väterlichen Autorität auf sie übertragen. Von ihm leitet sich ja alle Vaterschaft ab, die im Himmel und auf Erden ist. Joh⟨annes⟩ Chrysostomus sagt: „Nicht Kindererzeugung allein, sondern gute Kindererziehung macht die Vaterschaft aus; und nicht Schwangerschaft und Geburtswehen allein machen zur Mutter, sondern liebevolle Betreuung des Kindes …"[61] Wenn die Erziehung Aufgabe und Pflicht der Eltern ist, so müssen sie für die Aufgabe auch ausgerüstet sein. Wer Bildungsarbeit leisten soll, muß wissen, was und wozu er zu bilden hat und wie es geschehen kann; und es muß ihm die Erreichung des Zieles ein dringliches Anliegen sein. Was die Erkenntnis der Kindesnatur angeht, so haben durch die natürliche Verbundenheit die Eltern, und namentlich die Mutter, einen Vorzug vor allen andern Menschen. Es ist nicht nur die Verwandtschaft der Naturen, die Tatsache, daß die Eltern in den Kindern weitgehend „sich selbst wiederfinden", was ihnen den Zugang erleichtert; es

---

[59] ⟨A. a. O.⟩ S. 7.

[60] ⟨„Trägern" wurde gestrichen.⟩

[61] ⟨Vgl. Johannes Chrysostomos, *Über Hoffart und Kindererziehung*; s. Theodoros Daphopates, *Über Kindererziehung. Ekloge aus Johannes Chrysostomos*, Paderborn 1968, S. 40: „Zum Vater macht denn auch nicht das Zeugen allein, sondern auch die Liebe nach dem Zeugen." Vermutlich benutzte Edith Stein eine der folgenden Ausgaben: Haidacher, S., *Des hl. Johannes Chrysostomus Büchlein über Hoffart und Kindererziehung samt einer Blumenlese über Jugenderziehung aus seinen Schriften*, Freiburg i. Br. 1907. Oder: Schulte, F., S. *Joannis Chrysostomi de inani gloria et de educandis liberis*, Progr. Gaesdonck. No. 627, Münster i. W. 1914.⟩

kommt hinzu, daß der Liebe, die in das Herz der Eltern gelegt ist, ein Spürsinn innewohnt, der sie herausfinden läßt, wie ihr Kind geartet ist und was in ihm vorgeht, auch wozu es berufen ist und was in ihm dieser Berufung im Wege steht. Dazu kommt, daß natürliche Liebe und Vertrauen des Kindes zu den Eltern, durch die elterliche Liebe beständig gestärkt und ermutigt, ihnen einen Einblick in die Kindesseele gewährt, wie er sonst nicht leicht möglich ist; schließlich der Vorteil des dauernden Zusammenlebens. Aber in der gefallenen Natur kommen die natürlichen Erkenntnisfunktionen und dadurch die Gunst der Situation nicht zu freier Auswirkung, weil ihnen vieles entgegensteht: Selbstsucht, die von der ausreichenden Beschäftigung mit dem Kinde zurückhält; Eitelkeit, die seine Mängel nicht sehen will und etwas aus ihm machen möchte, wozu es nicht bestimmt ist. Es bedarf übernatürlicher Hilfsmittel, um ganz über diese Schwächen Herr zu werden, und es stehen solche Hilfsmittel zur Verfügung. Die Eltern haben eine spezifische übernatürliche Ausrüstung für ihren Beruf im Sakrament der Ehe. Es stehen ihnen außerdem die gewöhnlichen Wege offen, auf denen jeder Christ die Gnadenstärkung für seine besonderen Aufgaben erlangen kann: das Gebet, der Empfang der Sakramente, die Fürbitte der Heiligen, der Rat erleuchteter Führer. Wer die Einsicht in seine eigenen Schwächen und Mängel hat, wird auch von den natürlichen Hilfsmitteln Gebrauch machen, die zur Erkenntnis des eigenen Kindes führen können: die wissenschaftliche Erforschung der Kindesnatur, die Aussprache mit erfahrenen Jugenderziehern und -führern, insbesondere mit den Menschen, die an der Erziehung des eigenen Kindes mitwirken. – Wo bei den Eltern die übernatürliche Einstellung fehlt, da kann auch das wahre Bildungsziel für ihr Kind nicht erkannt sein, sie werden es dann als ein rein natürliches Ziel auffassen. Wo dagegen durch den Glauben der Blick auf das ewige Ziel gerichtet ist, da muß die elterliche Liebe zum *Heilswillen* werden, der sich bemüht, das ganze Leben des Kindes auf dieses Ziel hinzuordnen. Und es wird ihnen auf Grund ihrer intimen Kenntnis des Kindes eher als andern gelingen, das Besondere herauszufinden, das Gott mit ihm vorhat.

Es bedarf zur Erfüllung der Elternpflicht schließlich der Kenntnis der Mittel und Wege, die zum Ziel führen können. Wenn sie das Kind wirklich kennen, seine Begabung, seine Neigungen, seine Charakteranlagen, dann wird ihnen auch klar werden, was sie tun müssen, um es nach ihren Kräften seinem Ziel näherzuführen. Ihm die Geistesbildung zu geben, die seinen Anlagen entspricht und deren es für einen ihm angemessenen Lebensberuf bedarf, dazu wird das Elternhaus allein heute nur noch in seltenen Ausnahmefällen imstande sein. Aufgabe der Eltern ist es dann, eine geeignete Bildungsanstalt ausfindig zu machen – eine, der sie nicht nur mit Rücksicht auf die Geistesbildung, sondern auf die ganze Erziehung ihr Kind anvertrauen können. Erkenntnis des Kindes und Selbsterkenntnis können Eltern auch zu der schmerzlichen Einsicht bringen, daß sie selbst nicht die geeigneten Erzieher sind oder die Situation in ihrem Hause nicht die geeignete ist: dann wird es zur Pflicht, es aus der Hand zu geben, natürlich in Hände, die mehr Vertrauen verdienen als die eigenen. Das darf aber nur als eine äußerste Notmaßnahme angesehen werden. Denn ein Elternhaus, das ist, wie es sein soll, ist durch nichts anderes zu ersetzen: nicht nur aus den schon angegebenen Gründen, sondern weil die Eltern berufen sind, den Kindern das Leben *vorzuleben.* Liebe und Ehrfurcht vor den Eltern, die in das Herz des Kindes gelegt sind, machen das *Beispiel* zum wirksamsten natürlichen Erziehungsfaktor. An der Form des Menschentums, die es täglich vor Augen hat, bildet sich seine Idee des Menschentums, und durch sie wird es selbst geformt. Hier ist auch die Grundlage für die religiöse Erziehung: an der Hand von Eltern, die selbst auf das ewige Ziel eingestellt sind, lernt das Kind am leichtesten und sichersten, den Weg zu diesem Ziel zu gehen. Darum ist dauernde Selbsterziehung dringendste Elternpflicht. Wenn sie aber Menschen sind, die im Ewigen ihr und ihrer Kinder Ziel sehen, dann wissen sie auch, daß es nicht in ihrer Macht steht, das unum necessarium[62] zu geben: daß sie nur Brückenbauer zum Gottesreich sein können, das aber auch sein müssen: indem sie für die Taufe sorgen, sichern sie ihm die Annahme als Gotteskind; indem sie durch Belehrung und Beispiel es mit Gott und seinem Reich vertraut machen, es zum rechten Gebrauch der Gnadenmittel anleiten, geben sie ihm die Möglichkeit, im Gnadenleben voranzuschreiten. Das Weitere ist seine eigene und Gottes Sache.

Die Familie ist die erste Erziehungsgemeinschaft, in die das Kind hineingeboren wird, aber sie weist über sich hinaus. Sie ist eine unvollkommene Gesellschaft, weil sie nicht alle Mittel zur Erreichung ihres Zweckes in der Hand hat. Das ist für die Erziehungsaufgabe an zwei Stellen sichtbar geworden: die Familie verfügt nicht über alle Mittel, um den Kindern eine angemessene Ausbildung ihrer Fähigkeiten zu ermöglichen; und sie verfügt nicht über die Gnadenmittel, deren es zur Erreichung des ewigen Ziels bedarf. (Zu dieser Unvollkommenheit, die in der Familie als solcher liegt, kommt das Versagen einzelner Familien gegenüber ihren Aufgaben, wodurch es nötig wird, daß andere Gemeinschaften für sie eintreten.)

Die Familie ist eingebaut in den *Staat.* Sie bedarf seines Schutzes zu ihrer Existenz. Der Staat ist eine vollkommene Gesellschaft. Es darf geradezu als sein Wesen bezeichnet werden, daß er imstande ist, sich selbst im Dasein zu erhalten, und daß er die Macht hat, alle menschlichen Angelegenheiten innerhalb seines Bereichs seiner Regelung zu unterwerfen. Dem entspricht die Aufgabe, die ihm in der göttlichen Weltordnung zukommt: seine Macht für die Wohlfahrt der Menschen seines Bereichs einzusetzen und die Institutio-

---

62 ⟨S. Anm. 32.⟩

nen zu schaffen, zu denen die Kraft der Einzelnen nicht ausreicht. Dahin gehört auch die Aufgabe, Bildungsanstalten ins Leben zu rufen, soweit das von privater (und kirchlicher) Seite nicht ausreichend geschieht. In seinem eigenen Interesse liegt es, das zu tun, d.h. im Dienst der Sicherung seiner Existenz, sofern er 1.) auf die staatsbürgerliche Erziehung der Jugend bedacht sein muß, d.h. auf die Bildung einer pflicht- und opferwilligen Gesinnung gegenüber dem Staat; 2.) auf die Leistungsfähigkeit seiner Bürger und darum auf eine möglichst gute körperliche und geistige Ausbildung Wert legen muß; 3.) sich die Bürger am wirksamsten verpflichtet, wenn er für ihre Bedürfnisse bis hinauf zu den höchsten geistigen und seelischen sorgt. Wenn ein Staat gute private (evtl. kirchliche) Bildungsanstalten, statt sie zu fördern, in ihrer Arbeit hindert, wenn er Schulen einrichtet und zu ihrem Besuch zwingen will, die dem letzten Bildungsziel nicht entsprechen, wenn er damit in die Rechte und Pflichten eingreift, die nach der göttlichen Weltordnung der Familie und der Kirche zustehen, dann handelt er zweckwidrig und gefährdet seinen eigenen Bestand.

Die Familie weist über sich hinaus auf die Kirche. Sie verdankt ihr ihr Dasein, sofern sie auf dem Sakrament der Ehe begründet ist; sie ist Organ der Kirche, sofern durch sie das Gottesreich fortgepflanzt ist. Sie kann ihre Erziehungsaufgabe nur erfüllen, wenn sie die Kinder der Kirche zuführt. Die Erziehungsaufgabe der Familie ist also in die Erziehungsaufgabe der Kirche eingeordnet.

Die Bildung des Menschen als Formung zu seinem Ziel kann als Daseinszweck der irdischen Kirche bezeichnet werden. Dazu ist Christus in die Welt gekommen und dazu hat er seine Kirche auf Erden begründet, damit die Menschen ihr ewiges Ziel erreichen können. Er hat der Kirche seine Wahrheit anvertraut, ihr den Lehrauftrag an alle Völker gegeben und das unfehlbare Lehramt in ihr begründet. Daraus leitet sich ihre Verpflichtung ab, Gottes Wort zu verkünden, auch speziell die Jugend religiös zu unterrichten; aber auch die Verpflichtung, alle andere Unterweisung der Jugend zu überwachen und dafür zu sorgen, daß nichts an die Seelen herangetragen wird, was dem Glauben widerstreitet, und, wo es an geeigneter Unterweisung von anderer Seite fehlt, die Einrichtung von Schulen selbst in die Hand zu nehmen. – Aber die Kirche ist nicht nur Lehrerin, sie ist Mutter aller Gläubigen. Sie ist der mystische Leib Christi, aus dem in der Hl. Taufe das Gotteskind geboren wird. Das ist der Anfang des übernatürlichen Lebens in ihm; und dieses Gnadenleben muß genährt werden durch die göttliche Wahrheit und durch die Gnadenquellen, über die die Kirche verfügt. Darum muß sie nicht nur die Sakramente spenden, sondern das Verlangen nach ihnen in den Menschen wecken und sie zu einem würdigen und fruchtbaren Empfang vorbereiten, sie muß sie in sich hineinziehen zur Teilnahme an ihrem Leben, weil sie ja nur ihre Glieder mit ihrem Leben erfüllen kann. Wenn ein Mensch das erreicht hat, daß er lebendiges Glied der Kirche ist und sein ganzes Leben von hier aus bestimmt und geordnet, dann ist er in katholischem Sinn gebildet und seines Zieles so sicher, wie das in statu viae möglich ist.

IV. Der Vorgang der Jugendbildung

Der Mensch kommt mit mancherlei Gaben ausgerüstet in die Welt. Diese Gaben bedürfen zu ihrer Entfaltung der Betätigung an bestimmten Aufgaben; die Aufgaben müssen ihm zunächst von andern gestellt werden; aber er selbst muß sie lösen und muß es allmählich lernen, seine Aufgaben selbst herauszufinden und sich selbständig um ihre Lösung zu bemühen. Alle seine Gaben haben den Zweck, dem höchsten Herrn zu dienen. Nicht er selbst bestimmt seine Lebensaufgabe, und nicht andere Menschen bestimmen sie; sie ist ihm von Gott vorgeschrieben und in ihn hineingezeichnet. Gott zu finden, mit ihm in Liebe vereint zu sein, von ihm geleitet in dieser Welt zu wirken: das ist seine Vollkommenheit, das ist das Ziel, zu dem er in diesem Leben geformt werden soll. Was er selbst und was andere dazu beitragen, das kann nur wirksam sein, sofern es in die Bildungsarbeit eingestellt ist, die Gott selbst am Menschen vollbringt. Das geschieht in der Kirche, die der mystische Christus, der sichtbar in dieser Welt fortlebende Christus ist. Seine Glieder und Organe sind alle Gläubigen, die aus dem Glauben leben. Seine Organe sind die christlichen *Eltern*, die ihr Kind als von Gott empfangen betrachten und es als ihre erste und dringlichste Aufgabe ansehen, daß nach dem Beginn seines natürlichen Lebens sofort auch das Gnadenleben in ihm gewirkt wird, die durch ihr Gebet, ihr Beispiel und ihre Unterweisung das Gnadenleben in ihm nähren. Seine Organe sind die *Priester*, die Gottes Wort verkünden und die Sakramente spenden. Seine Organe sind die *Jugendführer*, die durch ein eigentümliches Band der Liebe und des Vertrauens mit dem jugendlichen Menschen verbunden sind, denen er in freier Wahl seine Seele erschließt, die darin zu lesen wissen und ihm auf *seinen* Weg helfen können; von denen er sich in freier Unterordnung leiten läßt. Gottes auserwählte Organe sind die Menschen, die leuchtende Vorbilder eines christlichen Lebens sind, die sich ganz dem Dienst Gottes geweiht haben und lebendige Abbilder Christi geworden sind: Das sind die Heiligen des Himmels, deren Bildung abgeschlossen ist, die wir am Ziel stehen sehen. Sie sind der wirksamste Beweis dafür, daß das von uns Geforderte möglich ist. Einzelne von ihnen haben jeweils für den ringenden und strebenden Menschen besondere Bedeutung durch ihr Patronat oder durch eine innere Verwandtschaft. Und sie alle helfen uns zum Ziel nicht nur durch ihr Beispiel, sondern durch ihren Beistand. Aber auch Mitlebende sind uns Vorbild. Der hl. Johannes Chrysostomus empfiehlt es den Vätern von Antiochia als wirksamstes Erziehungsmittel, ihre Söhne hinauszuführen in die Berge, wo in weltabgeschiedener Einsamkeit die Mönche wohnen, und sie den Umgang mit diesen heiligen Männern genießen zu lassen.[63] Wer unsere klösterlichen Erziehungsanstalten kennt, der weiß, daß heute wie damals der Anblick eines wahrhaft gottgeweihten Lebens eine der wirksamsten Erziehungsmächte ist. Und wer unsere Abteien kennt, der weiß, welche Erziehungsarbeit von ihnen geleistet wird: nicht nur an denen, die in ihnen zum servitium Dei[64] herangebildet werden, den Kindern des Hauses, sondern an Ungezählten, die dort Trost und Rat und Anleitung zu einem christlichen Leben in der Welt suchen. Die Regel St. Benedikts[65] darf als Meisterwerk christlicher Erziehungskunst bezeichnet werden.

Aber nicht nur durch die aus der Gottesliebe geborene väterliche und mütterliche Liebe zu den Seelen sind die Abteien als Erziehungsstätten ersten Ranges anzusehen. Sie haben noch etwas anderes, was höchste seelenformende Kraft besitzt: das ist das *divinum officium*,[66] das feierliche Gotteslob in der schönsten und würdigsten Ausführung. In der *Liturgie* lebt Christus noch in einer andern Weise fort als in den Menschen, die ihm dienen. Sie ist das *Gebet* der Kirche,[67] in dem Christus fortbetet, wie er während seines Lebens auf Erden gebetet hat, in den Worten der Psalmen; sie ist das immerwährende Gedächtnis seines Lebens, dessen Ereignisse sich in dem großen Weltdrama des Kirchenjahres immer aufs neue vor uns abspielen. Wer das Gebet der Kirche mitbetet und von ihren unvergänglichen Melodien ergriffen wird, der wird in das Leben Christi hineingezogen und über sich selbst hinausgehoben. Wie aber das ganze Erdenleben Christi, obwohl in jedem einzelnen Augenblick bedeutsam und gnadenvoll, der Rahmen ist um das große Ereignis seines Lebens, dessentwegen er in die Welt kam: um seinen Opfertod, so ist die ganze Liturgie der Rahmen um das zentrale und realste Fortleben Christi in der Kirche: um seine *eucharistische Gegenwart.* Und wie der Karfreitag auf Golgotha der Mittelpunkt der Weltgeschichte ist, so gehört in den Mittelpunkt jedes Christenlebens das Hl. *Meßopfer.* Hier gewinnt der Einzelne den Anteil am Erlösungswerk, der es ihm ermöglicht, sein ganzes Leben aus Christus, mit Christus und für Christus zu leben. Und in der geheimnisvollen Vereinigung der Seele mit Christus in der Hl. Kommunion, auch in der geheimnisvollen Wirkung, die vom Tabernakel ausgeht, bekommt der Herr die stärkste Macht über die Seelen; hier erfahren

---

63 ⟨Vgl. *Ascetische Schriften des heiligen Johannes Chrysostomus*, übers. v. Jakob Fluck. Herdersche Verlagsbuchhandlung Freiburg i. Br. 1866. Darin: *Wider die Gegner des Mönchslebens. Drittes Buch: An einen gläubigen Vater*, S. 49 ff.⟩

64 ⟨Dienst für Gott.⟩

65 ⟨S. 17, Anm. 4.⟩

66 ⟨Göttlicher Dienst.⟩

67 ⟨Vgl. Stein, Edith, *Das Gebet der Kirche*, ESGA 19/20.⟩

sie in aller Stille und Verborgenheit ihre entscheidende Formung und Bildung.

So gehört die Einführung in die Bedeutung des Hl. Meßopfers und der Hl. Eucharistie, die Einführung in den Geist der Liturgie in den Mittelpunkt der religiösen Erziehung. Wenn Elternhaus und Schule es dahin gebracht haben, daß ein junger Mensch mit der Kirche lebt und betet, daß er auf dem Hl. Meßopfer und dem eucharistischen Mahl[68] sein Tagewerk aufbaut und das Zelt Gottes unter den Menschen als die Heimstätte ansieht, wo er in allen Wechselfällen des Lebens geborgen ist und für alle Rat und Hilfe findet, dann dürfen sie sich sagen, daß sie ihre Erziehungsaufgabe erfüllt haben. Wenn er Elternhaus und Schule verläßt, ohne daß die Eingliederung in das *Corpus Christi Mysticum*[69] erreicht ist, dann haben sie im wesentlichsten Punkt versagt. Es bleibt nur die Hoffnung, daß Gott andere Mittel finden wird, um den jungen Menschen ans Ziel zu führen.

---

[68] Vgl. die auf Befehl Pius X. erlassenen Dekrete vom 20. VII. 1905 *Sacra Tridentina Synodus* und 8. VIII. 1910 *Quam singulari Christus*, die nach der Lehre der Väter und dem Gebrauch der ersten christlichen Jahrhunderte den Genuß des „täglichen Brotes“, des „Mannas“ als Heilmittel für die läßlichen Sünden und Schutz vor den Todsünden empfehlen.

[69] ⟨Geheimnisvoller Leib Christi: Röm 12, 5.⟩

Eine Meisterin der Erziehungs- und Bildungsarbeit: Teresia von Jesus

Situierung: Ende 1934/Anfang 1935 wurde Edith Stein gebeten, einen Beitrag für einen Gedenkband der Zeitschrift *Katholische Frauenbildung im deutschen Volke* zum 60. Geburtstag von Maria Schmitz beizusteuern. Schmitz war nicht nur erste Vorsitzende des Vereins katholischer deutscher Lehrerinnen, sondern hatte auch die Gründung des Deutschen Instituts für wissenschaftliche Pädagogik und Edith Steins Anstellung dort mitangeregt. Edith Stein lehnte zunächst einen Beitrag ab, obwohl sie von ihren Oberen bereits die Erlaubnis dazu hatte. Auf die zweite Anfrage (ESGA 3, Br. 361; vgl. auch Br. 363, 364, 376, 378) von Elisabeth Mleinek vom 11.1.1935 hin sagte sie zu, bis zum 23.1. etwas auszuarbeiten. Sie würde auch gerne eine bereits fertige Arbeit umarbeiten. Man kann vermuten, daß Edith Stein ihre Arbeit über Teresa von Avila[1], die sie für die Priorin Josepha Wery zum Namenstag verfaßt hatte (mit dem Titel *Liebe um Liebe*; in: ESGA 19/20; vgl. dazu Br. 342 an Petra Brüning vom 17.10.1934), wieder hervornahm und kurzerhand unter einen neuen Schwerpunkt stellte. Doch der Aspekt der *Erziehungs- und Bildungsarbeit* ist ein ganz eigener. Zuvor war es um das innere Gebetsleben gegangen, nun eher um das Tugendideal, zu dem hin Teresa Vorbild und Erzieherin zugleich sein sollte. Gedruckt ist der Artikel in obengenannter Zeitschrift, 48, 2 (1935), S. 114–133; Nachdruck in: ESW XII, S. 164–187. Im Kölner Archiv befindet sich eine Handschrift und ein Typoskript unter D I 4. Vermutlich aufgrund der Zeitknappheit, unter der Edith Stein für diesen Aufsatz stand, hat sie zu den Teresa-Zitaten Angaben gemacht, die jedoch nicht vollständig sind. Die Zitate lassen sich in der von Edith Stein angegebenen Ausgabe aus dem Pustet-Verlag (Regensburg 1912 ff.) nicht wörtlich, sondern mit einigen Abweichungen in der Wort- und Satzstellung wiederfinden. Es ist daher anzunehmen, daß Edith Stein entweder nur eine ältere Ausgabe im Kölner Karmel vorliegen hatte, die sie jedoch aufgrund des Alters nicht zitieren wollte, oder daß sie aus dem Französischen übersetzte, wie Sr. M. Amata Neyer OCD vermutet. Der Kölner Karmel gehörte nämlich lange Zeit zur brabantischen Provinz und besaß französische Literatur, so sicherlich auch die Schriften der Ordensgründerin Teresa von Avila. Es wäre auch möglich, daß Edith Stein aufgrund ihrer Lateinkenntnisse direkt aus dem Spanischen überstzt hätte; es ist jedoch unwahrscheinlich, daß zu jener Zeit Interesse im Kölner Karmel an spanischen Originalen vorhanden gewesen wäre. Obwohl es sich nicht um exakte Zitate handelt, werden dennoch in den folgenden Fußnoten die Seitenzahlen der Pustet-Ausgabe von 1912 ff. und die Kapitel- und Paragraphenzahlen der Neuausgabe

[1] ⟨Zur Schreibweise des Namens „Teresa von Avila": Die gegenwärtig-übliche spanische Form wird hier verwendet, die von Edith Steins Gebrauch (Teresia) abweicht.⟩

des *Lebens* von 2001 (Herder, Freiburg) in spitzen Klammern nachgereicht, um für die Lektüre sowie für künftige Forschung Ansatzpunkte zur Vertiefung zu bieten.

Am 22. Juli 1627 bestätigte Papst Urban VIII. den Beschluß der Cortes[2] von Kastilien und Leon, durch den die hl. Teresia zur Patronin Spaniens – dem hl. Apostel Jakobus zur Seite – erhoben wurde. Es war der Dank des spanischen Volkes an die Frau, die den Geist seines goldenen Zeitalters am vollkommensten verkörperte und ihm einen so klaren und schlichten Ausdruck verlieh, daß er durch drei Jahrhunderte fortwirken konnte. Dieser Einfluß wird nicht nur durch ihre Schriften vermittelt, sondern in den breiten Volkskreisen durch mündliche Überlieferung. „Dafür gibt es heute noch Zeugen, geborene Kastilianer, die aus dem Mund ihrer Mütter, als einen wesentlichen Teil der christlichen Erziehung, die sie ihnen gaben, die religiösen Grundsätze der heiligen Teresia empfingen, ihre Aussprüche im Stil Senecas, voll tiefen Sinnes, Optimismus und volkstümlicher Anmut. Die Kultur und die theologischen Kenntnisse ..., die das spanische Volk noch bewahrt, dies Volk, das mit kastilianischer Milch genährt ist und daraus seine Kraft schöpft, kommen daher: es ist keine Übertreibung, wenn man sagt, daß es sie einzig und allein der heiligen Teresia verdanke. In der Tat, sie, die Blüte ihres Zeitalters, hat sich dessen theologisches Denken am vollständigsten zu eigen gemacht; sie hat ihm die Form, die Farbe und das Leben gegeben, die in ihrer typischen Sprechweise zum Ausdruck kommen und sich den Seelen unserer Zeit mitteilen."[3] Diese kurze Schilderung zeigt uns die große Mutter, die ihr Volk erzogen hat.

Am 4. März 1922 hat der Senat der Universität Salamanca einstimmig beschlossen, der heiligen Landespatronin – zum 300jährigen Gedächtnis ihrer Heiligsprechung – das Ehrendoktorat zu verleihen. Sie ist nicht ausdrücklich zum Kirchenlehrer erklärt worden[4] – sie selbst, die sich so oft „ein ungelehrtes Weib" genannt hat, wäre die Erste gewesen, die gegen eine solche Ehrung Einspruch erhoben hätte –, aber gelegentlich der Dreihundertjahrfeier ihrer Seligsprechung (1914) hat Papst Pius X. erklärt: „Mit Recht hat die Kirche ihr die Ehren zuerkannt, die den Doktoren vorbehalten sind, da sie in ihrer Liturgie Gott bittet: *Laß uns durch die Speise ihrer himmlischen Lehre genährt und durch die Glut inniger Andacht herangebildet werden.*"[5] *Als Lehrerin der mystischen Theologie* hat sie für die ganze Kirche Bedeutung erlangt.

Luis de Leon, ein gelehrter Augustiner, Zeitgenosse unserer heiligen Mutter und erster Herausgeber ihrer Werke[6], schreibt im Vorwort zu dieser Aus-

---

[2] ⟨Cortes (pl. von corte = Hof, Gerichtshof): Volksvertretungen in Spanien und Portugal.⟩

[3] Berrueta, Juan Domínguez; Chevalier, Jacques, *Sainte Thérèse et la vie mystique* (Denoël et Steele, Paris 1934).

[4] ⟨1970 ernannte Papst Paul VI. die heilige Teresia als erste Frau zur Kirchenlehrerin.⟩

[5] Oration des Fest-Offiziums am 15. Oktober.

[6] Salamanca 1588.

gabe: „Ich habe die heilige Mutter Teresia von Jesus weder gesehen noch gekannt, solange sie in dieser Welt lebte, aber heute, da sie im Himmel ist, kenne ich sie und sehe sie beständig in ihren lebendigen Abbildern, die sie uns hinterlassen hat, ich meine in ihren Töchtern im Orden und in ihren Schriften." Die Reformatorin des Ordens der Allerseligsten Jungfrau vom Berge Karmel war eine *Meisterin der bildenden Kunst:* jener höchsten, deren Material nicht Holz oder Stein, sondern lebendige Menschenseelen sind.

Ich habe meinen Ausführungen einige eindrucksvolle Zeugnisse vorausgestellt, die uns die heilige Mutter Teresia von Jesus als *Erzieherin, Lehrerin, Menschenbildnerin* vor Augen führen. Von der Lehrerin der mystischen Theologie soll hier nicht weiter die Rede sein. Es sind schon viele Bände über sie geschrieben worden. Auch wäre es kaum möglich, auf wenigen Blättern ihr Bild zu zeichnen. Von der Erzieherin und Bildnerin soll gesprochen werden.

Voranschicken möchte ich noch eine Bestimmung der vielumstrittenen Begriffe Lehren, Führen, Erziehen, Bilden, wie sie hier verstanden werden sollen. Wer in der Erziehungsarbeit steht, weiß, daß der notwendigen gedanklichen Scheidung keine strenge Trennung in der Lebenswirklichkeit entspricht. Von *Lehren* spreche ich, wo dem Verstand neue Inhalte zugeführt werden oder wo irgendeine menschliche Fähigkeit durch Übung zur Fertigkeit geformt wird. *Führen* und *Erziehen* hängen eng zusammen, sofern in beiden der *Wille* auf ein Ziel hingelenkt wird. Doch handelt es sich im ersten Fall mehr um ein zielbewußtes Voranschreiten, noch nicht um eine planmäßige Anweisung und Bearbeitung des Willens, um ihn zur Erreichung des Ziels tauglich zu machen, wie es in der Erziehung geschieht. Tiefer als alles andere greift die *Bildungsarbeit* in dem Sinn, den ich dem Wort hier geben möchte: während die andern Tätigkeiten sich an die menschlichen *Fähigkeiten* wenden, dringt sie zur *Seele selbst,* zu ihrer *Substanz* vor, um sie und damit den ganzen Menschen zu formen.[7]

I.

Ein Meister der Erziehungskunst wird nur werden können, wer eine *geborene Führernatur* ist. Teresia war es. Sie besaß den *klaren Blick des Geistes,* der hohe Ziele rasch und scharf erfaßt; die *Glut des Herzens,* die sie lebhaft ergreift und tief innerlich sich zu eigen macht; den *tatbereiten Willen,* der unverzüglich an die Ausführung des als erstrebenswert Erkannten geht; den *Gemeinschaftsgeist,* der das, was er als Gut für sich erstrebt oder besitzt,

[7] Dieser zunächst wohl etwas überraschende Bildungsbegriff wird sich durch die Ausführungen des III. Teils klären.

sofort auch andern zukommen lassen möchte; und die *Zaubermacht über die Seelen,* die sie unwiderstehlich mit fortreißt.

Das zeigt schon die bekannte Erzählung von ihrer kindlichen Sehnsucht nach dem Martyrium. Sie las zusammen mit ihrem etwas jüngeren Bruder Rodrigo in ihrem siebenten Jahr die Lebensgeschichte der Heiligen. „Wenn ich nun die Martern betrachtete, die die Heiligen meines Geschlechtes um Gottes willen erduldet hatten, so schien es mir, sie hätten den Hingang zum Genusse Gottes sehr wohlfeil erkauft, und ich wünschte sehnlich, auch so zu sterben; jedoch geschah dies nicht so fast[8] aus Liebe zu Gott, die ich in mir empfunden hätte, als vielmehr, um auf so kurzem Wege zum Genusse jener großen Güter zu gelangen, die, wie ich las, im Himmel aufbewahrt sind. Ich besprach mich deshalb mit diesem meinem Bruder darüber, welches Mittel auch uns dahin führen könnte. Wir kamen miteinander überein, daß wir um der Liebe Gottes willen Almosen bettelnd in das Land der Mauren ziehen wollten, damit uns dort das Haupt abgeschlagen würde … Das größte Hindernis schien uns der Umstand zu sein, daß wir unsere Eltern noch hatten."[9]

Über diese Bedenken aber siegte der Gedanke an die Ewigkeit der Glorie. „Gar oft war dies der Gegenstand unserer Unterhaltung, wobei es uns ein Vergnügen machte, oft die Worte zu wiederholen: ‚Ewig, ewig, ewig!'"[10] Und die beiden Kleinen machten sich in der Tat auf den Weg. Freilich kamen sie nicht weit. Ihr Onkel, Don Franz Sanchez, begegnete ihnen und führte sie, zu ihrer großen Betrübnis, ins Elternhaus zurück.

An diesen Kinderstreich erinnern die Umstände, die den Eintritt des jungen Mädchens ins Kloster begleiten. Sie hatte einige Tage bei ihrem frommen Oheim Pedro Sanchez de Cepeda verbracht und ihm aus seinen geistlichen Büchern vorgelesen. „Nur wenige Tage brachte ich bei meinem Oheim zu; aber die göttlichen Worte, die ich da gelesen und gehört, und die gute Gesellschaft, in der ich mich befand, wirkten mit einer solchen Kraft in meinem Herzen, daß ich die Wahrheit, die ich schon in meiner Kindheit erkannt hatte, mehr und mehr wieder erfaßte, die Wahrheit nämlich, wie alles so nichtig und wie eitel die Welt sei und wie alles in kurzer Zeit ein Ende nehme. Zugleich ergriff Schrecken meine Seele bei dem Gedanken, daß ich auf dem Weg zur Hölle gewesen wäre, wenn mich der Tod überrascht hätte. Ich sah jetzt ein, daß der Ordensstand der beste und sicherste für mich sei; wenn auch mein Wille noch nicht ganz dazu geneigt war, so kam ich auf solche Weise doch allmählich zu dem Entschlusse, mir selbst Gewalt anzutun, um diesen Stand zu ergreifen und Nonne zu werden.

Drei Monate dauerte der Kampf, den ich in meinem Innern zu bestehen

---

[8] ⟨Nicht so sehr.⟩

[9] Sämtliche Schriften der hl. Teresia von Jesu, I. Band: *Leben von ihr selbst beschrieben.* Neue deutsche Ausgabe (Kösel-Pustet, München 1933), S. 32 f. ⟨Leben, 1, 4.⟩

[10] ⟨*Leben*, a. a. O., S. 33; 1, 4.⟩

hatte ... Insbesondere waren es die Briefe des hl. Hieronymus, die mich in einer Weise ermutigten, daß ich mich entschied, den von mir gefaßten Entschluß meinem Vater mitzuteilen ... Mein Vater aber liebte mich so sehr, daß ich auf keine Weise seine Einwilligung erhalten konnte ... Nur das eine war von ihm zu erreichen, daß er sagte, ich könnte nach seinem Tode tun, was ich wollte. Weil ich jedoch mir selbst nicht viel zutraute und meiner Schwachheit wegen fürchtete, ich möchte wieder zurückgehen, so hielt ich einen solchen Aufschub nicht für ratsam. Ich suchte darum auf andere Weise mein Ziel zu erreichen ...

Während ich in jenen Tagen mich mit solchen Gedanken beschäftigte, hatte ich auch einen meiner Brüder, dem ich die Eitelkeit der Welt vor Augen stellte, zum Eintritt in den geistlichen Ordensstand beredet.[11] Wir kamen demnach miteinander überein, an einem bestimmten Tage in aller Frühe uns zu dem Kloster zu begeben ... Der Augenblick, in dem ich das väterliche Haus verließ, schwebt noch meinem Gedächtnis vor. Es war mir damals nach meinem ganzen Dafürhalten und in Wahrheit so zumute, daß ich glaubte, der Tod könnte nicht furchtbarer für mich sein; denn es kam mir vor, als würden mir alle Gebeine aus den Gelenken gerissen. Weil nämlich meine Liebe zu Gott noch nicht stark genug war, um die Liebe zu Vater und Verwandten in mir zu ersticken, so stürmte jetzt die ganze Macht dieser Liebe mit solcher Gewalt auf mich ein, daß alle meine Vorstellungen nicht vermocht hätten, mich weiterzubringen, wenn der Herr mir nicht beigestanden wäre. Aber er verlieh mir einen solchen Mut, mich selbst zu überwinden, daß ich meinen Entschluß ausführte."[12]

Wenn auch der Einfluß Teresias nicht immer so tief war wie in diesen beiden Fällen, so erstreckte er sich doch weit über den nächsten Familienkreis hinaus. Das heranwachsende Mädchen war durch seinen Liebreiz, seinen lebhaften und anmutigen Geist, seine Bereitwilligkeit, auf andere Menschen einzugehen und sie auf jede mögliche Weise zu erfreuen, der Mittelpunkt einer Schar junger Verwandter und Freundinnen. Die Klosterfrau wurde von zahlreichen Besuchern ins Sprechzimmer gebeten, von vornehmen Damen in ihr Haus geladen. (Beides gestattete die gemilderte Regel, die im Kloster der Menschwerdung in Kraft war.)

Das natürliche Führertum wurde erhöht durch die *Gnade*. Wenn Teresia zum Klostereintritt hauptsächlich durch das Motiv der Furcht bestimmt war, so wurde dieses doch sehr bald, unter dem Eindruck des inneren Glücks, mit dem der Herr ihr Opfer vergalt, durch eine glühende Gottesliebe abgelöst. Die junge Ordensfrau wird auf den Weg des *inneren Gebets* geführt.

---

[11] Antonius de Ahumada. Er begleitete seine Schwester am 2. XI. 1536 zum Karmelitinnenkloster Unserer Lieben Frau von der Menschwerdung in Avila und bat dann selbst im Dominikanerkloster St. Thomas um Aufnahme, die wurde ihm aber nicht gewährt.

[12] *Leben*, ⟨a. a. O.⟩ S. 44 ff. ⟨4, 1.⟩

Sie entdeckt in ihrer eigenen Seele eine Welt, von deren Reichtum sie bisher nichts geahnt hat. Sie lernt es, im Innersten der Seele Gott zu finden und mit ihm in vertrauten Verkehr zu treten. Eigene Erfahrung lehrt sie den Sinn des Augustinuswortes: *Noli foras ire, intra in te ipsum; in interiore homine habitat Veritas.* (Geh nicht nach außen, kehr bei dir selbst ein; im Innern des Menschen wohnt die Wahrheit).[13] Viele Jahre kämpften in Teresia der Zug zur völligen Hingabe an Gott im einsamen Gebet und die Gewohnheit, lebhaften freundschaftlichen Verkehr mit Menschen zu pflegen. Trotzdem drängte es sie, sobald sie die ersten Schritte auf dem Weg des inneren Gebets gemacht hatte, auch andere dazu anzuregen. Ihr frommer Vater, der sich schnell mit dem vollzogenen Klostereintritt ausgesöhnt hatte, wurde bald ihr gelehrigster Schüler. So nachhaltig war bei ihm die Wirkung ihrer Weisungen, daß er auf dem eingeschlagenen Weg ausharrte und die Besuche im Kloster einschränkte, als seine Tochter, von mancherlei Täuschungen betört, diesem Pfad längere Zeit untreu wurde.

Unter der Einwirkung des Gebets hatte das Tugendleben in der Seele der jungen Klosterfrau einen überraschenden Aufschwung genommen. Auch darin sollten ihr die Menschen folgen, mit denen sie umging. So machte sie es sich zum Grundsatz, niemals von Abwesenden etwas Böses zu sagen, und leitete auch ihre Verwandten und Bekannten dazu an. Bald war es allgemein bekannt, daß man von ihr und ihren Freundinnen nichts zu fürchten habe.

Seit ihre Freundschaft mit Gott fest begründet war, konnte es keinen größeren Schmerz für sie geben, als einen Menschen in schwerer Sünde zu wissen. Als sie nicht lange nach ihrem Eintritt ins Kloster schwer erkrankte und genötigt wurde, an einem entfernten Ort eine Kur zu gebrauchen, machte ihr der Priester, bei dem sie dort beichtete, von der Reinheit ihrer Seele erschüttert, das Geständnis, daß er selbst seit langer Zeit in schwerer Sünde lebe. Nun ließ sie nicht ab, bis sie ihn dazu gebracht hatte, die sündhafte Beziehung zu lösen und ein würdiges Priesterleben zu beginnen. Das Jahr, nachdem er sie kennengelernt hatte, war das letzte seines Lebens und wurde für ihn die Vorbereitung zu einem guten Tod.[14]

II.

Aus dem unwillkürlich wirksamen oder nur gelegentlich geübten Führertum wurde *berufsmäßige Erziehungsarbeit,* als die Heilige ihr Reformwerk begann. Nach vorübergehender Unterbrechung hatte sie das innere Gebet wiederaufgenommen, um es nun ihr Leben lang – auch in den härtesten

---

[13] ⟨Aurelius Augustinus, *De vera religione (Über die wahre Religion),* XXXIX. 72, 202.⟩
[14] ⟨Vgl.⟩ *Leben,* ⟨a. a. O.⟩ S. 57 ff. ⟨5, 3–6.⟩

Prüfungen – treu zu üben. Von Stufe zu Stufe hatte sie der Herr emporgeführt, sie war ganz mit Ihm eins, Seine Angelegenheiten waren die ihren geworden. Nun drängte sie die Liebe, etwas für Gott und sein Reich zu tun. Dieses Verlangen steigerte sich mächtig durch eine Vision, in der ihr die Hölle mit allen ihren Schrecken gezeigt wurde. „Von diesem Gesicht rührt … der außerordentliche Schmerz her, den ich über so viele Seelen empfinde, die der ewigen Verdammnis entgegengehen …[15] Daher kommen auch jene mächtigen Antriebe, den Seelen zu helfen, so daß mir in Wahrheit scheint, ich würde mit der größten Freude tausendmal den Tod erleiden, damit auch nur eine einzige Seele so entsetzlichen Peinen entgehe."[16] „Nach der Enthüllung dieser und anderer großer und verborgener Dinge, die mir der Herr in seiner Güte sowohl von der den Frommen bereiteten Glorie als auch von der Pein der Bösen zeigen wollte, fragte ich mich, wie ich Buße tun könnte, um ein so großes Übel zu fliehen und ein so erhabenes Gut zu verdienen. Dabei war das Verlangen in mir rege, die Menschen zu fliehen und mich gänzlich von der Welt abzusondern. … Ich überlegte, was ich wohl für Gott tun könnte; und es drängte sich mir der Gedanke auf, ich sollte vor allem dem von Gott mir verliehenen Berufe zum Ordensstand nachkommen und mit der größtmöglichen Vollkommenheit meine Ordensregel halten."[17] Dazu schienen ihr die Bedingungen im Kloster der Menschwerdung nicht ausreichend; „das Haus war groß und angenehm, und ich meinte, ein zu bequemes Leben darin zu führen."[18] Der größte Übelstand aber war die mangelnde Klausur. Weil das Kloster arm war und die Zahl der Nonnen groß, wurde ihnen oft gestattet, sich wochenlang bei Angehörigen oder Freunden aufzuhalten. Die Heilige erhielt besonders häufig Einladungen in fremde Häuser, und ihre Vorgesetzten befahlen ihr, Folge zu leisten, um vornehme Gönner nicht zu verletzen. So kam ihr schließlich der Gedanke, mit einigen Gefährtinnen ein Kloster nach der ursprünglichen Regel zu gründen, nach der die Einsiedlerbrüder auf dem Berge Karmel gelebt hatten. Nachdem sie vom Herrn die Versicherung erhalten hatte, daß dieser Plan ihm wohlgefalle, und den Befehl, sich mit allen Kräften dafür einzusetzen, ging sie ans Werk. Nach unsäglichen Kämpfen und Schwierigkeiten wurde das Kloster zum hl. Joseph in Avila gegründet, und schließlich erhielt auch die Heilige selbst die Erlaubnis, dorthin überzusiedeln.

Damit ergab sich die Aufgabe, eine Generation von Ordensfrauen zu erziehen. Die ersten Bewohnerinnen des neuen Klösterchens waren vier Novi-

---

[15] ⟨Von Edith Stein in der Handschrift durchgestrichen wurde der folgende Nebensatz: „namentlich über jene Lutheraner, die durch die Taufe schon Glieder der Kirche waren." Vgl. *Leben*, a. a. O., S. 313; 32, 6.⟩

[16] *Leben*, ⟨a. a. O.⟩ S. 313 ⟨32, 6.⟩

[17] *Leben*, ⟨a. a. O.⟩ S. 314 ⟨32, 9.⟩

[18] *Leben*, ⟨a. a. O.⟩ S. 315 ⟨32, 9.⟩

zen, die die Heilige aufgenommen hatte. Dazu kam sie selbst mit einigen Nonnen aus dem Kloster der Menschwerdung, denen der P. Provinzial gleich ihr die Erlaubnis zur Annahme der Reform gegeben hatte. Später, als ihr der Ordensgeneral die Erlaubnis gab, weitere Klöster nach der ursprünglichen Regel zu gründen – und zwar nicht nur Frauen-, sondern auch Männerklöster –, und als schließlich eine weitverzweigte Ordensfamilie zu ihr als ihrer Mutter aufschaute, war die Aufgabe noch umfassender und schwieriger. Das *Erziehungsziel* stand ihr klar vor Augen: es war ein *Lebensideal*, das sie im Herzen trug, ohne es noch praktisch erprobt zu haben, und ein *Persontypus*, der diesem Ideal entspricht.

Das Lebensideal war das, wozu es sie hinzog, seitdem sie erfahren hatte, was der innere Verkehr der Seele mit Gott bedeutet. Die Lebensform, die das innere Gebet in den Mittelpunkt stellt und alle Hindernisse aus dem Weg räumt, mit denen sie bisher in den 26 Jahren ihres Klosterlebens hatte kämpfen müssen, fand sie in der ursprünglichen Regel unseres Ordens, wie sie der heilige Patriarch Albertus von Jerusalem[19] um das Jahr 1200 für die Einsiedlerbrüder auf dem Karmel aufgezeichnet hatte. In ihr war in kurzen Worten niedergelegt, was lebendige Überlieferung war, seit unser Ordensvater, der Prophet Elias[20], sein einsames Gebetsleben auf dem Karmel geführt und seine Jünger darin unterwiesen hatte.[21] „Es bleibe ein jeder in seiner eigenen Zelle oder neben derselben, Tag und Nacht im Gesetz des Herrn betrachtend und im Gebete wachend, sofern er nicht durch andere Arbeiten rechtmäßig verhindert ist."[22] Das ist das Kernstück unserer ursprünglichen Regel. Die Brüder lebten als Einsiedler in ihren Zellen. Sie hatten nur ein gemeinsames Oratorium, in dem sie sich zum Beten des Offiziums zusammenfanden, und ein Refektorium, um gemeinsam ihre Mahlzeiten einzunehmen. Außerdem sollten sie einmal in der Woche zusammenkommen, um sich über die Angelegenheiten des geistlichen Lebens zu besprechen und sich für ihre Fehler in Liebe zurechtweisen zu lassen. Der weise Gesetzgeber wußte, daß ein gewisses Maß an Gemeinschaftsleben zur christlichen Vollkommenheit gehört: als Gelegenheit zur Übung der brüderlichen Liebe, um einander im Streben nach Heiligkeit zu stützen und die Gefallenen aufzuheben. Er wußte auch, daß die menschliche Natur neben dem Gebet der Arbeit bedarf, und schrieb vor, daß die Brüder durch ihrer Hände Arbeit ihr Brot verdienen

[19] ⟨Albert von Jerusalem (1149–1214) gab den Eremiten vom Berg Karmel 1207/14 die erste Regel.⟩
[20] ⟨Vgl. 1 Kön 18, 1–46: Das Gottesurteil auf dem Berg Karmel.⟩
[21] ⟨Vgl. Edith Steins Aufsatz *Über Geschichte und Geist des Karmel* (1935), ESGA 19/20.⟩
[22] *Regel und Satzungen der unbeschuhten Nonnen des Ordens der allerseligsten Jungfrau Maria vom Berge Karmel*, Rita-Verlag. Würzburg 1928, S. 10. – Regel und Satzungen sind außerdem im III. Band der Pustetschen Ausgabe der Schriften der hl. Teresia von Jesus ⟨Regensburg 1921, S. 303–356⟩ abgedruckt.

sollten. Das sollte aber in Stillschweigen geschehen, weil das Schweigen die Gerechtigkeit wahren hilft und Vielreden nicht ohne Sünde abgeht. Sie sollten einen unter sich als Prior wählen, ihm in allen Stücken in Demut gehorchen und in ihm den Stellvertreter Christi ehren. Doch auch der Prior sollte in Demut der Worte des Herrn gedenken und sie durch die Tat beherzigen: „Wer immer unter euch der Größte sein will, sei euer Diener, und wer unter euch der Erste sein will, der sei euer Knecht.“[23] Streng sollte die Hl. Armut beobachtet werden. Auch die Lebensweise sollte streng sein: Fleischgenuß wurde – von Notfällen abgesehen – ganz untersagt. Vom Fest Kreuzerhöhung bis Ostern waren Ordensfasten.

Das war das Gesetz, unter das die Heilige sich und ihre Gefährtinnen stellte. Wie mußten die Seelen beschaffen sein, die ihm genügen und auf diesem Wege den Gipfel der Vollkommenheit erreichen konnten? Die heilige Mutter hat es kurz ausgesprochen in den Worten: „... dies ist es, wonach die Schwestern immer trachten sollen, nämlich einsam nur mit ihrem göttlichen Bräutigam zu verkehren.“[24] Und nach der Gründung des Klosters war es ihr „der größte Trost, hier unter Seelen zu sein, die so ganz und gar von allem losgeschält sind. Ihr ganzes Tun und Lassen zielt darauf hin, im Dienste Gottes voranzuschreiten. Die Einsamkeit ist ihr Trost; und schon der Gedanke an die Besuche Auswärtiger, und seien es auch sehr nahe Anverwandte, ist ihnen lästig, es sei denn, daß dadurch in ihnen die Liebe zu ihrem göttlichen Bräutigam noch mehr entzündet werde.“[25]

Jedesmal, wenn die heilige Mutter mit unsäglichen Mühen und Opfern wieder ein neues Kloster errichtet hatte, war es ihr Lohn zu sehen, wie ein Lustgarten des himmlischen Königs erblühte: eine kleine Schar treuer Seelen, die ihm ganz ergeben waren und ihm mit ihrer Liebe Ersatz bieten wollten für das, was ihm anderswo entzogen wurde. Welches Personideal ihr als Erziehungsziel vorschwebte, das geht vielleicht am deutlichsten aus einer konkreten Schilderung hervor, die sie im *Buch von den Klosterstiftungen*[26] von einer ihrer Töchter gegeben hat. In ihr sah sie offenbar das Musterbild einer Karmelitin. Schwester Beatrix lebte im Kloster zu Valladolid. „Die Nonnen und die Priorin bezeugen, daß sie während ihres ganzen Lebens nie an ihr etwas bemerkt hätten, was man als Unvollkommenheit ansehen könnte. Nie gewahrten sie, daß dieselbe irgendwie ihr Äußeres veränderte; stets legte sie eine bescheidene Fröhlichkeit an den Tag, so daß man wohl mit Recht auf die innere Freude schließen konnte, die ihre Seele erfüllte. Ihr Stillschweigen fiel niemand lästig; denn obwohl sie es aufs genaueste beob-

---

[23] ⟨Mt 20,26f.⟩
[24] *Leben*, ⟨a.a.O.⟩ S. 373 ⟨36,29.⟩
[25] A.a.O., S. 371 ⟨36,26.⟩
[26] Sämtliche Schriften, II. Band ⟨*Das Buch von den Klosterstiftungen*⟩ (Pustet, Regensburg 1913), 12. Hauptstück ⟨Gründungen 12.⟩

achtete, konnte man an ihr doch keine Sonderheit wahrnehmen. Nie sprach sie ein Wort, das man an ihr hätte tadeln können; nie sah man, daß sie widersprach oder sich entschuldigte, wenn die Priorin, um sie zu prüfen, auf sie etwas schieben wollte, was sie nicht getan hatte, wie ja diese Art der Abtötung in unseren Klöstern gewöhnlich in Übung ist. Nie beklagte sie sich über eine Sache oder eine Schwester und verriet auch weder durch eine Miene noch durch ein Wort Mißfallen an der Arbeit, die sie zu verrichten hatte … In all diesen Dingen zeigte sich an ihr sowohl innerlich als äußerlich die vollkommenste Harmonie. Dies hatte darin seinen Grund, daß sie sich die Ewigkeit und das Ziel, zu dem sie Gott erschaffen, lebendig vor Augen stellte … ihr ganzes Leben war ein beständiges Gebet.

In Bezug auf den Gehorsam beging sie nie einen Fehler, sondern verrichtete alles, was man ihr befahl, mit Pünktlichkeit, Vollkommenheit und Freude. Ihre Liebe zum Nächsten war überaus groß, so daß sie … sich für jeden einzelnen in tausend Stücke hätte zerreißen lassen, damit um diesen Preis alle ihre Seele retten und sich bei ihrem Bruder Jesus Christus – so nannte sie Unsern Herrn – erfreuen könnten. Ihre überaus großen Leiden, ihre schrecklichen Krankheiten und heftigsten Schmerzen ertrug sie … so gerne und freudig, als wären sie liebliche Genüsse und Wonnen …

Mit der Mutter Priorin besprach sie alle ihre Seelenangelegenheiten, und dies war für sie ein Trost. Während ihrer ganzen Krankheit fiel sie niemandem auch nur im geringsten lästig, sie tat nur, was die Krankenwärterin wollte, selbst wenn es sich nur um einen Trunk Wassers handelte. Das Verlangen nach Leiden, wenn man davon verschont ist, ist bei Seelen, die dem Gebet ergeben sind, etwas sehr Gewöhnliches, aber sich freuen, wenn man von Leiden heimgesucht wird, das ist nicht Sache vieler … Als sie die Priorin eines Tages in Anwesenheit einiger Schwestern zu trösten und zur Ertragung dieser großen Schmerzen zu ermutigen suchte, antwortete sie, daß sie keineswegs betrübt sei und mit keiner Schwester tauschen wolle, die sich einer vollkommenen Gesundheit erfreue. Sie hatte den Herrn, für den sie litt, so vor Augen, daß sie auf alle mögliche Weise ihre großen Schmerzen zu verheimlichen suchte, damit man nichts davon merken konnte … Sie war überzeugt, daß es auf Erden kein elenderes Geschöpf gebe als sie, und bewies so … in allem eine tiefgegründete Demut.

Wenn man von den Tugenden anderer sprach, empfand sie überaus große Freude; in der Übung der Abtötung war sie äußerst streng. Sie wußte so geschickt auf jede Art Annehmlichkeit Verzicht zu leisten, daß man es gar nicht merkte, wenn man nicht eigens Obacht gab. Es schien, als ob sie nicht mehr lebte und mit den Geschöpfen sich befaßte, so wenig achtete sie auf alles …

Bei all ihren Arbeiten und Beschäftigungen hatte sie einen so erhabenen Zweck im Auge, daß sie nichts von dem Verdienst verlorengehen ließ; darum sagte sie zu den Schwestern: ‚Das unbedeutendste Werk, das man Gott zuliebe tut, ist von unschätzbarem Wert; wir sollten, meine Schwestern, nicht einmal die Augen bewegen außer nur zu diesem Zweck und um Gott zu gefallen.' Nie mischte sie sich in eine Sache ein, die sie nichts anging, und so gewahrte sie auch an niemandem einen Fehler außer nur an sich. Es war ihr so peinlich, wenn man über sie etwas Gutes sagte, daß sie sich sorgfältig in acht nahm, über andere in ihrer Gegenwart etwas zu sagen, um sie nicht zu betrüben.

Nie suchte sie Trost an etwas Erschaffenem, auch nicht an einem Spaziergang im Garten; denn es wäre unschön, sagte sie, Linderung in den Leiden zu suchen, die Unser Herr ihr sende. Und darum bat sie nie um etwas, sondern war zufrieden mit dem, was man ihr gab …

Als die Zeit herannahte, in der sie Unser Herr von diesem Leben abberufen wollte, vergrößerten sich ihre Schmerzen und alle in ihr vereinten Leiden so sehr, daß die Schwestern … beim Anblick der Freude, womit sie dieselben ertrug, Unsern Herrn nur lobpreisen konnten. … etwa eine Viertelstunde vor ihrem Hinscheiden, als alle Schwestern mit dem Beichtvater um sie versammelt waren, verließen sie auf einmal alle Schmerzen; voll himmlischen Friedens erhob sie ihre Augen, und es zeigte sich auf ihrem Antlitz eine so innige Freude, daß es gleichsam zu erglänzen schien. … Inmitten dieser Freude gab sie, die Augen zum Himmel erhoben, ihren Geist auf; sie war wie ein Engel anzusehen."[27]

Dieser ausführliche Bericht über das Leben und Sterben einer Karmelitin, wie sie sein soll, zeigt uns deutlich, auf welche Züge die heilige Mutter den größten Wert legte. Als tragende Säulen des ganzen Gebäudes gründliche *Demut* und unbedingter *Gehorsam.* Nur wer sich selbst für nichts achtet, wer in sich nichts mehr findet, was wert ist, verteidigt und „durchgesetzt" zu werden, in dem ist Raum für das schrankenlose Walten Gottes. Nur wer gänzlich seinem eigenen Willen entsagt, ihn einem fremden Willen unterordnet, kann sicher sein, daß er Gottes Willen folgt. Wem diese schwerste Loslösung, die von sich selbst, gelingt, dem wird die *Loslösung von allen andern Geschöpfen,* der Verzicht auf alle natürlichen Genüsse keine allzu großen Schwierigkeiten machen. Wurzel und Krone des Ganzen ist die *Gottesliebe.* Die Loslösung von allem Geschaffenen hat ja nur den Sinn, ganz frei zu werden für den Herrn. Die rückhaltlose Hingabe an ihn ist die Quelle jenes inneren Friedens und Glücks, dessen äußerer Widerschein die immer gleichbleibende Heiterkeit, die stille Fröhlichkeit ist. Aus der Liebe zum Heiland, der immer wachsenden Vereinigung mit ihm ergibt sich die glühende *Liebe zu den Seelen:* die zarte schwesterliche Liebe zu den Nächsten in der klösterlichen Familie, der apostolische Eifer für die Sünder und Ungläubigen, das Verlangen, durch Leiden am Erlösungswerk mitzuhelfen.

---

[27] ⟨*Das Buch der Klosterstiftungen*, a.a.O., S. 119–126. Das Zitat umfaßt das ganze Kapitel mit Auslassungen.⟩

Dieser apostolische Zug war bei unserer heiligen Mutter besonders ausgeprägt. Er hatte sie ja ursprünglich zu ihrem Reformwerk angetrieben und hat ihm in der Folge seinen Stempel aufgeprägt. Sie selbst sagt darüber:[28] „Anfänglich, als dies Kloster gestiftet wurde, war es nicht meine Meinung, daß in Hinsicht des Äußeren eine so große Strenge darin beobachtet würde … Als ich aber erfuhr, welches Unheil und wie großen Schaden die Ketzer angerichtet und wie sehr sich diese unselige Sekte ausbreitete, betrübte es mich so sehr, und wie wenn ich etwas könnte oder wäre, bat ich den Herrn mit vielen Tränen und flehte, Er möge diesem großen Übel abhelfen. … Weil ich aber sah, daß ich ein Weib sei und untauglich, etwas auszurichten, weil ferner all mein Verlangen dahin zielte, daß wenigstens einige Seelen recht gut wären, so entschloß ich mich zu tun, was möglich war, nämlich den evangelischen Räten mit aller möglichen Vollkommenheit zu folgen und zu trachten, daß die wenigen Nonnen, die hier beisammen sind, auf gleiche Weise handelten … und wir sämtlich wollten in unablässigem Gebet für die, welche die Kirche beschützen, wie für die Priester und Gelehrten, welche sie verteidigen, unserem Herrn helfen, so gut wir könnten. …“[29] „So laßt uns mit allem Fleiß streben nach einer solchen Gemütsverfassung, daß unser Gebet kräftig sei, die Diener Gottes zu unterstützen … Bittet … allzeit für die Priester, die mit der Welt umgehen müssen, damit sie vollkommen werden, denn ein Vollkommener wird mehr ausrichten als viele andere.“[30]

Die heilige Mutter mit ihrer tiefen Menschenkenntnis war sich völlig klar, wie hoch das Ziel, das ihr vorschwebte, über die menschliche Natur hinausging, mit welchen Schwierigkeiten sie zu rechnen hatte. Um es zu erreichen, mußte gründliche Erziehungsarbeit geleistet werden, und sie zögerte nicht, Hand ans Werk zu legen. Sicherlich geschah das Wesentliche im persönlichen Zusammenleben, durch Einwirkung auf die einzelnen Seelen. Manches ist darüber in den Lebensbeschreibungen der Heiligen selbst und ihrer ersten Töchter aufgezeichnet. Ich will mich aber hier vornehmlich an die großen Richtlinien halten, in denen die heilige Mutter ihre Erziehungsweisheit niedergelegt hat: ihre *Satzungen* und den *Weg der Vollkommenheit,* jenes Buch, das sie als Wegweiser für ihre Töchter geschrieben hat.

Die Satzungen können wir als Ausführungsbestimmungen der sehr kurz gefaßten ursprünglichen Regel betrachten. Sie sind der Niederschlag der Erfahrungen, die Teresia in den ersten Jahren des Zusammenlebens im Kloster zum hl. Joseph in Avila gesammelt hatte. Die Bestimmungen regeln das

---

[28] *Weg der Vollkommenheit* ⟨nebst den ursprünglichen Satzungen der unbeschuhten Nonnen des Ordens Unserer Lieben Frau vom Berge Karmel.⟩ (Sämtliche Schriften in der Pustetschen Ausgabe, ⟨Regensburg 1921⟩ III. Band) Kap. 1 ⟨Weg 1, 1–2.⟩

[29] A. a. O., Kap. 1 ⟨S. 9 f. mit leicht verändertem Wortlaut, statt „Priester und Gelehrten" findet sich in der angegebenen Ausgabe „Prediger und Gelehrte"; 1, 2.⟩

[30] A. a. O., Kap. 3 ⟨S. 24.; Weg 3, 2.3.5.⟩

klösterliche Leben bis in alle Einzelheiten, und es war der ausdrückliche Wille der heiligen Stifterin, daß auch in künftigen Zeiten nicht daran gerüttelt werden sollte. Sie wußte wohl warum. Zu deutlich hatte sie erfahren, wie weit man sich vom ursprünglichen Ordensideal entfernen kann, wenn einmal der Willkür einige Ventile geöffnet sind.

Erste Vorbedingung für das Gelingen des Erziehungswerks ist Vorsicht bei der Aufnahme von Kandidatinnen: wenn sie nicht „dem Gebet ergeben" sind, „aufrichtig nach Vollkommenheit streben und die Dinge der Welt verachten", besteht keine Aussicht, daß sie ans Ziel kommen. Darüber hinaus sind „Gesundheit, Fähigkeit und gesundes Urteil" nötig. Die Noviziatszeit gibt Gelegenheit zu erproben, ob diese Eigenschaften wirklich vorhanden sind, überdies „die Berufung durch unsern Herrn Jesus Christus, die sich in ihrem brennenden Verlangen zeigen muß".[31] Genügen sie diesen Bedingungen nicht, dann sollen sie nicht zur Profeß zugelassen werden.

Im Gegensatz zu manchen andern Orden, die ihre Novizinnen gänzlich vom Verkehr mit der Außenwelt abschneiden, können die Novizinnen des Karmel „von ihren Eltern und … anderen Verwandten besucht werden …, damit es um so leichter erkannt werden könne, wenn eine in ihrem Innern irgendwelche Beschwerde oder Beunruhigung oder Traurigkeit verspüre. Denn wir wollen nicht, daß die Nonnen solche gegen ihren Willen im Kloster behalten, sondern nur, wenn sie ganz freiwillig bleiben wollen. Wenn man darum bei einer ersieht, daß sie nicht im Orden bleiben will, so gebe man ihr reichlich Möglichkeit, sich hierüber dem gegenüber auszusprechen, dem es zusteht, und ihren Willen deutlich zum Ausdruck zu bringen."[32]

Die Zahl der Nonnen sollte klein sein: ursprünglich wollte die Heilige nur 13 aufnehmen, später erhöhte sie die Zahl auf 21 (18 Chor- und 3 Laienschwestern). Sie hatte lange genug erfahren, welche Gefahren das Zusammenleben einer größeren Menge von Frauen mit sich bringt, und glaubte, nur bei dieser Beschränkung ihr Ziel erreichen zu können. Lehrerinnen, die in großen Klassen unterrichten müssen, werden dafür ohne weiteres Verständnis haben.

Das alte Einsiedlerideal soll durch die strenge *Klausur* gesichert werden. Die hohe Mauer, die das Kloster und seinen Garten umgibt; das doppelte Gitter, das sie im Sprechzimmer von den Besuchern und das ihren Chor von der äußeren Kirche trennt; der Schleier, der ihr Gesicht vor allen Fremden verhüllt – das alles erinnert die Nonnen beständig daran, daß sie die Welt verlassen haben, daß sie als freiwillige Gefangene leben wie ihr Herr im Tabernakel, im „süßen Stand der Gotteshaft", daß sie nichts von draußen

[31] ⟨Vgl. *Sämtliche Schriften*, Bd. III: *Satzungen für die Schwestern des Ordens Unserer Lieben Frau vom Berge Karmel nach der ersten, nicht gemilderten Regel* (1568), S. 325f.⟩
[32] ⟨Vgl. *Satzungen*, a.a.O., S. 323f.⟩

zu erwarten haben, sondern alles von dem, was in diesen Mauern geborgen ist. Die einzige Berührung mit der Welt ergibt sich im Sprechzimmer (oder durch Briefe). Davon sollen sie aber nur Gebrauch machen, wenn „sie glauben, sie könnten jenen Personen, mit denen sie sprechen, irgendwelche Erleichterung oder Hilfe in ihrer Betrübnis verschaffen. Ist aber hierin kein Erfolg zu hoffen, dann sollen sie ihre Unterhaltung … alsbald abbrechen.“[33]

Wenn der Verkehr mit der Außenwelt auf ein Mindestmaß beschränkt ist, so hat die heilige Mutter noch nachdrücklicher als die ursprüngliche Regel dafür gesorgt, daß sich im Innern des Hauses ein herzlicher Familiensinn entfalten kann. Wohl sollen auch die Schwestern in der Zeit, die nicht für gemeinsame Übungen bestimmt ist, einsam in ihrer Zelle arbeiten oder beten und auch bei gemeinsamen Arbeiten Stillschweigen halten. Aber täglich nach der Mittags- und Abendmahlzeit dürfen sie für eine Stunde zusammenkommen und miteinander von dem reden, was ihnen am Herzen liegt. Dabei sollen sie sich mit Handarbeiten beschäftigen. Spiele sind ihnen nicht gestattet; „denn der Herr wird ihnen schon eingeben, wie sie sich gegenseitig in andächtiger und frommer Weise trösten und erheitern können.“[34]

Sie sollen einander keine „Zeichen besonderer Freundschaft geben, sondern alle sollen sich gegenseitig in gleicher Weise lieben, wie es unser Herr Jesus Christus oftmals seinen Aposteln befohlen hat. Da ihrer ohnehin nur wenige sind, können sie diesem Gebot um so leichter nachkommen, indem sie sich befleißen, ihrem göttlichen Bräutigam ähnlich zu werden, der sich für uns alle dahingab.“[35]

Die Tageseinteilung ist genau geregelt, die Stunden für das gemeinsame und das stille Gebet, für die Arbeit und die Mahlzeiten festgelegt. Auch für die Art der Ernährung, für die Kleidung, den Bau des Hauses und alle Gebrauchsgegenstände sind bestimmte Vorschriften gegeben, um den Geist der evangelischen Armut zu sichern, allen Eigenwillen und alle Eitelkeit auszuschalten.

Wie die ursprüngliche Regel, so sah auch die heilige Mutter in der Verbindung von beschaulichem *Gebet* und *Arbeit* die höchste Vollkommenheit: Maria und Martha müßten zusammenwirken, um dem Herrn eine gastliche Aufnahme zu bereiten.[36] Es sollen aber Arbeiten sein, die den „Sinn nicht zu sehr einnehmen und ihn hindern, an Gott zu denken“.[37] Die Heilige selbst beschäftigte sich am liebsten mit Spinnen, obwohl sie sich auf die kunstvoll-

[33] ⟨Vgl. *Satzungen*, a. a. O., S. 324.⟩
[34] ⟨Vgl. *Satzungen*, a. a. O., S. 331.⟩
[35] ⟨Vgl. *Weg der Vollkommenheit*, a. a. O., 4. Hauptstück, S. 321; 4, 11.⟩
[36] Vgl. *Seelenburg*, ⟨*Gedanken über die Liebe Gottes, Rufe der Seele zu ihrem Gott und Geistliche Lieder der heiligen Theresia von Jesu. Sämtliche Schriften*, Bd. IV, 1. Pustet, Regensburg 1922, 7. Wohnung,⟩ Kap. 4. ⟨S. 302.⟩
[37] ⟨Vgl. *Satzungen*, a. a. O., S. 313.⟩

sten Stickereien verstand. Sie nahm den Spinnrocken sogar ins Sprechzimmer mit und war so fleißig, daß keine Schwester in ihrer Gegenwart hätte müßig sein mögen. Aber auch das Maß der Arbeit sollte niemanden beunruhigen. „Es werde den Nonnen keine Arbeit für eine bestimmte Zeit übertragen, sondern eine jede bemühe sich, so zu arbeiten, daß sie damit auch für die andern einen Lebensunterhalt verdiene."[38] Wollen sie „aus eigenem Antrieb für jeden Tag ein bestimmtes Maß von Arbeiten übernehmen, so können sie das wohl tun, doch soll ihnen keine Strafe auferlegt werden, wenn es ihnen nicht gelingt, dieselbe zu vollenden".[39]

Im Geist der *Demut* sollen sich alle Schwestern, von der Mutter Priorin angefangen, in die häuslichen Arbeiten, auch die niedrigsten, teilen oder darin abwechseln. Alle sollen mit der gleichen Liebe versorgt werden, Unterschiede soll man nur nach dem Bedürfnis, nicht nach Rang oder Alter machen. Die Nonnen führen keine Ehrentitel. Nur die Priorin und Subpriorin werden „Mutter" genannt.

Jede einzelne Schwester soll durch gründliche Gewissenserforschung immer mehr in der Demut wachsen. „Demut ist Wahrheit", war der Grundsatz der heiligen Mutter.[40] Sie, die so unerbittlich ehrlich gegen sich selbst war, konnte es sich nicht anders denken, als daß tägliche Selbstprüfung zu einer immer tieferen Erkenntnis der eigenen Nichtigkeit führen müsse. Das klösterliche Leben bietet uns überdies den Vorteil, daß andere uns zur Erkenntnis der eigenen Fehler verhelfen. Bei dem engen Zusammenleben können sie ja kaum verborgen bleiben.[41] Es ist aber keineswegs die Sache jeder einzelnen, über die andern zu wachen. Es sind dafür „Zelatorinnen"[42] aufgestellt. Darum „soll sich keine andere darum kümmern; sie sollen vielmehr darüber hinweggehen und Fleiß auf die Prüfung und Verbesserung ihrer eigenen Fehler verwenden."[43] Wird ihnen ein Fehler vorgeworfen, so sollen sie sich sorgfältig davor hüten, ihn zu entschuldigen. Selbst falsche Anklagen sollen sie schweigend hinnehmen im Gedanken daran, in wieviel andern Punkten sie Tadel verdienen, und in Erinnerung an das, was Unser Herr schweigend ertragen hat. Sie sollen sich auch selbst im Schuldkapitel[44] vor der versammelten Klostergemeinde anklagen und die Zurechtweisung

---

[38] ⟨Vgl. ebd., S. 330.⟩
[39] ⟨Vgl. ebd.⟩
[40] ⟨„Demut ist Wandel in Wahrheit". Seelenburg, 6. Wohnung, 10, 7.⟩
[41] ⟨In Ms. und Typoskript: „leben"; im Erstdruck: „bleiben".⟩
[42] ⟨Zelatorinnen hatten die Aufgabe, die bei Mitschwestern beobachteten Fehler öffentlich anzuzeigen. Vgl. *Satzungen*, a. a. O., S. 338.⟩
[43] ⟨Vgl. *Satzungen*, a. a. O., S. 333.⟩
[44] ⟨Öffentliche Selbstanklage oder Anzeige äußerer Verfehlungen gegen die Ordensdisziplin mit anschließender Mahnung und Strafauflage durch den Oberen. Nach dem II. Vatikanum weithin durch andere gemeinschaftliche Bußformen abgelöst.⟩

und Buße, welche ihnen die Mutter Priorin „mit größter Liebe erteilen" soll, in Dankbarkeit hinnehmen.

Der moderne Pädagoge, besonders wenn er rein natürlich eingestellt ist, wird zu vielen dieser Erziehungsmaßnahmen den Kopf schütteln. Wo bleibt hier die Selbständigkeit, die Eigentätigkeit, das gesunde Selbstbewußtsein? Es darf ruhig zugestanden werden, daß es sich um keine Erziehung für jedermann handelt. Wer auf bloß natürlichem Boden steht, wer noch nicht gelernt hat, sich selbst und die Welt im Licht der Ewigkeit zu sehen, für den wäre eine solche Lebensweise höchst gefährlich. Ja, wir dürfen noch weiter gehen: nur wer den echten Karmelberuf hat, wird in dieser Umgebung gedeihen. Die Maßnahmen sind dem bestimmten Ziel und keinem andern angepaßt.

Überdies geben die Satzungen kein vollständiges Bild. Sie zeigen wenig von dem, was die heilige Mutter an *aufbauender* Arbeit für ihre Töchter getan hat. Wenn sie sie von der Welt draußen abschloß und von ihnen den Verzicht auf alle irdischen Freuden verlangte, so erschloß sie ihnen dafür eine andere Welt, von deren Reichtum und Schönheit der Außenstehende nichts ahnt. Die Tagesordnung sieht täglich am Morgen und am Abend je eine Stunde „Betrachtung" vor: zwei Stunden am Tage, in denen die Schwestern still im Chor knien, um ihre Seele in die Hände des Herrn zu legen und seine Gnadenschätze zu empfangen. An Gebetstagen (und das sind alle hohen Kirchen- und Ordensfeste) kann die Gebetszeit über alle Stunden, die nicht für gemeinsame Übungen vorgesehen sind, ausgedehnt werden. Auch werktags gibt es noch etwas Zeit, die man in der Zelle für stilles Gebet verwenden kann. Die echte Karmelitin ist nicht in Verlegenheit, was sie in diesen Stunden einsamer Zwiesprache mit Gott anfangen soll: sie sind der Mittelpunkt ihres Lebens, von hier aus baut sich für sie alles auf, hier findet sie Ruhe, Klarheit und Frieden, hier lösen sich alle Fragen und Zweifel, hier erkennt sie sich selbst und was Gott von ihr will, hier kann sie ihre Anliegen vortragen und Gnadenschätze empfangen, von denen sie freigebig an andere austeilen kann.

Die heilige Mutter hat uns aber auch nicht ohne Anweisung gelassen. In vieljährigen schweren inneren Leiden hatte sie selbst erfahren, welche Bedeutung eine sichere Führung im inneren Leben hat. Sie hat das Innere der „Seelenburg" mit ihren vielen Wohnungen entdeckt, ohne vorher darüber unterwiesen zu werden. Was sie erlebt und erlitten hatte, daraus schöpfte sie die Weisheit, die sie in ihren Schriften niederlegte. Die Hauptwerke über das mystische Gnadenleben – ihr „Leben" und die „Seelenburg"[45] – schrieb sie auf Befehl ihrer Beichtväter. Sie waren ursprünglich nicht für die Klosterfrauen bestimmt, wenn sie auch jetzt eine unerschöpfliche Fundgrube für uns sind. Dagegen verfaßte sie den „Weg der Vollkommenheit" auf die Bitte ihrer geistlichen Töchter, um ihnen einen sicheren Wegweiser in die Hand zu ge-

45 In der Pustetschen Ausgabe der Werke, Band IV, 1. ⟨*Seelenburg*, a. a. O.⟩

ben. Dieses Buch enthält die Begründung der kurzen Bestimmungen, die in den Satzungen gegeben sind. Sie zeigt den Schwestern, welche Bedeutung die Weltabgeschiedenheit, die Losschälung, die Abtötung, das freudige Ertragen von Demütigungen hat. Sie macht ihnen auch eindringlich klar, daß nicht alle zu den höchsten Gebetsstufen bestimmt sind, und tröstet die, die sich mit einer niederen Stufe begnügen müssen, damit, daß die Heiligkeit sich nicht nach dem Grad der Beschauung, sondern nach dem Grad der Tugend bemesse. Zur Pflege des inneren Gebets aber sind alle berufen, und sie ermahnt sie dringend, beharrlich auf diesem Wege zu wandeln und sich durch nichts davon abbringen zu lassen. Sie macht die Unterschiede der Gebetsstufen und -weisen klar und gibt aus ihrer reichen Erfahrung und Seelenkenntnis Anweisung, wie man sich je nach der persönlichen Veranlagung und jeweiligen Verfassung verhalten solle. Sie begnügt sich auch nicht mit theoretischen Unterweisungen über das Gebet, sondern gibt in ihrer umfangreichen Deutung des Vaterunser[46] ein Musterbeispiel für die Betrachtung.

Zu diesen allgemeinen Weisungen kam dann, wohl als wichtigster Teil der Erziehungsarbeit, die persönliche Seelenleitung. Die Heilige ließ sich von ihren Töchtern regelmäßig über ihr inneres Leben und ihre Gebetsweise Rechenschaft geben. So erhielt sie die Möglichkeit, sie vor Irrwegen zu behüten und ihnen zum Fortschritt zu helfen. Sie machte es auch in den Satzungen den Priorinnen und Novizenmeisterinnen zur Pflicht, den Schwestern in dieser Weise beizustehen.[47] Außerdem mahnte sie immer wieder zu vollkommener Offenheit und zum Gehorsam gegenüber den Beichtvätern und sorgte nach Kräften für „gelehrte und fromme" Beichtväter, die sich im inneren Leben auskannten.

Das innere Leben ist die tiefste und reinste Quelle des Glücks für die Karmelitin. Aber die heilige Mutter hat ihre Töchter noch mit andern Freuden beschenkt. Ihre Liebe zum Heiland war Liebe zum Gott*menschen*, und sie hat die Andacht zur heiligsten Menschheit in den mannigfachsten Formen ausgebaut und im Karmel heimisch gemacht. Nirgends kann die Heilige Nacht und die ganze Weihnachtszeit schöner und freudenreicher begangen werden. Mit der Andacht zur Kindheit Jesu ist die Liebe zur Gottesmutter und das Vertrauen auf den stets hilfsbereiten Vater Joseph untrennbar verbunden. Am Palmsonntag dachte die Heilige mit Schmerz daran, daß an diesem Tage kein Mensch in Jerusalem den Herrn bewirtet hatte. Zur Entschädigung dafür pflegte sie an diesem Tage stets die Hl. Kommunion zu empfangen. Überdies aber wurde es in den Klöstern ihres Or-

[46] Vom 30. Hauptstück an. ⟨*Weg der Vollkommenheit*, a.a.O., S. 201 ff. bis zum 42. Hauptstück, S. 302.⟩

[47] Das neue Kirchenrecht verbietet den Ordensoberen, eine solche Gewissensrechenschaft zu *verlangen*, es bleibt aber den Ordensleuten unbenommen, sie freiwillig abzulegen.

dens Brauch – und ist es noch heute –, am Palmsonntag im Refektorium den Platz neben der Mutter Priorin für den Herrn zu decken und von allem, was man im Hause hat, etwas für ihn aufzutragen. So ist das Kirchenjahr im Karmel ein Kranz schöner Feste, die nicht nur liturgisch im Sinne der Kirche gestaltet, sondern zugleich als Familienfeiern mit herzlicher Freude begangen werden und das Band der schwesterlichen Liebe fester knüpfen. Und wie die heilige Mutter bei solchen Gelegenheiten aus überströmendem Herzen ihre geistlichen Lieder sang, ja wohl im Kreis der Schwestern zum Tamburin griff und tanzte, so ist das Dichten und Singen froher Karmelbrauch geblieben. Hierin wie auf allen Gebieten ist das Vorbild der Mutter wohl das wirksamste Erziehungsmittel gewesen. Heilige Freude, kindlicher Frohsinn neben eifrigem Bußgeist, beharrlicher Selbstverleugnung, beides einander ergänzend und stützend – das ist die Lebensluft des Karmel, die Welt, die ein großes, liebeglühendes Mutterherz geschaffen hat, der Garten, in dem sich so viele Blüten der Heiligkeit erschlossen haben.

III.

Im Grunde ist mit den letzten Ausführungen schon die Grenze dessen überschritten, was man als „Erziehung“ bezeichnen kann. Heiligkeit, Vollkommenheit und die besondere Formung der Persönlichkeit, die bestimmten Aufgaben im Reich Gottes entspricht – das sind Ziele, die über die Reichweite menschlicher Maßnahmen hinausliegen. Es ist möglich und notwendig, den Willen darauf hinzulenken und ihn planmäßig anzuleiten, wie er den Weg zur Höhe gehen und Hindernisse aus dem Weg räumen kann. Heiligkeit aber ist eine Gestalt der Seele, die aus ihrem Innersten hervorgehen muß, aus einer Tiefe, die weder dem Zugriff von außen noch der eigenen Willensanstrengung zugänglich ist. *Heiligung* und *Zubereitung* für den bestimmten Beruf ist eine *Neuformung* der Seele, eine *Bildungsarbeit*, die letztlich nur von Gott geleistet werden kann. Doch können Menschen als Werkzeuge dabei mithelfen; und weil sie keine toten Werkzeuge sind, sondern lebendige und frei dem Zug der Gnade folgende, darum kann man mit einem gewissen Recht auch sie als *Menschenbildner* bezeichnen. Ihre Wirksamkeit vollzieht sich auf verschiedene Weise. Es ist ihnen die Gabe verliehen, in die Seelen hineinzusehen, über ihren Zustand Klarheit zu gewinnen und zu erkennen, was ihnen nottut, um das zu erreichen, was Gott mit ihnen vorhat. Mitunter können die menschlichen Helfer selbst unmittelbar nichts tun, um die Seelen ans Ziel zu führen. Sie können nur durch die Kraft ihres Gebetes Gnadenbeistand für sie herabflehen. Die letzte Form ihrer Wirksamkeit gleicht der der Sakramente. Heilige Seelen sind Gefäße der Gnade und wirken durch ihre bloße Berührung heiligend und umformend.

Bei der heiligen Mutter ließen sich wohl für alle diese Formen der Wirksamkeit viele Beispiele anführen. Ich will mich hier auf zwei besonders eindrucksvolle beschränken. Es muß allerdings vorausgeschickt werden, daß es auf diesem Gebiet keine strengen Beweise gibt. Was in einer Seele vorgeht und was eine Seele in der andern wirkt, das sind Geheimnisse, die sich nicht zum Augenbeweis ans Tageslicht ziehen und nicht wie Naturtatsachen nach mathematischer Gesetzlichkeit errechnen lassen. Aber sie deuten sich durch Zeichen an, durch die wir ahnend zu verstehen glauben, was sich unter dem Schleier vollzieht.

Die heilige Mutter hatte zunächst keine andere Absicht, als ein kleines Klösterchen zu gründen, in dem wenige gottliebende Seelen in größter Vollkommenheit dem Herrn dienen könnten. Aber nachdem das Reformwerk einmal begonnen war, mußte in ihr notwendig der Wunsch erwachen, es auch auf den männlichen Zweig des Ordens auszudehnen. In ihm war ja der alte Ordensgeist erblüht. Frauenklöster gab es erst seit dem 15. Jh., sie waren von vornherein unter der gemilderten Regel gegründet. Auch das Verlangen der Heiligen nach apostolischer Wirksamkeit konnte anders befriedigt werden, wenn Patres der Reform vorhanden waren, die durch Predigt und Seelsorge den Geist des Ordens ins Volk hinaustragen konnten. Schließlich war auch die Reform in den Frauenklöstern am ehesten sicherzustellen, wenn sie Beichtväter und Seelenführer aus dem eigenen Orden haben konnten, Geistesmänner, die aus eigener Erfahrung und theologischem Studium im inneren Leben Bescheid wußten. Der erste Schritt zu dem ersehnten Ziel war die Vollmacht des Ordensgenerals P. Rubeo[48] zur Gründung von Männerklöstern. Nun galt es, die geeigneten Ordensleute dafür zu finden. Die Heilige bat Gott inständig, sie ihr zu senden. Im Sommer 1567 befand sie sich zur Gründung ihres zweiten Frauenklosters in Medina del Campo. Dort stand ihr der Prior der beschuhten Karmeliten, P. Antonius de Heredia, bei; und als er von ihren Plänen hörte, erbot er sich, als erster die Reform anzunehmen. Da er schon 69 Jahre alt und ein so strenges Leben nicht gewohnt war, glaubte sie zunächst nicht, daß es ihm ganz ernst mit seinem Entschluß sei. Dagegen meinte sie sofort den Finger Gottes zu erkennen, als ihr bald darauf von einem jungen Ordensmann berichtet wurde, dessen heiliges Leben alle in Erstaunen setzte. Sie verlangte lebhaft danach, ihn kennenzulernen, und nachdem ihr sein Besuch in Aussicht gestellt war, verbrachte sie die ganze Nacht im Gebet und rief zum Himmel: „Herr, wir brauchen den P. Johannes." Johannes Yepez, der sich später Johannes vom Kreuz nannte, war damals 25 Jahre alt. Als besonderer Schützling und Verehrer der Gottesmutter war er in den Orden der Allerseligsten Jungfrau vom Berge Karmel eingetreten. Aber die gemilderte Lebensweise genügte ihm nicht; er erbat und

48 ⟨Giovanni Battista Rossi, hispanisiert: Rubeo, war Ordensgeneral von 1564–1578.⟩

erhielt von seinen Oberen die Erlaubnis, persönlich nach der ursprünglichen Regel zu leben. Doch auch dies befriedigte ihn nicht, und er stand eben im Begriff, zum Kartäuserorden[49] überzugehen. Die Heilige erkannte sofort bei der ersten Begegnung seine außerordentlichen Vorzüge und war entzückt von ihm. Als er ihr von seinem Plan erzählte, rief sie lebhaft aus: „Mein Pater, mein Sohn, habt Geduld, ich bitte Euch gar sehr darum, wartet noch ein wenig ... Wir sind eben daran, in unserem eigenen Orden eine Reform erstehen zu lassen, die euren Wünschen entgegenkommt. Wenn Ihr mitwirken wollt zur Verwirklichung dieses Vorhabens, so kann ich euch versichern, daß ihr nicht bloß viele Gnaden erhalten, sondern auch der allerseligsten Jungfrau, eurer himmlischen Mutter, einen großen Dienst erweisen werdet."[50] Diese Worte machten solchen Eindruck auf den jungen Ordensmann, daß er sich bereit erklärte, mit P. Antonius zusammen das erste Männerkloster der Reform zu begründen. Nachdem die heilige Mutter ein Häuschen für diesen Zweck ausfindig gemacht hatte, nahm sie den P. Johannes mit auf ihre Gründungsreise nach Valladolid, „um ihn gründlich in unserer Hl. Regel und unsern Gebräuchen zu unterrichten und um ihn einzuführen in den Geist und in das rechte Verständnis der Reform ..."[51]

Es ist wohl nicht zuviel gesagt, daß die Begegnung mit der Heiligen für Johannes vom Kreuz von entscheidender Bedeutung war und daß er in ihrer Schule ein anderer wurde, als er vorher war. Damit soll nicht gesagt sein, daß er ihr seine Heiligkeit verdanke. Unsern Vater Johannes möchte man einen geborenen Heiligen nennen. Sicherlich stand er schon bei jenem ersten Zusammentreffen in Medina auf einer sehr hohen Stufe der Vollkommenheit, und zwar ganz im Geist des alten Karmel. Seine Bußstrenge genügte nicht nur der alten Regel, sondern ging weit darüber hinaus. Sich selbst völlig zu vergessen und sich ganz in Gott zu versenken, war sein Verlangen. Nicht das war es also, wozu ihn die heilige Mutter heranbilden mußte. Aber zu einem Vater der Reform gehörte noch etwas anderes. Er war keine geborene Führernatur wie Teresia. Er war ein Einsiedler, der nach einem stillen und verborgenen Leben verlangte. Wenn wir nun sehen, wie er bald nach der Trennung von der heiligen Mutter, von der elenden Hütte in Durvelo aus – der Wiege der Reform – dem Landvolk der Umgebung predigt, wie er etwas später im ersten Noviziat des Ordens zu Pastrana den jungen Nachwuchs nach seinem Bilde formt, im ersten Ordenskolleg zu Alkalà die Studien lei-

---

[49] ⟨Der Kartäuser-Orden lebt streng kontemplativ, einsiedlerisch und asketisch büßend; er wurde von Bruno von Köln 1084 initiiert und 1127 von Guigo dem Kartäuser mit einer Regel versehen.⟩

[50] P. Stanislaus a S. Teresia, OCD, *Der heilige Johannes vom Kreuz*, München 1928, S. 36f. ⟨Eine neuere Biographie zu Johannes vom Kreuz: Dobhan, Ulrich / Körner, Reinhard, *Johannes vom Kreuz. Die Biographie*, Freiburg 1992.⟩

[51] *Klosterstiftungen*, ⟨a. a. O.,⟩ 13. Kapitel ⟨S. 131; 13, 5.⟩

tet, im Kloster der Menschwerdung in Avila als Beichtvater der Nonnen der heiligen Mutter beisteht, um den gesunkenen Geist dieses ihres alten Heimatklosters zu erneuern; wenn wir seine Briefe lesen, in denen er sich als ein so wunderbar erleuchteter und unbeirrbar sicherer Seelenführer zeigt; wenn wir in seinen mystischen Schriften den großen Kirchenlehrer kennenlernen: dann glauben wir das Meisterwerk zu sehen, das die Hand der heiligen Mutter, vom Heiligen Geist geführt, gebildet hat. Er selbst mag etwas davon empfunden haben, als er vor seinem Aufbruch nach Durvelo beim Abschied vor ihr niederkniete und um ihren Segen bat.

Noch inniger gestaltete sich das Verhältnis der Heiligen zu einem andern auserwählten Werkzeug der Reform: zu *Anna von Jesus,* die sie ihre Tochter und ihre Krone nannte. Gleich dem heiligen Johannes vom Kreuz hatte Anna von frühester Jugend an ein Leben des Gebets und der Bußstrenge geführt. Als sie sich nach einem ihr entsprechenden Orden umsah, lernte ihr Beichtvater das neugegründete Kloster der Karmelitinnen zu Toledo kennen. Was er über dessen Geist und Lebensweise hörte, erweckte in ihm sofort die Überzeugung, daß Anna in den Karmel der Reform berufen sei. Die heilige Stifterin wurde vom Herrn selbst ermahnt, ihr die Aufnahme zu gewähren. Der Brief, in dem sie es tat, enthielt die ungewöhnliche Wendung: „Ich nehme Sie, meine liebe Tochter, nicht als eine Untergebene oder Novizin auf, sondern als meine Gehilfin.“[52] Ihrem Wunsch entsprechend trat Anna in das Kloster zum hl. Joseph in Avila ein, in dem die Heilige damals Priorin war. Sie gab ihr schon am Tage nach dem Eintritt das heilige Kleid, bestimmte sie noch als Novizin für die Neugründung in Salamanca und übergab ihr dort das Amt der Novizenmeisterin, noch ehe sie selbst Profeß abgelegt hatte. Teresia ließ es ihr gegenüber nicht an den Erziehungsmaßnahmen fehlen, wie sie sie auch sonst anwendete. Ihre Demut und ihr Gehorsam wurden auf harte Proben gestellt. Aber viel mehr als durch diese Maßnahmen suchte sie durch Liebe und Vertrauen auf sie einzuwirken – in einem Maß, wie sie es wohl keiner andern unter ihren geistlichen Töchtern gegenüber getan hat. Ein ganzes Jahr lang bewohnte sie mit ihr dieselbe Zelle, sah sie oft lange und fest mit inniger Liebe an, machte ihr ein Kreuzchen auf die Stirn, teilte ihr alles mit, was die Reform betraf und machte sie auch zur Vertrauten ihres Innenlebens. Es kann kein Zweifel sein, daß es sich dabei nicht um eine menschliche Zuneigung handelte; die Heilige wußte, daß diese auserwählte Seele bestimmt war, ihr Werk in Spanien fortzusetzen und weiterhin auszubreiten, und sie wollte die Zeit des Zusammenlebens, die ihnen vergönnt war, benützen, um sie mit ihrem Geist zu erfüllen. Der heiligen Mutter selbst schwebte anscheinend dabei das Verhältnis unseres

[52] *Leben der ehrwürdigen Anna von Jesus* von P. Cyprian a Passione Domini, Regensburg 1896, S. 32.

heiligen Vaters Elias zu Elisäus,[53] seinem Nachfolger im Prophetenamt, vor. Als sie sich im Mai 1575 in Veas[54] von Anna verabschiedete und sie als Priorin des mit ihrer Hilfe gegründeten Klosters zurückließ, sagte sie zu ihr: „Meine Tochter, wechseln wir unsere Mäntel; nehmen Sie den meinen, der ganz neu ist und für Ihr Alter paßt: mir hingegen steht der Ihrige, welcher abgenützt und alt ist, vortrefflich."[55] Gewiß dürfen wir darin eine symbolische Handlung sehen, die ihren Wunsch zum Ausdruck bringen sollte, daß ihr Geist doppelt auf ihrer Nachfolgerin ruhen möge, wie es sich Elisäus als Abschiedsgeschenk von dem großen Propheten erbeten hatte.[56] Tatsächlich wurde Anna noch zu Lebzeiten der heiligen Stifterin ihre treueste und tatkräftigste Stütze in den schweren Kämpfen, die dem Reformwerk den Untergang drohten. In der Stunde, als die hl. Teresia im Kloster zu Alba de Tormes starb, lag Anna von Jesus selbst sterbenskrank im Kloster zu Granada. Da erschien ihr die heilige Mutter in himmlischem Glanz, verlieh ihr hohe Erleuchtungen über das Ordensleben, sagte den Fortbestand der Reform voraus und versprach, ihr vom Himmel aus beizustehen. Zugleich heilte sie sie von ihrer Krankheit. Tatsächlich hat Anna später noch oft ihre Hilfe erfahren. Sie ihrerseits hat ihre ganze Kraft eingesetzt, um das Werk der Heiligen fortzuführen. Nach zahlreichen Gründungen in Spanien hat sie den Karmel nach Frankreich und Belgien ausgebreitet. Ihr haben wir schließlich die Erhaltung der Schriften der heiligen Mutter zu verdanken. Sie hat von der Inquisition die Herausgabe des „Lebens" erwirkt, dessen Handschrift seit 12 Jahren zur Prüfung dort war. Sie hat die andern Handschriften gesammelt und bei den Ordensoberen die erste Druckausgabe veranlaßt, die der Augustiner Luis de Leon besorgte.

Dieser Herausgeber ihrer Werke hat das, was er an den Töchtern der Heiligen an Tugend und Heiligkeit gewahrte, als untrüglichen Beweis ihrer eigenen Heiligkeit bezeichnet. „Die an all ihren Töchtern hervorleuchtende Tugend lehrt uns untrüglich, mit welch großer Gnade Gott jene ausgestattet haben müsse, die er zur Mutter einer so wunderbaren Reform erwählte ... Wenn alles außerhalb der Grenzen der natürlichen Ordnung sich Vollziehende als ein Wunder gilt, so haben wir in den Töchtern der Reform so viel Ungewöhnliches und Außerordentliches, daß wir statt von einem Wunder lieber von einer ganzen Kette von Wundern sprechen."[57]

Die wunderbare Bildungsarbeit unserer heiligen Mutter hat mit ihrem Tode nicht geendet. Ihre Wirkung erstreckt sich über die Grenzen ihres Volkes und ihres Ordens hinaus, ja sie bleibt nicht einmal auf die Kirche be-

---

53 ⟨1 Kön 19, 16 ff.⟩
54 ⟨Beas.⟩
55 A. a. O. ⟨Leben der ehrwürdigen Anna⟩, S. 95.
56 ⟨2 Kön 2, 1–18.⟩
57 Einleitung zu den Schriften der hl. Teresia, Salamanca 1588.

schränkt, sondern greift auch auf Außenstehende über. Die Kraft ihrer Sprache, die Wahrhaftigkeit und Natürlichkeit ihrer Darstellung schließen die Herzen auf und tragen göttliches Leben hinein. Die Zahl derer, die ihr den Weg zum Licht verdanken, wird erst am jüngsten Tag offenbar werden.

Rezension: Zum Kampf um den katholischen Lehrer

Situierung: Im Frühjahr 1929 publizierte der Kapuziner Ingbert Naab eine 48seitige Broschüre *Der Kampf um den katholischen Lehrer.* Das in Edith Steins Nachlaß (P/B I 2) befindliche Exemplar (Verlag Zeichenring, München, Schillerstraße 28) ist ohne Datum; jedoch läßt sich aus den beiden Druckerlaubnissen schließen, daß das Heft in den ersten Monaten des Jahres 1929 erschien. Am 28. März 1929 brachte die *Bayerische Lehrerzeitung,* Nürnberg (63, 13, S. 185–204) unter der Überschrift *Der katholische Lehrer im Bayerischen Lehrerverein. „Eine offene Antwort an den Verfasser der Schrift: ‚Der Kampf um den katholischen Lehrer'"* von Dr. Josef Adelmann, Karlstadt a. Main. Ein Exemplar dieser Ausgabe der *Bayerischen Lehrerzeitung* befindet sich ebenfalls in Edith Steins Nachlaß (P/B I 2). Ein halbes Jahr später veröffentlichte die Zeitschrift *Zeit und Schule.* Organ des Vereins katholischer bayerischer Lehrerinnen (München, 26, 17 (1. Sept. 1929), S. 121–124) den nachfolgend abgedruckten Artikel *„Zum Kampf um den katholischen Lehrer", von Dr. Edith Stein, Speyer a. Rhein;* auch abgedruckt in: ESW XII, S. 81–92. Eine Handschrift ist nicht erhalten.

P. Ingbert Naab, O⟨rdo⟩ Min⟨orum⟩ Cap⟨ucinorum⟩[1], hat in seiner Schrift „Der Kampf um den katholischen Volksschullehrer"[2] den katholischen Lehrern zu zeigen gesucht, daß ihre Zugehörigkeit zum Bayerischen Lehrerverein mit katholischen Grundsätzen sachlich unvereinbar sei, wenn auch tatsächlich viele „gute Katholiken" persönlich die aufrichtige Überzeugung haben mögen, daß beides sich miteinander vertrage. Auf diese Schrift hat Dr. Joseph Adelmann in Nr. 13 der Bayerischen Lehrerzeitung (28. März 1929) mit einem offenen Briefe geantwortet, in dem er es geradezu als eine Pflicht der katholischen Lehrer in unserer Zeit bezeichnet, mit den Kollegen von anderer Konfession in jener allgemeinen Standesorganisation zusammenzuarbeiten. Damit ist die Existenzberechtigung einer eigenen katholischen Organisation in Frage gestellt; und so ist es auch für die katholischen Lehrerinnen von Bedeutung, sich mit den Gedankengängen Dr. Adelmanns auseinanderzusetzen.

[1] ⟨Ingbert (Karl) Naab (1885–1935), Kapuziner, Jugendseelsorger, scharfer Gegner des nationalsozialistischen Regimes.⟩
[2] ⟨München 1929.⟩

I. Katholizismus und Deutschtum

Jener „offene Brief" sucht den Standpunkt des Verfassers und seiner zahlreichen Gesinnungsgenossen aus den Reihen der jungen katholischen Lehrer tief zu begründen. Im Anschluß an Männer und Schriften, die in den letzten Jahren in den Bemühungen um Klärung der Frage nach dem Verhältnis von Katholizismus und Kultur Aufsehen erregt haben, zeigt er die schwere Aufgabe, vor die der katholische Volksschullehrer heute gestellt ist: um Kinder des deutschen Volkes für das deutsche Volk zu erziehen, muß er mit dem deutschen Volkstum verwachsen sein. Es ist von ihm in erhöhtem Maße zu verlangen, was für den deutschen Katholiken überhaupt gilt: Katholizismus und Deutschtum in sich zu vereinen. Beides *muß* vereint werden und *kann* vereint werden, wenn es auch zu einer Spannung innerhalb des deutschen Katholizismus und in der Seele des einzelnen deutschen Katholiken führt. Dr. Adelmann sieht diese Spannung hauptsächlich darin begründet, daß wir den Katholizismus in römischer Prägung bekommen haben, die in einem gewissen Gegensatz zum deutschen Wesen steht. Er zieht daraus nicht etwa die Forderung: Los von Rom! Er erkennt an, daß die römische Formstrenge ein heilsames Gegengewicht gegen den deutschen Hang zu Maß- und Formlosigkeit sein kann, und stellt nur die berechtigte Forderung, daß der Entfaltung des spezifisch deutschen Wesens Raum gegeben werde.

Es ließe sich wohl aus Idee und Geschichte der Kirche der Nachweis führen, daß ihre Praxis dieser Forderung durchaus entsprechen muß und auch entsprochen hat. Sie ist nicht eine Masse aus gleichen Elementen, sondern ein Leib mit mannigfaltigen Gliedern. Diese Mannigfaltigkeit ist nicht nur auf die Verschiedenheit der Rangstufen in der Hierarchie zu beziehen, auch nicht nur auf die Verschiedenheit geistlicher Gaben, sondern auch auf die natürliche Ausrüstung der Geschöpfe im geordneten Stufenreiche des Kosmos.

Wenn im Gegensatz zu der rationalistischen Betonung der „allgemeinen Menschennatur" Herder in jedem Volk den „Ausdruck eines Gottesgedankens"[3] sieht und auf seinen Spuren die Romantik das Recht individueller wie nationaler Eigenart betont, so ist es katholisches Gedankengut, das hier dem Geist der Aufklärung gegenübergestellt wird. Welche Möglichkeiten der Entfaltung solcher Eigenart innerhalb des Glaubenslebens gegeben sind, dafür braucht man nur etwa die frei von unten herauf erwachsenen und von der Kirche nachträglich gutgeheißenen Volksandachten der verschiedenen Länder zu vergleichen. Schon ein Blick in die Diözesangesangbücher[4] zeigt eine

---

[3] ⟨Sinngemäß zitiert nach Herder, Johann Gottfried, *Ideen zur Philosophie der Geschichte der Menschheit*, Riga / Leipzig 1784–1791. Werke. Vierter Teil.⟩

[4] ⟨Zur Zeit Edith Steins wiesen die Gesang- und Gebetbücher der Diözesen in der Tat

weitgehende Differenzierung. Ein unlöslicher Gegensatz liegt hier also keineswegs vor.

Wie allgemeine Menschennatur und Individualität sich nicht ausschliessen, sondern die abstraktiv heraushebbare allgemeine Natur konkret nur in individueller Ausprägung zu finden ist, so sind auch Katholizität und nationale Differenzierung des kirchlichen Lebens keine sich ausschließenden Gegensätze: das Ewige und Unwandelbare kann in mannigfaltiger Gestalt Fleisch und Blut werden. Nur wenn einseitige „Standpunkte" dieses oder jenes ausschließend verfechten, werden Konflikte heraufbeschworen, wie sie sich tatsächlich nicht nur in Deutschland, sondern auch in anderen europäischen Ländern gezeigt und zu den verhängnisvollsten Folgen geführt haben. Wer als Historiker den vielgestaltigen Blüten und Ranken des Glaubenslebens im deutschen Mittelalter nachgeht, als das deutsche Volk noch einig der Einen Kirche anhing, dem wird wohl der Gedanke kommen, daß nicht im „römischen Regiment", sondern in der Glaubensspaltung die Ursache für die besonderen Schwierigkeiten des deutschen Katholizismus zu suchen sei. Faßt man die Glaubensspaltung selbst als eine Folge des „römischen Regiments", d.h. als Abwehrreaktion auf, so wäre zu fragen, ob nicht diese Reaktion selbst weitgehend „römisches" Gepräge zeige, d.h. ihre Wurzeln ausserhalb Deutschlands habe. Es ist natürlich unmöglich, hier solchen Problemen nachzugehen, es soll nur einmal darauf hingewiesen werden, wie außerordentlich kompliziert die Verhältnisse sind, die hier in Betracht zu ziehen wären, und wie bedenklich es ist, ohne genügende Klärung Konsequenzen für die Gegenwart zu ziehen.

Darin aber müssen wir Dr. Adelmann wieder Recht geben: die Glaubensspaltung ist eine Tatsache, der man Rechnung tragen muß. Es ist nur die Frage, was dies „Rechnung tragen" heißt.

Seit vier Jahrhunderten ist der größere Teil des deutschen Volkes von der Kirche getrennt. Seit vier Jahrhunderten hat dieser abgetrennte Teil die Führung des deutschen Geisteslebens übernommen. Seit vier Jahrhunderten stehen die deutschen Katholiken vor der Frage: Sollen wir uns aus der Kirche herausziehen oder aus der deutschen Volksgemeinschaft hinausdrängen lassen oder gibt es für uns eine Möglichkeit, beiden zugleich anzugehören und wie können wir es? Wäre die Frage nur einfach: Katholizismus *oder* Deutschtum, Kirche oder deutsches Volk, so könnte über die Antwort kein Zweifel sein. Die Kirche ist der lebendige Leib Christi, und kein irdisches Gut – und etwas anderes als irdische Güter sind ja auch Volk und Staat nicht – könnte

weitgehende Verschiedenheit auf. Heute hat man der großen Mobilität der Bevölkerung Rechnung getragen und ein einheitliches Buch für alle deutschsprachigen Bistümer geschaffen, herausgegeben von den Bischöfen Deutschlands, Österreichs und der Bistümer Bozen-Brixen und Lüttich (1975); diese Ausgaben enthalten je einen Eigenteil mit dem Sondergut der einzelnen Diözesen.〉

den Christen für den Verlust der Gliedschaft im Leibe Christi entschädigen. Der Herr, der Abraham befahl, Heimat und Sippe zu verlassen,[5] der Herr, der es unzweideutig aussprach: Wer Vater und Mutter mehr liebt als mich, der ist meiner nicht wert,[6] er könnte von uns auch dieses Opfer verlangen.

Aber die Stimme in unserem Innern und das Muster großer Heiliger, die Gott *und* ihrem Volke dienten, weil sie von Gott eine Sendung an ihr Volk hatten und Gott dienen konnten, *indem* sie ihrem Volke dienten, weist uns einen anderen Weg: ich erinnere nur an den einen deutschen Heiligen, der das, was heute von Deutschland katholisch ist, für die Kirche erhielt oder zurückeroberte, den hl. Petrus Canisius.[7] Sein Beispiel zeigt uns klar, was wir zu tun haben. Wenn wir Glieder der Kirche und zugleich Glieder des deutschen Volkskörpers sind, so ist durch uns das deutsche Volk der Kirche eingekörpert; wir sind die Adern, durch die unserem Volke das Lebensblut der Kirche zuströmen kann. Dadurch ist ein Doppeltes von uns gefordert: einmal das, was Dr. Adelmann so stark betont, daß wir wirklich als Glieder des deutschen Volkes leben müssen, uns nicht von ihm absondern dürfen. – Auf der anderen Seite aber – und diese Seite kommt bei ihm nach meinem Urteil sehr zu kurz –, daß wir als lebendige Glieder der Kirche leben müssen. Das sagt Herr Dr. Adelmann freilich auch und fast mit denselben Worten. Aber ich vermisse eine nähere Erläuterung dessen, was er darunter versteht. Wenn er definiert: Katholizismus ist „Wertbejahung auf der ganzen Linie, Weltoffenheit und Weltweite im umfassendsten und edelsten Sinn“ (a.a.O. S. 186), so klingt das recht schön und gut, aber es ist mir nicht klar und bestimmt genug. Es ist mir zweifelhaft, ob sich alle, die es lesen, etwas darunter denken können, und noch zweifelhafter, ob sie daraus entnehmen können, wie sie sich praktisch verhalten sollen. Es ist doch aber nichts Dunkles und Problematisches, es ist etwas ganz Einfaches, Klares und Bestimmtes, was es heißt: Katholisch zu sein und was man als Katholik zu tun hat. Jedes Kind kann es uns sagen, wenn es seinen Katechismus gelernt und verstanden hat. Katholik im vollen Sinne des Wortes sein (und nur solche *ganzen* Katholiken können als Bindeglieder zwischen dem deutschen Volke und der Kirche in Betracht kommen) heißt zunächst, sich zum Glauben der Kirche bekennen, das katholische Credo abstrichlos annehmen und so umfassen, daß man bereit wäre, für jeden Artikel sein Leben hinzugeben; es heißt, die Lehrautorität der Kirche anerkennen und sich ihren Entscheidungen in kindlichem Gehorsam unterwerfen; es heißt den Weg der Nachfolge Christi gehen, wie er uns durch Wort und Beispiel des Herrn im Evangelium

[5] ⟨Vgl. Gen 12, 1.⟩
[6] ⟨Vgl. Mt 10, 37.⟩
[7] ⟨Petrus Canisius (1521–1597), erster deutscher Jesuit und Kirchenlehrer, war durch seine Katechismen (besonders den *Catechismus minor*) am Aufbau der Kirche während der Gegenreformation maßgeblich beteiligt.⟩

und durch Wort und Beispiel seiner treuesten Diener, der Heiligen aller Zeiten, in leuchtender Klarheit gezeigt ist; es heißt, sich die Kraft für diesen Weg, der ein Kreuzweg ist, aus den Quellen holen, die der Heiland uns erschlossen und seiner Kirche zur Verwahrung und Ausspendung übergeben hat: aus seinen Sakramenten.

Es ist nicht zu leugnen, daß die Mehrzahl der deutschen Katholiken – und besonders der Intellektuellen – dieser doppelten Aufgabe nicht gerecht geworden ist. Wir sehen sie im deutschen Geistesleben der letzten vier Jahrhunderte eine traurige Rolle spielen, den Strömungen, die als Folge der Glaubensneuerung oder doch unter ihrem Einfluß aufkamen, kritiklos nachlaufen und damit ihren Katholizismus weitgehend preisgeben oder sie ungeprüft bzw. auf Grund mangelhafter Kenntnis und darum unzulänglicher Kritik ablehnen. Beide Haltungen entsprechen wenig dem paulinischen und echt katholischen Grundsatz: Prüfet alles, und das Gute behaltet.[8] Dessen sind sich viele führende Geister im katholischen Deutschland auch immer wieder bewußt geworden. Wiederholt finden wir im 19. und 20. Jahrhundert kraftvolle Ansätze zu selbständigem Schaffen und positiver Kritik: in den Tagen der Romantik, in der Zeit des Kulturkampfes, schließlich in den Bewegungen und Kämpfen, die durch Krieg und Nachkriegszeit ausgelöst wurden und in die der „Kampf um die katholische Schule" mit hineingehört.[9]

In jenem Pauluswort kommt die „Weltoffenheit und Weltweite" zu ihrem Recht; wir sollen uns nicht gegen das Gute verschließen, woher immer es kommen mag. Aber wir sollen *prüfen* und nur das *Gute* behalten. Und zum Prüfen gehört ein Maßstab. Es ist Herrn Dr. Adelmann zuzugeben, daß die Prinzipien der Kirche nicht als *einziger* Maßstab in Betracht kommen. Wenn wir Ergebnisse der wissenschaftlichen Forschung auf ihre Annehmbarkeit prüfen wollen, müssen wir mit den Prinzipien und Erkenntnismethoden der betreffenden Wissenschaft vertraut sein und sie als Maßstab benützen; wenn wir moderne Kunstwerke darauf untersuchen, ob es wünschenswert sei, sie unserem Volke zugänglich zu machen, so müssen wir von Kunst etwas verstehen und sie nach ihrem künstlerischen Wert auswählen. Aber diese dem jeweiligen Sachgebiet speziell eigenen Maßstäbe können ihrerseits nicht die einzigen sein. Kein Ergebnis wissenschaftlicher Forschung ist unfehlbar, auch die scharfsinnigsten Forscher können irren. Wo darum wissenschaftliche Theorie und Glaubenswahrheit miteinander in Widerspruch stehen, da kann es für uns keine Frage sein, welches von beiden wir abzulehnen haben; und wir dürfen es uns auch nicht ersparen, diese Prüfung vorzuneh-

[8] ⟨Vgl. 1 Thess 5,21.⟩

[9] Wer ein umfassendes und lebendiges Bild all dieser Strömungen gewinnen will, der greife zu den gesammelten Aufsätzen von E. Przywara SJ, die in diesem Jahre unter dem Titel *Ringen der Gegenwart* bei B⟨enno⟩ Filser in Augsburg erschienen sind. ⟨2 Bände, 1929.⟩

men, wenn wir nicht schuldhaft auf die Bahn des Irrtums geraten wollen. Auch die größten Autoritäten auf dem Gebiete weltlicher Wissenschaft können uns nicht Führer sein, denen wir ohne weiteres vertrauen dürfen, wenn sie nicht zugleich feststehen im Glauben und gründlich in der Dogmatik zu Hause sind.

Ebenso bedürfen die Kunstwerke außer der rein ästhetischen Bewertung einer Prüfung daraufhin, ob eine seelische Gefährdung durch sie zu befürchten sei; und wo das der Fall ist, da dürfen auch die höchsten ästhetischen Werte uns nicht dazu verführen, unser Volk mit Gift zu füttern. Wer diese doppelte Kritik an unseren deutschen Kulturgütern vornehmen und ebenso, wer schöpferisch am deutschen Kulturleben mitarbeiten will, der muß also eine doppelte Eignung besitzen: Fähigkeit und gründliche Schulung für das betreffende Sachgebiet einerseits, Glaubenstreue und ausreichende dogmatische Durchbildung andererseits. Können die katholischen Lehrer ohne weiteres diese doppelte Eignung für sich in Anspruch nehmen? Das Verlangen nach einer Reform der Lehrerbildung zeigt uns, daß sie ihre durchschnittliche wissenschaftliche Ausbildung nicht für ausreichend halten. Und wie steht es mit der religiösen Durchbildung? Herr Dr. Adelmann erklärt: „Als Katholiken besitzen wir immer die richtig verstandene Distanz für die Dinge der Kulturbereiche und das Gefühl für Maß und Norm" (a.a.O. S. 202). Aber einen Beleg für diese Behauptung habe ich in seinem Aufsatz nicht entdecken können. So führt die Besinnung, welche Aufgaben dem Lehrer gestellt sind, sofern er Deutscher und Katholik ist, zu einer doppelten Forderung: 1. gründliche Durchbildung in einem Sachgebiet (niemand wird auf *allen* Gebieten Sachverständiger sein können); 2. gründliche religiöse Durchbildung. Wie dies beides zu erreichen sei, das ist nicht in wenigen Worten zu sagen. Eines dürfte wohl klar sein: daß die Zugehörigkeit zum Bayerischen Lehrerverein weder das eine noch das andere gewährleisten kann.

II. Katholische Pädagogik, katholische Schule, katholischer Lehrerverein

Ich übergehe die Fragen des Verhältnisses von Katholizismus und Gemeinschaft, Katholizismus und Staat, die Herr Dr. Adelmann mit hereingezogen hat, weil ich die Klarheit des Gedankenganges nicht durch Problemhäufung gefährden möchte,[10] und wende mich sogleich zu der Frage, auf die es hier

[10] Wer sich davon überzeugen will, daß mir die Fragen des Staats- und Gemeinschaftslebens nicht gleichgültig sind, daß es mir nur unfruchtbar scheint, sie in einer flüchtigen Seitenbetrachtung abzutun, der möge in meine Untersuchungen über diese Fragen im V. und VII. Band von Husserls *Jahrbuch für Philosophie und phänomenologische Forschung* Einblick nehmen. ⟨Bd. 5, Halle a. d. Saale 1922: *Beiträge zur philosophischen Begründung*

vor allem ankommt: was von dem katholischen Lehrer *als Lehrer* zu verlangen ist. Man könnte sagen: das Dilemma zwischen Deutschtum und Katholizismus in uns zum Austrag zu bringen, dazu bedarf es freilich anderer Mittel als einer allgemeinen Standesorganisation. Aber unser Lehrerberuf macht den Anschluß für uns nötig. Wir wollen diese Frage in aller Ruhe durchdenken. Die Volksschule will (gemäß der neuen Lehrordnung) die Erziehungsschule des deutschen Volkes sein. Wer in den Volksschuldienst eintritt, übernimmt somit die Verpflichtung, an diesem Erziehungswerk mitzuarbeiten. Die einfachste Voraussetzung dafür ist, daß er Klarheit darüber hat, was „erziehen" überhaupt heißt. Herr Dr. Adelmann sagt: „Ein echter und wahrer pädagogischer Gedanke muß aus dem Pädagogischen entspringen und in der Erziehungswissenschaft begründet liegen." „Das Kriterium für die Erziehung liegt im Erzieherischen" (a. a. O. S. 202). Ich muß offen gestehen, daß ich mit Ausdrücken wie „das Pädagogische" oder „das Erzieherische" nichts anfangen kann; ich finde nichts Greifbares dahinter. Ich halte mich also an die Erziehungswissenschaft, die Pädagogik. Aber auch in ihr kann ich keine Göttin sehen, vor deren Autorität ich in Ehrfurcht verstummen müßte. Ich sehe mich vielmehr genötigt, ganz respektlos näherzutreten und ihren Schleier zu lüften.[11] Unbildlich gesprochen: wir haben es hier mit einem der meistumstrittenen Gebiete des modernen Kulturlebens zu tun. Es wird immer noch in Frage gestellt, ob sie überhaupt als *Wissenschaft* anzusprechen sei und nicht vielmehr als „Kunst" oder „Technik", d. h. als praktische Fertigkeit mit einem gewissen theoretischen Fundament. Gesteht man diesem theoretischen Fundament den Namen Wissenschaft zu, so ist es doch keine „autonome" Wissenschaft, d. h. keine in sich ruhende. Und das ist allgemein anerkannt, daß sie nicht ohne eine Reihe von Grund- und Hilfswissenschaften existieren kann. So mannigfaltig auch die Definitionen der Erziehung sein mögen, die wir in den Handbüchern der Pädagogik finden, darüber werden sich wohl alle einig sein, daß zum Erziehen ein Erzieher, ein Zögling, ein Erziehungsprozeß, ein Erziehungsverfahren und ein Erziehungsziel gehören. Über all diese Faktoren muß der Erzieher Klarheit haben. Ich will hier nicht für alle Faktoren die Frage aufwerfen, welche Wissenschaften darüber unterrichten können. Nur für den einen stelle ich sie: für das *Erziehungsziel.* Ich darf es wohl als zugestanden annehmen, daß Ziele zu stellen Aufgabe der *Ethik* ist, die Ethik somit Grundwissenschaft für die Pädagogik. Ebenso ist es niemandem, der sich auch nur flüchtig mit Ethik beschäftigt hat, verborgen, daß es sehr verschiedene ethische Theorien gibt,

der Psychologie und der Geisteswissenschaften, hier bes. die 2. Abhandlung: *Individuum und Gemeinschaft* (S. 116–267), und Bd. 7 (1925): *Eine Untersuchung über den Staat* (S. 1–123).⟩

[11] ⟨Vgl. Schillers Gedicht über den Jüngling zu Saïs „Das verschleierte Bild zu Saïs" (1795).⟩

und dem entspricht die Mannigfaltigkeit der pädagogischen Theorien. Nach der Auffassung, die jemand von der Bestimmung des Menschen hat, richtet sich seine Festlegung des Erziehungsziels. Der Eudämonist,[12] der im Höchstmaß irdischen Glücks das richtunggebende Ziel des Menschen sieht, der Idealist,[13] für den die freie Selbstbestimmung das Höchste ist, der Katholik, nach dessen Überzeugung es der Daseinszweck des Menschen ist, Gott zu erkennen, ihn zu lieben und ihm zu dienen – sie müssen grundverschiedene Auffassungen von den Aufgaben der Erziehung haben. Als Erzieher können sie nicht arbeiten ohne ein Erziehungsziel. Als Katholiken können sie kein anderes Erziehungsziel haben als das Lebensziel, das dem Menschen nach unserer Glaubenslehre gesteckt ist: Gotteskinder wollen wir erziehen, die ihre von Gott gegebenen Kräfte in diesem Leben nach Gottes Willen betätigen und dadurch für das ewige Leben reif werden.

Wenn wir imstande sind, durch unsere Schultätigkeit auf dieses Ziel hinzuwirken, dann dürfen wir uns *katholische Lehrer* nennen. Wir werden *nicht* dazu imstande sein, wenn wir bei unserer Erziehungsarbeit nicht nach den Lehren und Weisungen der Kirche fragen; erst recht nicht, wenn wir uns durch pädagogische Theorien bestimmen lassen, die auf der Grundlage anderer Auffassungen vom Ziele des Menschen erwachsen sind. Keine pädagogische Theorie darf kritiklos übernommen werden. So erhebt sich hier von neuem und dringlicher die Forderung nach jener doppelten Durchbildung, die sich am Ende des ersten Teils ergab. – Ich werde aber auch meiner Aufgabe als katholischer Lehrer und Erzieher sehr schwer gerecht werden können, wenn ich selbst zwar in meinem Unterricht katholische Grundsätze walten lasse, wenn aber von denen, die sich mit mir in die Erziehungsarbeit teilen, nach entgegengesetzten Grundsätzen verfahren wird. Zwingen mich die Verhältnisse dazu, in einer interkonfessionellen Schule zu arbeiten, wo ich mit anders- oder ungläubigen Mitarbeitern und Elternhäusern rechnen muß, so werde ich das Beste tun, was in dieser Notlage möglich ist; aber immer werde ich es als eine Notlage betrachten, niemals können Verhältnisse, die das oberste Ziel seiner Arbeit äußerst gefährden, für den *katholischen* Lehrer erstrebenswertes Ziel sein. Wenn er also nicht nur dem Namen, sondern der Gesinnung nach katholisch ist, und wenn er konsequent durchdenkt, welche Folgerungen das für seine pädagogische Theorie und Praxis ergibt, so wird er nicht einer Organisation angehören können, die im Hinblick auf ihre paritätische Grundlage den katholischen Erziehungsprinzipien nicht gerecht werden kann.

Wir wollen aber die Gründe nicht ungeprüft lassen, die für die Einheits-

[12] ⟨Anhänger der eudaimonia (griech.) = Glück in verschiedenartiger Ausformung.⟩
[13] ⟨Anhänger des Deutschen Idealismus, für den Vernunft und Autonomie höchste Werte sind.⟩

schule und für die einheitliche Standes-Organisation zu sprechen scheinen. – Man sagt, die konfessionelle Schule zerreiße die Einheit des Volkes. Ist sie nicht vielmehr der unvermeidliche Ausdruck der Zerrissenheit, die tatsächlich besteht? Und könnte die Einheitsschule diese Zerrissenheit beseitigen, ohne zugleich unser katholisches Glaubensleben zu vernichten? Das ist die *eine* Wirkung, die durch die Mischung der Bekenntnisse erreicht werden kann: die Kinder, die im Religionsunterricht *ein* Weltbild gezeichnet bekommen und im Deutsch- oder Geschichts- oder Naturkundeunterricht ein anderes, können zu keiner klaren Anschauung und festen Überzeugung gelangen, sie werden skeptisch und unsicher, und so mancher bekommt sein Leben lang keinen festen Boden unter die Füße. Ob wohl dem deutschen Volke damit gedient ist, wenn man ihm eine solche Jugend heranzieht? „Wer in schwankender Zeit auch schwankend gesinnt ist, der vermehrt das Übel und breitet es weiter und weiter."[14] Das hat kein „klerikaler Schnüffler" und „Gesinnungsschwätzer" gesagt, sondern ein Mann, dessen Wort in außerkatholischen Kreisen sehr hoch im Kurs steht. Es sind mir aus der Erfahrung noch andere Gestaltungen und Auswirkungen des interkonfessionellen Schullebens bekannt: die relativ günstigste – aber seltene –, daß die Erörterung religiöser Fragen tatsächlich auf den konfessionellen Religionsunterricht beschränkt bleibt und daß die übrigen Stunden mit Takt und Zurückhaltung gegeben werden. Die Kinder verschiedener Konfessionen sitzen friedlich nebeneinander auf denselben Bänken, sie verkehren vielleicht sogar freundschaftlich miteinander außerhalb der Schule, aber sie sprechen nicht miteinander über ihr religiöses Leben. Und wenn dieses religiöse Leben auf der einen oder andern Seite oder auf beiden Seiten stark ist, dann spüren sie, daß etwas Trennendes zwischen ihnen steht, sie spüren es vielleicht stärker, als wenn sie getrennt voneinander aufwüchsen. Ich betrachte es als kein Unglück, daß sie es spüren. Dieser Schmerz kann ein heilsamer Schmerz sein, ein Stachel, der zum Suchen nach der Wahrheit führt. Aber dieser Anreiz ergibt sich auch, wenn sich Menschen nahekommen, die in getrennten Konfessionsschulen erzogen sind; und dann ist der eine Teil durchschnittlich besser dafür gerüstet, dem andern Führer zur Wahrheit zu sein als bei nicht-konfessioneller Schulbildung. Schlimmer ist es, wenn gerade das enge Zusammenleben der verschiedenen Elemente (wie es besonders in konfessionell stark gemischten Gegenden mit einer gespannten Atmosphäre vorkommt) zu einem Aufeinanderprallen der Gegensätze führt.

Wie die Lage in Deutschland ist, wird man der Einheit nicht besser dienen können, als wenn man die Kinder in konfessionellen Schulen gründlich religiös und in Liebe zum Deutschtum erzieht und wenn man sie anleitet, Andersgläubigen, die ohne persönliche Schuld im Irrtum aufgewachsen

---

[14] ⟨Goethe, *Hermann und Dorothea*, Urania 9. Gesang, 302 f.⟩

sind, mit Achtung und Liebe zu begegnen und durch die eigene Lebensführung die Kraft der Wahrheit zu beweisen.

Wie steht es nun mit dem „Gemeinsamen und Verbindenden", das „ohne Rücksicht auf Bekenntnisse" die Lehrer eint? Herr Dr. Adelmann spricht von einem „gemeinsamen pädagogischen Weltbild", von „gemeinsamen kulturellen Aufgaben in Staat, Volk und Schule", von „gemeinsamer erzieherischer und kulturpolitischer Verantwortung". Er hat es unterlassen, das „pädagogische Weltbild" zu zeichnen, und ich denke, es geht aus meinen Ausführungen über das Erziehungsziel zur Genüge hervor, daß es so etwas gar nicht geben kann. Eine gemeinsame Aufgabe für Staat und Volk ist freilich vorhanden: gesunde, tüchtige, brave Menschen und gute Staatsbürger zu erziehen. Aber sofern diese Menschen nach dem Willen ihrer Eltern und Religionsgemeinschaften zugleich gute Katholiken, Protestanten, Juden oder auch ohne konfessionelle Bindung sein sollen, differenziert sich die Aufgabe von vornherein. Allerdings kann ich mir denken, daß gewisse Aufgaben gemeinsam gelöst werden können. Von den Faktoren, die für die Erziehung in Betracht kommen, habe ich vorhin nur das Ziel herangezogen, das für alle verschieden ist. Denken wir aber etwa an die Notwendigkeit, sich mit der Natur des Zöglings vertraut zu machen durch physiologische, psychologische Studien u. dgl., so ist, da die natürlichen Prozesse bei Katholiken nicht anders verlaufen als bei Protestanten, tatsächlich eine gemeinsame Aufgabe vorhanden, und es ist nicht einzusehen, warum nicht Lehrer aller Konfessionen einen gemeinsamen Kursus über experimentelle Psychologie oder über Hygiene des Schulhauses durchmachen sollten. Aber bedarf es dazu einer gemeinsamen Organisation? Es können sehr wohl die konfessionell getrennten Organisationen sich zu gemeinsamen Veranstaltungen zusammentun, so wie sich z. B. in der Pfalz die getrennten Organisationen der katholischen Lehrer und Lehrerinnen in einer Arbeitsgemeinschaft zusammengefunden haben. Nicht anders steht es mit einem andern Interesse, das gewiß keinen konfessionellen Charakter hat: den wirtschaftlichen Angelegenheiten. Auch sie ließen sich durch ein Kartell getrennter Organisationen ebenso gut verfechten wie durch eine gemeinsame Organisation.

Es bleibt nun noch die Daseinsberechtigung einer besonderen katholischen Standesorganisation zu prüfen. Kann sie das leisten, wovon wir zeigten, daß eine allgemeine Organisation dazu nicht imstande sei: jene doppelte Durchbildung zu vermitteln, die für den katholischen Lehrer erforderlich ist? Um mit der zweiten, der religiösen Durchbildung, anzufangen: ein katholischer Lehrerverein wird sich zunächst dafür einsetzen, daß eine katholische Erziehung durch konfessionelle Schulen und konfessionelle Lehrerbildung gesichert werde. Er wird ferner in den eigenen Reihen arbeiten durch gemeinsame Veranstaltungen (Exerzitien, theologische, philosophische, pädagogische Fortbildungskurse), durch persönlichen Gedankenaustausch, durch die Stärkung, die im Zusammenschluß mit Gleichgesinnten liegt. Die Fachbildung wird er natürlich ebensowenig wie eine allgemeine Standesorganisation selbst gewähren können. Sie ist Sache der Berufsbildung. Die Standesorganisationen können nur darauf hinwirken, daß entsprechende Bildungsanstalten geschaffen werden. Sie können ferner durch besondere Veranstaltungen der Fortbildung ihrer Mitglieder dienen. Soweit die konfessionellen Fragen nicht eine verschiedene Auffassung über die Gestaltung der Berufsbildung bedingen und gemeinsame Fortbildungen ausschließen, wäre ein gemeinsames Vorgehen der getrennten Organisationen möglich und wünschenswert.

Ich habe darauf verzichtet, die Ausführungen Herrn Dr. Adelmanns Satz für Satz unter die kritische Lupe zu nehmen, weil ich glaube, daß die Darlegung der Wahrheit immer fruchtbarer ist als die Widerlegung des Irrtums. So bin ich von dem ausgegangen, was ich Positives in jenen Ausführungen fand, und habe die Konsequenzen daraus gezogen. Sie haben gezeigt, daß eine allgemeine Standesorganisation den Aufgaben nicht gerecht werden kann, die dem katholischen Lehrer gestellt sind, und sie haben die Dringlichkeit einer katholischen Organisation erwiesen. Für uns, die wir eine solche Organisation besitzen, erwächst daraus die Pflicht, uns ihren Zweck lebendig vor Augen zu halten und unsere Kräfte dafür einzusetzen. An Arbeitsmöglichkeiten und Richtlinien für unsere Arbeit fehlt es nicht. Dr. Adelmann sagt: „Wir erwarten von der Kirche, daß sie uns Impulse gibt, die uns mit dem Zeitwillen lebensnahe Aufgaben stellt (?[15]), wir erwarten ein Echo auf die von der Gegenwart gestellten Fragen" (a. a. O. S. 193). Wer „Ohren hat zu hören", der braucht nicht mehr auf solche Impulse zu warten. Die Kirche *hat* gesprochen durch den Mund unseres Heiligen Vaters[16], der wie nur irgend ein Mensch unserer Zeit sich der Gegenwartsaufgaben bewußt ist. Er hat uns aufgerufen zur „Katholischen Aktion": uns mit katholischem Geiste zu erfüllen und ihn hinauszutragen als Heilmittel gegen die Krankheiten unserer Zeit. Und er hat die Intellektuellen unter uns angewiesen, wo sie sich das Rüstzeug zur katholischen Aktion holen können: bei den großen Doktoren des Mittelalters[17], deren Werke noch ungeahnte lebendige

---

[15] ⟨Dieses Fragezeichen befindet sich im Druck von *Zeit und Schule*, nicht aber bei Adelmann selbst, bei dem die von Edith Stein zitierte Stelle so weitergeht: „Wo ist die Kirche als aktive Macht, die sich lebendig dem Neuen des Tages und für künftige Arbeiten öffnet? *Wir sehen noch ringsum Fragezeichen.*" (Gesperrt gedruckt im Original). – Am Rand dieser Passage hat Edith Stein vermerkt: „Enzyklika – Kath. Aktion – Kath. Philosophie".⟩

[16] ⟨Papst Pius XI. (1922–39), geb. (als Achille Ratti) 31. 5. 1857 in Desio bei Mailand, gest. 10. 2. 1939, rief 1922 durch seine Enzyklika *Ubi arcano* auf zur „selbständigen Teilnahme der Laien am hierarchischen Apostolat der Kirche". Zur Zeit Edith Steins war die Katholische Aktion straff an die kirchliche Hierarchie gebunden.⟩

[17] ⟨Edith Stein denkt vermutlich an die Kirchenlehrer und Philosophen Augustin, Albert d. Gr., Thomas v. Aquin, Bonaventura, Duns Skotus u. a.⟩

Keime für unsere Zeit enthalten, die es zu entfalten gilt. Nur wer sie nicht kennt, kann mit Geringschätzung von ihnen sprechen. (Tatsächlich ist bei den Philosophen der Gegenwart – auch den nichtkatholischen – diese Geringschätzung längst nicht mehr „modern".) Wenn wir diesen Weisungen in den Formen, die unser Beruf fordert, Folge leisten, dann dürfen wir hoffen, unseren Pflichten als katholische Lehrer und Lehrerinnen gerecht zu werden.

Akademische und Elementarlehrerin

Situierung: In der Vorstandssitzung des Katholischen Bayerischen Lehrerinnenvereins wurde am 11. November 1931 der Beschluß gefaßt, eine neue, von vielen seit langem gewünschte Gruppe zu bilden: die akademisch gebildeten Lehrerinnen in einer Arbeitsgemeinschaft innerhalb des Vereins zusammenzufassen. Im Organ des Lehrerinnenvereins *Zeit und Schule* 29 (1932) wurden in einem von J. Wellnhofer unterzeichneten Artikel unter dem Titel *Unsere Gruppe* („Arbeitsgemeinschaft der Akademikerinnen") Sinn und Zweck dieses Zusammenschlusses gezeichnet. Daran anschließend bringt die Zeitschrift (S. 2 f.) einen Aufsatz von Edith Stein unter der Überschrift *Akademische und Elementarlehrerin* (B II 89); Nachdruck in ESW XII, S. 109–112.

Die Mädchenschulreform, die für die Oberklassen der Lyzeen ausschließlich akademische Lehrkräfte vorsah, hat uns vor manche schwierigen Fragen gestellt. Zunächst etwas rein Persönliches: wenn auch zur Milderung von Härten eine längere Übergangszeit und ein ganz allmählicher Ersatz der seminaristisch gebildeten durch akademisch gebildete Lehrerinnen vorgesehen war – es konnte doch leicht in den „alten" Lehrerinnen das Gefühl aufkommen, daß sie nicht mehr auf der Höhe seien, daß ihr Platz ihnen eigentlich nicht mehr zukomme. Und wo akademisch und seminaristisch gebildete Lehrerinnen in einem Kollegium zusammenarbeiten, besteht die Gefahr einer Trennung in zwei Gruppen. (Ich erinnere mich aus meiner Lehrtätigkeit in Preußen, wo die Reform ja schon 1910 durchgeführt wurde, daß die älteren Lehrerinnen, die nur noch in den Unterklassen verwendet wurden, sich scherzend als „das niedere Tierreich" zu bezeichnen pflegten.) Der Zusammenschluß der Akademikerinnen *innerhalb* des Kath. Bayerischen Lehrerinnenvereins zeigt, daß man von einer solchen Trennung nichts wissen will, daß man sich der Gemeinsamkeit der Aufgabe bewußt ist. Und in der Tat wäre es nicht nur menschlich unschön, sondern auch sachlich außerordentlich bedauerlich, wenn es anders wäre. Für Unterricht und Erziehung besteht die Möglichkeit und Notwendigkeit gegenseitiger Ergänzung.

I.

In den Beratungen über die Lehrerbildungsreform ist mir das Problem der Lehrerbildung immer als ein unlösliches erschienen. Der Volksschullehrer –

und dasselbe galt früher für die höheren Mädchenschulen – soll auf allen Unterrichtsgebieten fachlich geschult sein: wer es auf *einem* Gebiet ist, weiß, daß solche Universalität etwas Unmögliches ist. Die Weite kann nur auf Kosten der Tiefe und Gründlichkeit erkauft werden. Die eigene Unzufriedenheit, ein nur angelerntes Wissen zu besitzen und zu überliefern, hat die Lehrerschaft selbst zur Forderung akademischer Bildung geführt. Die Erfahrungen anderer Bundesstaaten mit pädagogischen Akademien oder Universitätsbildung der Lehrer sind noch zu jung, um ein abschließendes Urteil darüber zu gewinnen. Bleibt der Akademiebesuch auf 2 Jahre beschränkt, so wird er vielleicht für die Pädagogik, nicht aber für die Unterrichtsgegenstände der Schulen eine wirkliche Fachbildung geben können. Würde die Entwicklung zu einer wissenschaftlichen Durchbildung in einzelnen Unterrichtsfächern weitergeführt, so käme man voraussichtlich in den Volksschulen ebenso wie in den Mittelschulen zum Fachlehrersystem. Das hat aber (ganz abgesehen von den wirtschaftlichen Schwierigkeiten seiner Durchführung) auch vom rein unterrichtlichen Standpunkt aus seine Licht- und Schattenseiten. Die Lichtseiten entsprechen den Schattenseiten der Seminarbildung. Wer eine kleine Anzahl innerlich verwandter Fächer so gründlich studiert hat, daß er zu wissenschaftlicher Arbeit auf diesem Gebiete befähigt ist, der hat die Möglichkeit, sein Wissen aus den Quellen zu schöpfen, mittelbare Darstellungen, wie sie in Lehrbüchern und populären Zeitschriften geboten werden, kritisch zu prüfen, die Schüler in selbständiges Arbeiten einzuführen. Sein Unterricht wird den Eindruck machen, daß er auf seinem Gebiete wirklich zu Hause ist, daß er über weit mehr verfügt, als er im Unterricht anbringen kann, daß man an ihm einen sicheren Führer hat. Das erweckt Achtung, Vertrauen, Nacheiferung. Ferner: wer ein Gebiet gründlich beherrscht, kennt den Unterschied zwischen fachlicher Durchbildung und einem bloß angelernten Wissen. Er wird sich über fremde Gebiete nicht leicht ein Urteil erlauben; sollte er genötigt werden, ein fremdes Fach zu unterrichten, so wird er nicht eher Ruhe finden, als bis er sich auch dort gründlich eingearbeitet hat. Dem steht die Gefahr einer Beschränkung des geistigen Blicks auf das enge Fachgebiet gegenüber, einer Fülle von Einzelwissen und einer technischen Methodenbeherrschung ohne „allgemeine Bildung" (in einem guten Sinn), d. h. ohne Verständnis für den Sinn und Zusammenhang der einzelnen Wissensgebiete, wie sie nur ein Einblick in alle Gebiete im Zusammenhang mit philosophischer Besinnung geben kann. Entseeltes Spezialistentum ist ja die Gefahr der modernen Wissenschaft und des modernen Universitätsbetriebs, gegen die in den letzten Jahren energisch angekämpft wird. In den Schulen wird die „Zusammenarbeit" eines Kollegiums von solchen Spezialisten leicht zu einem Konkurrenzkampf um Zeit und Interesse der Schüler, führt zu einer Überlastung und Zersplitterung der jungen Geister, statt ihnen eine organische Bildung zu geben. Im Vergleich dazu hat die seminaristische Lehrerbildung und die Vereinigung der meisten Unterrichtsfächer in einer Hand ihre Vorteile. Die pädagogische Durchbildung gibt für die Unterrichtspraxis von vornherein die Unterordnung aller Unterrichtsgegenstände unter ein weltanschaulich fundiertes Bildungsziel und ihre Einordnung in ein organisches Bildungsganzes. Das Klasslehrersystem ermöglicht Konzentration, d.h. Einstellung verschiedener Fächer auf ein gemeinsames Ziel, Ausgleich der Ansprüche in den einzelnen Fächern und vor allem Rücksichtnahme auf die Kräfte der Schüler. – Das Ideal wäre eine Verbindung von beiden: eine philosophisch-pädagogische Bildung, die Klarheit über den Sinn der einzelnen Wissensgebiete und ihrer Bedeutung im Ganzen des Bildungssystems gäbe, und fachliche Durchbildung auf einem Spezialgebiet. Solange weder unsere Universitäten noch die mannigfachen Formen der Lehrerbildung, wie wir sie gegenwärtig in Deutschland haben, darauf eingestellt sind, den Studierenden dies beides zu vermitteln, kann eine geeignete Zusammenarbeit von Lehrkräften, die verschiedene Bildungswege gegangen sind, innerhalb eines Schulkörpers und innerhalb der Standesorganisation, zu einer fruchtbaren Ergänzung führen: Einführung in die pädagogische Grundeinstellung von der einen, Anregung und Anleitung zur Vertiefung der Fachbildung von der anderen Seite.

II.

Noch wesentlicher ist die Zusammenarbeit im Hinblick auf die *Erziehungsaufgabe*. Ehrlich gesprochen ist es beim Fachlehrersystem sehr schwer möglich, wirkliche Erziehungsarbeit zu leisten. Wenn man nur wenige Stunden in der Woche in eine Klasse kommt, gewinnt man nicht leicht die persönliche Fühlung, wie sie für tiefere Einwirkung auf Kinder und junge Menschen nötig ist. Dazu kommt die Durchkreuzung des eigenen Einflusses durch eine Reihe ganz anders gearteter, evtl. auch erzieherisch anders eingestellter Persönlichkeiten; schließlich bei denen, die durch die Universität gegangen sind und mit vollem Einsatz der Kraft ihr Fachstudium betrieben haben, häufig ein geringerer Erziehungswille und eine geringere Klarheit über das Erziehungsziel im Vergleich zu der seminaristisch gebildeten Lehrerschaft. Wer von jungen Jahren ⟨an⟩ aufgewachsen ist mit dem Berufsideal, junge Seelen ihrem Ziel entgegenzuführen, und dann Tag für Tag mehrere Stunden lang mit den Kindern zusammen ist, der kann ganz anders mit ihnen zusammenwachsen, ähnlich wie es im guten Elternhaus ist. Und das ist nicht nur wichtig für die Erziehungsaufgabe, die in der Gegenwart nicht nur in den Volksschulen, sondern auch in den höheren Schulen viel dringlicher geworden ist als in früheren Zeiten; es ist zugleich besonders bedeutsam für die *Frau*, die im Schuldienst tätig ist und in echter Erziehungsarbeit ihre weibliche Natur ganz anders entfalten kann als im bloßen Unterrichtsbetrieb. – Andererseits darf nicht übersehen werden, daß in einer gediegenen akademischen Bildung auch sehr wertvolle moralische Kräfte beschlossen sind, die erzieherisch fruchtbar werden können: gründliche wissenschaftliche Arbeit ist eine Erziehung zur Gewissenhaftigkeit, zur Ehrlichkeit, zum Abscheu gegen Halbheit und Oberflächlichkeit, gegen alles Operieren mit Worten, hinter denen kein klarer und lebendig vollzogener Sinn steht. Wer so durchgebildet in die Schule kommt, der wird ganz unwillkürlich, rein durch die Art, wie er sachlich arbeitet, erzieherisch wirken. Die höchste Fruchtbarkeit kann diese Formung des Geistes durch echte Wissenschaft für das Erziehungswesen leisten, wenn solche Persönlichkeiten ihre Geistesschulung unmittelbar dem für die Erziehung Wesentlichen zugute kommen lassen: wenn sie mit aller Energie, Gründlichkeit und Ehrlichkeit daran gehen, sich eine religiös und philosophisch sicher fundierte Weltanschauung zu erarbeiten, ein daraus sich ergebendes klares Erziehungsziel und ein dem Ziel entsprechendes Erziehungs- und Bildungssystem. Ich betrachte es als eine dringliche Aufgabe jedes Lehrkollegiums, das wirkliche Erziehungsarbeit leisten will, die eben umschriebene Arbeit gemeinsam in Angriff zu nehmen. Und ich würde es als eine segensreiche Einrichtung begrüßen, wenn im katholischen Lehrerinnenverein Arbeitsgemeinschaften aus akademisch und seminaristisch gebildeten Lehrerinnen entstünden (in den regelmäßigen Versammlungen und Tagungen sehe ich einen Ansatz dazu), die auf eben dieses Ziel hinarbeiteten und damit zu einer von unten herauf erwachsenden katholischen Pädagogik beitrügen.

Notzeit und Bildung

Situierung: Der Verein katholischer deutscher Lehrerinnen hielt seine 47. Hauptversammlung in Essen vom 18. bis 20. Mai 1932 unter dem Thema: *Die katholische Lehrerin und die Not ihres Volkes*. Am 18. Mai um 10 Uhr hielt Edith Stein das Hauptreferat der Öffentlichen Sitzung im großen Saal des Städtischen Saalbaus. Im Nachlaß befindet sich die Handschrift (B I 9) mit dem Titel *Notzeit und Bildung*, die den Anfang des Vortrags darstellt. Der Rest des Manuskripts war bisher nicht aufzufinden. Jedoch hat der Verein katholischer deutscher Lehrerinnen in seinem *Berichtsband über die 46. und 47. Mitglieder- und Delegiertenversammlung des VkdL Pfingsten 1931 zu Marburg – Pfingsten 1932 zu Essen* (Paderborn 1932, S. 149–153) größere Passagen aus Edith Steins Ausführungen zitiert (E I 20). Wir bringen sie im Anschluß an das Handschrift-Fragment. Es liegt zudem ein Typoskript vor (B II 11 a/b), das ebenfalls im Berichtsstil Teile des Stein-Vortrags enthält, die im Umfang allerdings über den gedruckten Teil hinausgehen und daher hier als Ergänzung hinzugezogen werden. – Das Fragment und der den Vortrag betreffende Teil des Berichtsbandes sind auch abgedruckt in: ESW XII, S. 73–80.

I.

Die Wirtschaftskrisis des letzten Sommers ⟨1931⟩ und die Notverordnungen, die sie hervorrief, sind von einschneidender Wirkung für das *gesamte deutsche Bildungswesen* geworden. Für die *Volksschulen* wie für die *mittleren* und *höheren Schulen* wurde die Stundenzahl herabgesetzt, die Frequenzzahl erhöht, dadurch eine Zusammenlegung von Klassen und weitgehender Abbau von Lehrkräften ermöglicht. *Berufsschulen*, *Mittel-* und *Hilfsschulen* wurden besonders gefährdet. Von den 15 *pädagogischen Akademien* wurden 9 geschlossen, den übrigen für 1 Jahr Neuaufnahmen untersagt. Geschlossen wurden auch die *Kunstakademien* in Breslau, Cassel und Königsberg, die *Staatstheater* (mit Ausnahme der beiden Berliner), die Landesturnanstalt. Auch die *Volkshochschulen* und *Universitäten* bekamen die Kürzung zu spüren. Entsprechende Maßnahmen wurden in den andern Bundesstaaten getroffen. – Die Folge der Verordnungen und ihrer allmählichen Durchführung war zunächst eine große Unruhe in allen Betrieben durch die Ungewißheit der Lage, die Entfernung und Versetzung von Lehrkräften; vielfach war ruhige und stetige Arbeit ganz unmöglich.

Wie sich die Einschränkung der Hochschulen in den objektiven Kulturleistungen auswirken wird, ist heute noch schwer zu ermessen. – Aufs härteste betroffen wurde der *Lehrerstand*: in seiner Gesamtheit durch die wiederholten Gehaltskürzungen, viele Tausende durch *Dienstentlassung* oder *Versetzung*. Die ersten, die von den Abbaumaßnahmen getroffen wurden, waren die *Schulamtsbewerber*; und wenn auch sofort Hilfsmaßnahmen für sie vorgesehen wurden, so konnten sie doch nicht ausreichend sein, um der materiellen Not, und noch weniger um der seelischen Not der jungen Menschen zu wehren. Aber auch alte, erprobte Lehrkräfte wurden mitten aus ihrem Wirkungskreis herausgerissen, entweder ganz aus ihrem Beruf entfernt oder in völlig neue, ungewohnte Verhältnisse versetzt. Lehrer*innen* und besonders *katholische* Lehrerinnen sind in unverhältnismäßig großer Zahl an den Verlusten beteiligt. – Welche Gefahren aus all diesen Maßnahmen für die Jugend erwachsen, liegt auf der Hand. Je mehr die Schülerzahl einer Klasse anwächst, desto weniger wird es der Volksschule möglich sein, ihre Erziehungsaufgabe zu erfüllen; in allen Schulgattungen wird die Durchführung der modernen Methoden äußerst erschwert. Die Einschränkung der Berufsschulpflicht und der Stundenzahl an den Berufsschulen bedeutet eine weitere Gefährdung der Jugendlichen, besonders der Mädchen. Die Zusammenlegung von Schulen gefährdet die konfessionelle Erziehung, Ausbreitung der Koedukation die spezifische Mädchenbildung; für diese bedeutet eine weitere Schädigung die Verminderung des Fraueneinflusses durch den starken Abbau weiblicher Lehrkräfte.

II.

Gegenüber all diesen Mißständen und Gefahren erwachsen den katholischen Lehrerinnen große Aufgaben. Der Deutsche Katholische Lehrerinnenverein hat, sobald die ersten Gerüchte von den bevorstehenden Verordnungen laut wurden, mit energischen Hilfsmaßnahmen eingesetzt. Er hat durch Vorstellungen bei den Regierungsstellen die Gefahren abzuwenden gesucht und positive Vorschläge für weniger bedrohliche Sparmethoden gemacht. Er hat, nachdem eine gemeinsame Hilfsaktion aller Standesorganisationen nicht zu erreichen war, für seine Mitglieder eine großzügige Standeshilfe organisiert: materielle Unterstützung, Arbeitsvermittlung, Fortbildungsveranstaltungen, persönliche Beratung.

Darüber hinaus erwächst jedem, der in der Bildungsarbeit steht, die große Aufgabe, *positive Kräfte* zu entbinden. Wir müssen uns auf eine lange Notzeit einstellen und uns darüber klar sein, daß wir an vielem, was wir als Mißstand empfinden, nichts ändern können. Aber wir brauchen nicht zu verzweifeln, weil uns eine Fülle unversieglicher *Quellen geistigen Lebens* zur Verfügung stehen. Wenn wir noch so sehr beschränkt würden in der Ausstattung der Schulen, wenn der Lehrbetrieb sich wieder auf die einfachsten Verhältnisse beschränken müßte: Deutschland ist immer noch reich genug, um Geist und Seele seiner Kinder zu ernähren. Es hat seine Berge und Wälder, seine Ströme und Seen, hat die romantische Herrlichkeit seiner Burgen und Dome, seine alten Stadttore und Wälle und winkligen Gäßchen; es hat seinen Schatz an Liedern und Märchen und höchsten Geistesschöpfungen. Alles das ist da und erschließt sich dem, der dafür aufgeschlossen ist. Bildungsarbeit leisten heißt, Geist und Herz für diesen Reichtum aufschließen.

Aber wir haben noch etwas mehr zu geben als objektive Kulturgüter. Menschen in Not, große und kleine, verlangen mehr als nach objektiven Gütern nach menschlicher Wärme und Güte. Die Kinder in der Schule, die Standesgenossen und Volksgenossen in Not, sie brauchen nicht bloß das, was wir *haben*, sondern das, was wir *sind*. Wer wirksam helfen will, darf damit nicht zurückhalten.

Freilich, wenn wir auf uns selbst gestellt sind, kann der eigene innere Reichtum schnell versiegen. Man kann auf einmal selbst bettelarm sein und nichts mehr zu geben haben. Um niemals mit leeren Händen vor Hilfsbedürftigen stehen zu müssen, muß man aus ewigen Quellen schöpfen, aus den Quellen des Gnadenlebens. Zu ihnen hinzuführen, ist die höchste Bildungsarbeit und die wirksamste Hilfeleistung.

⟨Hier endet das Fragment der Handschrift. Im Berichtsband (s. Situierung), zusammengestellt nach den Niederschriften der Hauptgeschäftsstelle des Vereins katholischer deutscher Lehrerinnen, Berlin-Steglitz, Breitestr. 7, werden die Veranstaltung und der Vortrag Edith Steins geschildert:⟩

Die 47. Hauptversammlung des Vereins katholischer deutscher Lehrerinnen zu Essen, Pfingsten 1932

Dr. Edith Stein gibt mit ihren Ausführungen gewissermaßen die Leitmotive, die in den folgenden Vorträgen immer wieder aufklingen. Sie kennzeichnet im ersten Teil ihrer Ausführungen die Lage und zeigt die Auswirkung der Sparmaßnahmen an den verschiedenen Schularten auf, beginnend mit der Volksschule und fortführend bis zur Pädagogischen Akademie und der Universität. Die Darlegungen gehen von preußischen Verhältnissen aus, erfassen darin aber das Typische, das auch auf die anderen Länder zutrifft.

Bei den Fragen der Volksschule geht sie auf die Erhöhung der Klassenfrequenz ein:

In der klaren Erkenntnis, daß bei der immer weiter um sich greifenden Zerrüttung des Familienlebens in weitesten Kreisen das Elternhaus seiner Erziehungspflicht nicht mehr genüge, haben sich alle an der Jugenderziehung Beteiligten zu dem Grundsatz durchgerungen, daß die Volksschule die Erziehungsstätte des Volkes sein müsse, und es ist an ihrer Ausgestaltung in diesem Sinne in den letzten Jahren mit besonderer Sorgfalt gearbeitet worden: durch entsprechende Einrichtung der Schulgebäude, durch die Auswahl des Lehrstoffs und Anpassung des Lehrverfahrens, durch eine angemessene Vorbereitung der Lehrerschaft für ihre Aufgabe. Für viele Kinder ist diese „neue Schule" eine Heimstätte geworden, die *erste* Heimstätte, die sie kennen lernen. Wieviele kleine Geschöpfe, die aus Schmutz und sittlicher Verwahrlosung kommen, körperlich nervös und seelisch in einer erbarmungswürdigen Verfassung, bekommen hier zum erstenmal eine Atmosphäre der Ruhe, der Ordnung und des Friedens zu spüren, zum erstenmal menschliche Güte und Reinheit, zum erstenmal einen Hauch mütterlicher Liebe, zum erstenmal eine Ahnung von einer Welt über dieser Welt. Niemals wird die Schule voll und ganz ersetzen können, was ein gutes Elternhaus bietet. Aber wenn sie nicht das Äußerste bietet, was an Stellvertretung der elterlichen Pflichten möglich ist, dann ist die Zukunft des deutschen Volkes preisgegeben. Je größer aber die Schülerzahl ist, desto weniger ist es möglich, der Erziehungsaufgabe gerecht zu werden, desto weniger ist man im Stande, den Kindern die individuelle Behandlung zuteil werden zu lassen, die zur erzieherischen Einwirkung nötig ist.

Besonderen Beifall finden die Ausführungen der Rednerin, in denen sie aus dem Wesen pädagogischer Aufgaben heraus begründet, daß Bildungsfragen nicht vom finanztechnischen Standpunkt aus gelöst werden können und dürfen.

Sehr feine Worte findet sie über die Eigenständigkeit der Mädchenbildung, aus der sie die Notwendigkeit der lehrenden Frau als Erzieherin der Mädchen fordert.

Von den Ausführungen über andere Schularten sei hier kurz wiedergegeben, was über die Berufsschulen und über die Hilfsschulen gesagt wurde:

Unter dem Gesichtspunkt der Volkserziehung ist auch äußerst zu beklagen die Einschränkung der *Berufsschulen* durch Herabsetzung ihrer Stundenzahl und Ausschaltung der Haustöchter und Hausangestellten. Hier war gerade ein Weg für die Erziehung zum häuslichen Beruf gebahnt und zugleich ein Weg, um der sittlichen Gefährdung der weiblichen Jugend entgegenzuarbeiten. Der Verzicht darauf bringt die Gefahr einer noch weiter um sich greifenden Verwahrlosung.

Mit nicht geringerer Besorgnis muß man die Bedrohung der *Hilfsschulen* ansehen. Ich glaube, es ist nicht übertrieben zu sagen, daß sie in vieler Hinsicht Musterschulen waren. Nirgends ist wohl mit größerer Berufsfreudigkeit und mit größerem Opfermut gearbeitet worden. Manche moderne Unterrichtsmethode ist in der Hilfsschule ausgedacht und erprobt worden. Vor allem aber haben diese ärmsten Geschöpfe, die Stiefkinder der Natur, die vielfach ihrer Gebrechen wegen auch zu Hause als Stiefkinder behandelt werden, hier eine Stätte echten Kinderglücks gefunden. So sehr ist ihnen das Asyl das eigentliche Heim, daß sie am liebsten den ganzen Tag in der Schule sind und ihre Lehrer dauernd für sich in Anspruch nähmen. Viele von ihnen konnten auch zu Lebenstüchtigkeit erzogen werden, während sie ohne den Einfluß der Schule ganz verkommen wären. Wir haben darum allen Grund, uns für ihre Erhaltung einzusetzen.

Dann spricht sie über die Härten, die den Lehrerstand getroffen haben, und die sich bei einzelnen Gruppen als besonders schwer erweisen. Der nächste Teil handelt über die Maßnahmen, die der Verein traf, um die Schule zu schützen und den besonders schlecht gestellten Gruppen der Lehrerschaft zu helfen.

Im nächsten Teil beschäftigt sich die Rednerin mit der Not der Jugend selbst, namentlich auch mit der der Schulentlassenen:

Die Fürsorge für die Jugendlichen ist noch dringlicher geworden durch die gesteigerte sexuelle Erregbarkeit unserer Zeit und die Gefahren der Arbeitslosigkeit. Darum kann der Abbau im Berufsschulwesen nur mit der größten Besorgnis betrachtet werden; es ist fast mit Sicherheit anzunehmen, daß er sich in gesteigerter Kriminalität auswirken muß – ganz abgesehen von den seelischen Schädigungen, in die keine Statistik Einblick gibt. In den unteren und mittleren Klassen der höheren Schulen sind die Gefahren ähnlich wie in der Volksschule. Auf der Oberstufe und auf den Hochschulen kommt als weiterer Druck, der die jüngeren Seelen belastet, die Ungewißheit der Zukunft, die Schwierigkeit der Berufswahl. Das hemmt die Freude an der Arbeit, den Mut zur Wahl des Weges, auf den die natürliche Begabung drängt, zu dem man sich innerlich berufen glauben durfte; es bedroht unser ganzes freies Kulturschaffen. Es muß betont werden, daß die Lage der Mädchen eine besonders schwierige ist: auf der einen Seite die geringe Aussicht, daß ihnen der Wunsch nach Eheschließung und Familiengründung erfüllt wird, der bei vielen heute viel ausgeprägter ist als in früheren Generationen. Auf der anderen Seite die immer stärker werdende Strömung der Ausschaltung der Frau aus dem Berufsleben. Wir sehen in diesem doppelten Hemmnis nicht nur eine schwere Belastung der weiblichen Jugend, sondern zugleich eine Gefahr für unser gesamtes Kulturleben. Es ist freilich zuzugeben, daß die überhandnehmende Berufstätigkeit der verheirateten Frau eine Gefahr für das Familienleben bedeutet. Hier wäre eine rückläufige Bewegung, eine stärkere Einstellung auf die häuslichen, ehelichen, mütterlichen Pflichten zu begrüßen. Es ist schon ausgeführt worden, daß daraus die Forderung verstärkten – nicht geminderten – weiblichen Einflusses in der Mädchenerziehung erwächst. Auf der anderen Seite sind wir der Überzeugung, daß der Anteil der Frauen am Kulturleben und -schaffen, wie er in den letzten Jahrzehnten angebahnt wurde, vor allem ihre ausgebreitete soziale Tätigkeit, ihre Mitarbeit an der Gestaltung des Erziehungs- und Bildungswesens und am

Aufbau des neuen Staats, eine objektive Notwendigkeit im Interesse unseres Volkes wie der ganzen Menschheit ist. Weil wir an diese objektive Notwendigkeit glauben, können wir uns nicht denken, daß die Kräfte, die sich der Entwicklung entgegenstemmen und die Räder rückwärts drehen wollen, einen dauernden Erfolg haben könnten. Wohl aber könnten sie schwere Entwicklungsstörungen hervorrufen. Fragen des Kultur- und Geisteslebens aber dürfen nicht nach rein materiellen oder nur biologischen Gesichtspunkten erledigt werden.

Nach dieser Kennzeichnung der Lage spricht Dr. Edith Stein von der für uns so bitteren, aber unabweisbaren Tatsache, daß wir uns auf eine lange Notzeit gefaßt machen müssen. Sie scheidet zwischen dem, was nach der gegebenen Situation als unabwendbar hingenommen werden muß, und dem, was eine verantwortungsbewußte Zeit im Interesse der Zukunft des Volkes wieder aufbauen muß.

Die Rednerin warnt vor untätigem Pessimismus. Das ganze Volk müsse zu einer Notgemeinschaft werden, und an den Erziehern der Jugend läge es vor allem, die positiven Kräfte zu entbinden, die zu einem wenn auch langsamen Wiederaufstieg führen können. Sie weist nach, daß durch die finanziellen Beschränkungen die Bildungsarbeit nicht unmöglich gemacht wird:

Denn Bildungsarbeit verwendet zwar materielle Hilfsmittel und ist bis zu einem gewissen Grade daran gebunden; aber ihrem innersten Wesen nach ist sie ein Werk des Geistes und schöpft aus unversieglichen Quellen. Und Deutschland ist so reich an solchen Quellen, daß es Geist und Seele aller seiner Kinder sättigen könnte, wenn man sie nur zu erschließen wüßte. Wir haben noch etwas mehr zu geben und müssen mehr geben als objektive Kulturgüter. Menschen in Not, Große wie Kleine, verlangen nach mehr als objektiven Kulturgütern, verlangen nach menschlicher Güte und Wärme. Schon um die objektiven Güter zugänglich zu machen, ihre menschenbildende Kraft zu entbinden, muß man selbst darin leben und das, was man in sich hat, lebendig ausströmen lassen. Anderes kommt hinzu: All die Fragen, die heute die Menschen bestimmen und bedrängen, die lastende Not, sie verlangen nach Aussprache und Lösung. Die Kinder in der Schule, die Standes- und Volksgenossen in Not, sie klopfen an unser Herz; sie brauchen nicht bloß das, was wir *haben*, sie brauchen das, was wir *sind*. Und wir dürfen damit nicht zurückhalten, wenn wir wirksam helfen wollen. – Dazu gehört freilich, daß die Menschen, die einander helfen können, zusammengeführt werden. Unsere Kinder brauchen Leitung und Führung, für diese und für eine andere Welt, treue und warmherzige Behütung durch frische, glaubensfreudige, tatkräftige und opferfreudige Menschen. Tausende von Junglehrern und Junglehrerinnen, aber auch von älteren, harren sehnsüchtig darauf, Bildungsarbeit leisten zu dürfen: führt sie zusammen! Wenn man daran geht, Arbeitsmöglichkeiten zu schaffen, den Arbeitsdienst zu organisieren, dann können wir nicht laut genug rufen: Denkt daran, daß der Mensch nicht vom Brot allein lebt![1] Denkt daran, daß nicht bloß der Körper Nahrung und Betätigung braucht, um nicht zu erschlaffen und zu entarten, sondern auch Geist und Seele! Denkt daran, daß es auch geistiges Ödland gibt! Organisiert die geistige Arbeit! Und wenn man uns nicht hören sollte, oder wenn man nicht so bald die Wege fände oder durch die schwere Gesetzgebungsmaschinerie in der Durchführung gehemmt würde: so müßten wir mit eigener Tat vorangehen, wir, die katholischen Lehrerinnen, als geschlossene, hilfsbereite Notgemeinschaft. Es ist schon manches geschehen durch Fürsorge für Fortbildungsgelegenheiten. Das ist gut und nützlich. Aber fruchtbarer und beglückender als Fortbildung ist schöpferische Arbeit, Dienst in der Gemeinschaft. Suchen wir, wo wir können, die brachliegenden Kräfte durch freiwilligen Arbeitsdienst fruchtbar zu machen: in der Schule, in der Kinderhilfe, in der Volksbildungsarbeit, in freiem wissenschaftlichen und künstlerischen Schaffen. Aus solcher Auffassung der Zeitaufgaben heraus wächst opferfreudiger Wagemut, dem seine Kraft aus ewigen Quellen zuströmt.

Daraus ergibt sich wie mit Naturnotwendigkeit, daß dieser Vortrag über die Not im Ethischen mündet und im Religiösen ausklingt. *Die feinen Ausführungen des letzten Teils seien darum hier ungekürzt wiedergegeben:*[2]

Es ist eine große Aufgabe, die vor uns steht: das Letzte hergeben, was uns an materiellen Mitteln entbehrlich ist, neue Wege zu bahnen und Menschen, die mutlos und verbittert sind, aufzumuntern, daß sie Mut und Vertrauen fassen und fähig werden, diese neuen gebahnten Wege zu gehen. *[3]Eine so große Aufgabe, daß unser eigener Mut versagen müßte, wenn wir darauf angewiesen wären, sie aus eigener Kraft zu leisten. Aber das brauchen wir nicht. Wir sind *katholische* Lehrerinnen. Und wenn wir damit Ernst machen wollen, dann stehen uns unerschöpfliche Quellen zur Verfügung: die Gnadenschätze unserer Hl. Kirche. Das Pfingstfest hat es uns eben wieder lebendig vor Augen geführt, wie der Geist aus der Höhe die armen Fischer von Galiläa umwandelte, daß sie im Namen Jesu zu dem Gelähmten sprechen konnten: steh auf und wandle![4], daß sie das Evangelium verkünden konnten bis an die Grenzen der Erde und das Angesicht der Erde erneuern.[5] Der Geist aus der Höhe ist zu uns wie zu ihnen gesandt: wenn nur die Herzen bereitet sind. Nichts tut uns heute so not wie die Taufe mit Geist und mit Feuer.[6] In

---

[1] ⟨Vgl. Dtn 8, 3; Mt 4, 4.⟩
[2] ⟨Der Satz zwischen den Sternchen erscheint nicht im Druck, nur im Typoskript.⟩
[3] ⟨Siehe unten, Fußnote 16.⟩
[4] ⟨Vgl. Apg 3, 1–10.⟩
[5] ⟨Vgl. Mt 28, 19 f.⟩
[6] ⟨Vgl. Mt 3, 11.⟩

dem großen Kampf zwischen Rom und Moskau,[7] zwischen Christus und Luzifer gehören die an die Front, die berufen sind, Menschen zu bilden. Für diesen Kampf uns zu rüsten und dauernd gerüstet zu halten, ist unsere dringlichste Aufgabe. „Wenn das Salz dumpf wird, womit soll man es salzen?"[8] Das Salz hat Kraft, solange der Geist des Herrn darin wirksam ist. Sich rüsten heißt, ihn in sich aufnehmen und bewahren. Das ist im Grunde so einfach. Denn er ist ja nicht fern von uns – in ihm leben wir, bewegen wir uns und sind wir.[9] Und wenn wir ihn suchen, so will er sich finden lassen. Ja, er wartet nicht einmal, bis wir ihn suchen, er ist beständig auf der Suche nach uns und kommt uns entgegen. Er spricht zu uns durch sein *Wort*. Ach, wenn wir es nur lernten, *lebendig zu hören*, mit dem Geist und mit dem Herzen, statt mit toten Sinnen, dann würden wir es erfahren, daß Gottes Wort *Leben* ist, und daß mit ihm die Kraft Christi in uns eingeht. „Der Herr ist mein Licht und mein Heil – wen sollte ich fürchten?"[10] Wer könnte ein solches Psalmwort *lebendig* aufnehmen, ohne daß es sogleich licht würde in seiner Seele, und ein froher Mut zu jedem Kampf darin wach würde? Und wenn wir es lernten, *lebendig* zu sprechen: die großen, heiligen Worte nicht wie abgegriffene Münze auszugeben, sondern mit ihrem vollen Sinn, frisch geprägt aus einem wachen Geist und glühenden Herzen – dann würden wir erfahren, daß in unsern Worten die Kraft des Geistes lebt, daß sie Leben entzünden in andern Herzen und durch alle Himmel dringen und Gnade und Beistand herabholen. – Er spricht nicht nur zu uns durch das Wort der Schrift – er *wohnt unter uns*. Er hat sein Zelt in unserer Mitte[11] aufgeschlagen, und es ist seine Wonne, bei den Menschenkindern zu sein[12]. Sagen wir es uns wohl jedesmal, wenn wir eine Kirche betreten, was es für ein unfaßliches Geschenk ist, daß wir zum Herrn kommen und mit ihm als mit unserem treuesten und liebevollsten Freund sprechen dürfen? Ach, wenn unser eucharistischer Glaube lebendig wäre, wir könnten uns nirgends auf der Welt fremd und einsam fühlen. Und wir könnten jedem unserer Kinder eine Heimat schenken fürs ganze Leben. – Wir wohnen dem Hl. Opfer bei, so viele von uns täglich. Und wir beten mit den Worten der Meßliturgie, daß *unser* Opfer dem Herrn wohlgefällig sein möge. Sind wir aber schon wirklich eingedrungen in das Geheimnis des Opfers und die Wissenschaft des Kreuzes?[13] Sind wir lebendig durchdrungen davon, daß das Kreuzesopfer, wie es sich vor unsern Blicken täglich erneuert, der Preis unserer Erlösung ist, dar-

[7] ⟨D. h. zwischen katholischer Kirche und Kommunismus.⟩
[8] ⟨Mt 5, 13.⟩
[9] ⟨Vgl. Apg 17, 28.⟩
[10] ⟨Ps 27, 1.⟩
[11] ⟨Vgl. Ps 78, 60.⟩
[12] ⟨Vgl. Spr 8, 31.⟩
[13] ⟨Der erste Anklang an Edith Steins letztes Werk *Kreuzeswissenschaft* (ESGA 18).⟩

gebracht für uns, die wir gegenwärtig sind, und für alle, die wir in Not und Leid und Sünde und Unglauben verstrickt wissen? Wüßten wir es mit einem lebendigen Wissen, daß *unser* Opfer erlösende Kraft hat in Vereinigung mit dem Opfer des Heilands: dann könnten wir nicht zusammenbrechen unter dem Leid, das auf uns gehäuft wird, wir müßten es grüßen mit dem Jubelruf der Passionszeit: Ave, crux, spes unica![14] Wir würden es ergreifen und zum Altar tragen und sprechen: laetus obtuli universa[15].*[16]

Die heilige Kirche läßt uns in ihrer *Liturgie* in jedem Jahre den ganzen Weg mitgehen, den der Herr gegangen ist. In jedem Jahre erneuert sie in uns die Freude darüber, daß er zu uns herabgekommen ist. Und stillem Advents- und jubelndem Weihnachtsglück verschließen sich wenige Herzen. Aber er kam herab, um den dunklen Weg des Leidens zu gehen. Und wir dürfen davor nicht haltmachen. Durch die Nacht des Leidens und des Todes werden wir zur Herrlichkeit der Auferstehung geführt. Das Alleluja, das am Karsamstagmorgen[17] zart und leise und verhalten erklang, weil in seine Seligkeit noch der Karfreitag nachzitterte, es hat sich zu immer hellerem Jubel gesteigert, bis der Herr emporstieg über alle Himmel, um seinen Thron einzunehmen zur Rechten des Vaters. Sind wir den ganzen Weg mit ihm gegangen, so ist unser Herz nun dort oben, wo die ewigen Freuden sind,[18] und wir wissen, daß die Leiden dieser Zeit nichts sind gegenüber der künftigen Herrlichkeit[19]. Aber wenn auch unser Wandel im Himmel ist[20] – wir haben noch eine Aufgabe auf dieser Erde. Der Weg des Menschensohns ist beendet. Seine Apostel haben sein Erbe zu verwalten. Er hat sie nicht als Waisen zurückgelassen,[21] sondern ihnen den Geist gesandt, der sie alle Wahrheit lehrte.[22] Und überall in der Welt und bis ans Ende der Tage, wo das Wort des Evangeliums erklingt und als Samenkorn auf guten Boden fällt in einem Menschenherzen, da wird dieses Herz zum Tempel des Heiligen Geistes und der ganzen Hl. Dreifaltigkeit. Und wenn es darauf lauscht, was in der Stille des Herzens

---

14 〈„Sei gegrüßt, Kreuz, einzige Hoffnung": aus dem Vesper-Hymnus der Karwoche.〉

15 〈„Fröhlich habe ich alles hingegeben."〉

16 〈Zwischen den ** ist der im Druck fehlende Absatz aus dem Typoskript eingefügt.〉

17 〈Damals wurde die Liturgie des Gründonnerstags und Karfreitags und selbst der Osternacht jeweils am Vormittag dieser Tage gefeiert. So wurde das Osterhalleluja bereits in der Frühe des Karsamstags angestimmt. Erst Papst Pius XII. führte nach dem Zweiten Weltkrieg die Erneuerung der Kar- und Osterliturgie durch, die auch das Anstimmen des Halleluja wieder in die Osternacht verlegte.〉

18 〈Oration des 4. Sonntags nach Ostern, im vorkonziliaren *Schott* nach einem Augustinus-Zitat: „Gib, daß wir ersehnen, was du versprichst, auf daß du unsere Herzen inmitten des Wechsels der irdischen Dinge dort verankerst, wo die ewigen Freuden sind."〉

19 〈„Ich bin überzeugt, daß die Leiden der gegenwärtigen Zeit nichts bedeuten im Vergleich zu der Herrlichkeit, die an uns offenbar werden soll." Röm 8, 18.〉

20 〈„Unsere Heimat aber ist im Himmel." Phil 3, 20.〉

21 〈Vgl. Joh 14, 18.〉

22 〈Vgl. Joh 16, 13.〉

der Geist Gottes spricht, und entschlossen ist, nicht nur Hörer, sondern auch Vollbringer des Wortes zu sein, dann ist es bereitet zum Apostolat und zur Mitwirkung am Erlösungswerk Christi. Schließen wir die Reihen und helfen wir einander, daß wir bereit werden zu dem Apostolat, zu dem wir berufen sind: ins Dunkel der Zeit das Licht der Ewigkeit hineinzutragen, unter stürzenden Trümmern hervorzuholen, was zur Dauer bestimmt ist, und den neuen Tempel zu bauen und alle Klagen zum Verstummen zu bringen durch den hellen Jubel des österlichen Alleluja.

Diesen heiligen Ruf der Freude, die durch keine materielle Not zerstört werden kann, nimmt der Chor in einem vollendet gesungenen Liede auf, und Orgelklang schließt diese erste Sitzung der Hauptversammlung.

Rezension: Katholische Kirche und Schule

Situierung: Als sich Edith Stein im Gästezimmer des Karmel Köln von Mitte Juli bis Mitte August 1933 aufhielt, verfaßte sie wahrscheinlich die nachfolgende Rezension. Am 20. 11. 1933 schrieb sie, nun schon Postulantin, an Dr. Hans Brunnengräber in Münster: „... mit der kleinen Änderung meiner Besprechung bin ich selbstverständlich einverstanden ...“. Die Rezension ist in der *Vierteljahresschrift für wissenschaftliche Pädagogik,* Münster, 9 (1933), S. 495 f., erschienen (B II 61), unterschrieben mit „E. Stein, Köln“; Nachdruck in: ESW XII, S. 92–94. Eine Handschrift ist nicht vorhanden.

Katholische Kirche und Schule. Eine Untersuchung über die historische und rechtliche Stellung der katholischen Kirche zu Erziehung und Unterricht mit besonderer Berücksichtigung der Verhältnisse in Preußen von Dr. jur. Edgar Werner *Dackweiler.*
(Veröffentlichung der Sektion für Rechts- und Staatswissenschaft der Görresgesellschaft. Verlag Schöningh, Paderborn 1933, 264 S., 12,80 RM.)

Der Verfasser spricht im Vorwort, das im Herbst 1932 geschrieben wurde, den Wunsch aus, daß seine Arbeit mit beitragen möchte „zu dauernder Sicherstellung der Rechtsansprüche von Kirche und Staat auf die Schule und damit zu deren einträchtiger Zusammenarbeit für die religiös-sittliche und staatsbürgerliche Ertüchtigung von Jugend und Volk“. Wenn er damals schon von einer „schulpolitisch so bewegten Zeit“ schreiben konnte, so sind heute diese Fragen noch viel brennender geworden, und man muß ihm dankbar sein für seine gründlichen geschichtlichen, rechts- und verfassungskundlichen Untersuchungen, deren nüchterne Daten ein eindringliches Bild vor uns erstehen lassen von dem, was die katholische Kirche allezeit als heilige Pflicht und unveräußerliches Recht in Sachen der Erziehung angesehen hat, von ihren Leistungen auf diesem Gebiet und von den Kämpfen, die sie darum führen mußte.

Ein einführender Überblick über die Entwicklung des Schulwesens in Deutschland von den Tagen des hl. Bonifatius bis zum Beginn des 19. Jahrhunderts zeigt, wie das gesamte Erziehungswesen der Kirche seine Schöpfung verdankt und ursprünglich auf das übernatürliche Ziel des Menschen hingeordnet ist; wie auch das staatliche Eingreifen seit Karl d⟨em⟩ Gr⟨oßen⟩ und die Bemühungen der Städte im späteren Mittelalter nur im Dienst der kirchlichen Erziehungsziele stehen. Auch die Reformation hat darin noch keine grundsätzliche Wandlung gebracht. Erst durch die Ausbildung des absolutistischen Staates verliert die Kirche „ihre absolut leitende und beaufsichtigende Stellung in Schulangelegenheiten. Diese ihre Position nimmt der Staat ein, wenigstens bemüht er sich darum. Er bedient sich zu diesem Zweck einstweilen der kirchlichen Organe, ist aber gleichwohl schon bestrebt, eigene, von der Kirche unabhängige Aufsichtsbehörden zu schaffen … Die Schule dient nicht mehr in erster Linie der Förderung des Gottesdienstes und der Erlangung des Seelenheils, sondern dem Staatswohl." (S. 51) Im Allgemeinen Landrecht von 1794 hat der Staat die Schulhoheit in Anspruch genommen; seitdem sind die Geistlichen die ausführenden Organe der staatlichen Schulaufsicht. Die preußische Verfassung von 1850 erkannte der Kirche kein *unmittelbares* Aufsichtsrecht mehr zu; der Staat bediente sich aber noch der Geistlichen als der vielfach einzig Sachverständigen wenigstens noch für die lokale Schulinspektion, und es herrschte zunächst noch eine positive Bewertung des geistlichen Einflusses und die Überzeugung von dem Anrecht der Kirche auf Mitwirkung an der Gestaltung von Unterricht und Erziehung. Eine grundsätzlich andere Einstellung zeigte erst das Gesetz vom *11. März 1872*, das die Trennung von Staat und Kirche durchführte und dem Staat das alleinige Aufsichtsrecht zusprach, sowie die ausgesprochen kirchenfeindliche Kulturpolitik des Ministeriums *Falk*[1]. Gegenüber den rechtswidrigen Übergriffen der folgenden Kampfjahre – Verpflichtung der Lehrer, auch ohne missio canonica[2] Religionsunterricht zu erteilen; Verletzung des verfassungsmäßigen Rechts der Kirche, Privatschulen zu gründen, durch die Ausschließung der Orden – haben die deutschen Bischöfe, die Pfarrgeistlichen und das katholische Volk einmütigen Widerstand geleistet, bis die Regierung allmählich den Rückzug antrat.

Gegenüber der wechselnden positiv-rechtlichen Lage hat die Kirche unentwegt ihr göttliches und geschichtliches Recht geltend gemacht. Sie hat ihre Ansprüche niedergelegt in den Canones 1372–1382 des neuen *Codex Iuris Canonici*[3] von 1918. Ihre grundsätzliche Auffassung hat vorher und nachher klaren Ausdruck gefunden in den Enzykliken Leos XIII. und Pius' XI. Niemals wird sie von der Forderung konfessioneller Erziehung ablassen. Was kirchlicherseits unter einer *konfessionellen Schule* zu verstehen ist, das hat Leo XIII. in der Enzyklika „Affari vos" von 1897 ausgesprochen: eine Schule, in der ausschließlich katholische Lehrer angestellt sind, deren Lehr-

---

[1] ⟨Adalbert Falk (1827–1900) hatte als Kultusminister 1872–79 die führende Rolle im Kulturkampf und errichtete Simultanschulen bzw. Gemeinschaftsschulen, d. h. für Schüler unterschiedlicher Konfessionen.⟩

[2] ⟨Kirchliche Lehrerlaubnis für Religionsunterricht.⟩

[3] ⟨Gesetzbuch des Kanonischen Rechts: enthält das geltende Recht der Katholischen Kirche des lateinischen Ritus.⟩

und Lesebücher die bischöfliche Approbation haben, in der die Kirche das gesamte Unterrichtswesen mitbestimmt. Von diesem Standpunkt aus sind die Verhandlungen in der Weimarer Nationalversammlung sowie zwischen dem Heiligen Stuhl und den Regierungen der deutschen Länder geführt worden, deren Ergebnis die Konkordate mit Bayern, Preußen und Baden waren.

Die Reichsverfassung von 1919, die erste reichsgesetzliche Regelung des Schulwesens, stellt einen Kompromiß zwischen den verschiedensten weltanschaulichen und darum auch schulpolitischen Auffassungen dar. So konnte sie dem katholischen Ideal keineswegs entsprechen, aber sie hat doch vieles Wesentliche aufgenommen: „Zunächst die Erklärung des Religionsunterrichts, abgesehen von der weltlichen Schule, zum ordentlichen Lehrfach, wieder die Sicherung, daß der Religionsunterricht nach den Grundsätzen der katholischen Kirche erteilt wird, worin gleichzeitig die Anerkennung des Erfordernisses der missio canonica wie der kirchlichen Genehmigung der Religionsbücher liegt, ferner die Garantie für die Anstellung nur glaubenstreuer und sittlich gefestigter Lehrpersonen, sodann die Möglichkeit einer Übertragung der Aufsicht und Leitung des Religionsunterrichts auf die katholische Kirche, ja sogar die Erteilung durch sie …" (S. 253) Bedeutsame Ergänzungen der Verfassungsbestimmungen sind das Gesetz über die religiöse Kindererziehung vom 15. 7. 1921 und die genannten Konkordate.

Das verdienstliche Werk wird jedem nützen, dem es in diesen Tagen um eine ernste grundsätzliche Besinnung zu tun ist und der die schulpolitische Entwicklung bis zum heutigen Reichskonkordat[4] verfolgen will.

---

[4] ⟨Das am 20. 7. 1933 zwischen dem Vatikan und dem nationalsozialistischen Deutschland abgeschlossene Konkordat, in dem u. a. Konfessionsschulen und Religionsunterricht gesichert wurden.⟩

Der Intellekt und die Intellektuellen

Situierung: Der Gymnasiallehrer und Historiker Dr. Emil Vierneisel, Vorsitzender der Ortsgruppe Heidelberg des Katholischen Akademikerverbandes, lud im Herbst 1930 Edith Stein zu einem Vortrag ein (er hatte in Salzburg ihren Vortrag *Das Ethos der Frauenberufe* gehört; vgl. seine Besprechung in: ESGA 13, Anhang, S. 227). Edith Stein antwortete ihm am 9. Oktober 1930: „… es fiel mir neulich ein Thema ein; ich nenne es Ihnen aber nur ganz unverbindlich … ‚Der Intellekt und die Intellektuellen'. Das würde von Thomas ⟨von Aquin⟩ herkommen und dann sehr praktisch werden." (Br. 110, ESGA 2) – Der Vortrag fand am 2. Dezember 1930 statt, und zwar im Hörsaal 13, dem damals größten der Heidelberger Universität. – Der Vortrag wurde veröffentlicht in: *Das Heilige Feuer. Religiös-kulturelle Monatsschrift*, Jungfermannsche Buchhandlung, Paderborn; 1. Teil: 18 (Mai–Juni 1931), S. 193–198; 2. Teil (Juli–August 1931), S. 267–272 (B II 8 b, E I 17, B II 67). Beide Hefte geben als Autor an: Dr. Edith Stein. – Im Nachlaß befindet sich keine Handschrift. Jedoch geben die Briefe mehrfache Hinweise auf dieses Referat (Br. 115, 118, 119, ESGA 2). In der Zettelsammlung P/B II findet sich ein handschriftliches Konzept, das dem Vortrag vorausgeschickt wird.

⟨Vortragskonzept⟩

Der Intellekt und die Intellektuellen

16. XI.

Anlaß
Parallele von Individuum und Gemeinschaftsorganisation
I Der Intellekt in seiner Bedeutung für die Einzelpersönlichkeit:
a) Gesamtbild der menschlichen Kräfte.
II Menschentypen entsprechend dem Vorwalten verschiedener Kräfte
III Zusammenspiel der Kräfte im sozialen Ganzen
Die verschiedenen Typen von Intellektuellen und ihre Funktion im Staat.
Volksführung und Staatsleitung.
Beweglichkeit der Stände gegeneinander.[1]

[1] ⟨Das Vortragskonzept wurde von Edith Stein unvollständig nummeriert.⟩

⟨Vortrag⟩

In den Kreisen der Intellektuellen kann man es noch vielfach finden, daß sie wie mit einer selbstverständlichen Tatsache damit rechnen, sie seien die berufenen Führer des Volkes. Betrachtet man dem gegenüber die Tatsachen der Geschichte und speziell die Ereignisse der letzten Jahre, der Kriegs- und der Nachkriegszeit, so tauchen einem gewichtige Zweifel auf: sowohl an der Tatsächlichkeit der Führerschaft wie am Berufensein zur Führung. Es lohnt sich also wohl, dieses für uns praktisch außerordentlich wichtige Problem einmal theoretisch durchzudenken.

Ich gehe zu diesem Zweck aus von der alten Analogie zwischen Individuum und Gemeinschaft oder Einzel- und Gesamtpersönlichkeit. Denken wir an die Fabel des Menenius Agrippa[2] von dem Streit zwischen Magen und Gliedern oder an den Aufbau des platonischen Staats[3]: hier wie dort haben wir das Volk mit einem Organismus verglichen, dessen Kräfte durch die einzelnen Stände repräsentiert werden. Es handelt sich dabei um mehr als um ein bloßes Bild. Jede Gemeinschaft – von der engsten, der Familie, bis zur umfassendsten, der gesamten Menschheit – ist in der Tat ein Organismus, dessen Glieder und Organe einzelne Persönlichkeiten und ganze Gruppen von Menschen sind. Die Grundkräfte der Seele und des Leibes sind bei allen Menschen dieselben, aber sie sind in verschiedenem Maß und Verhältnis angelegt und entfaltet, und dem entspricht die Stellung, die den Individuen und Gruppen im sozialen Ganzen zukommt, und die Funktion, die ihnen darin obliegt. So kann man gemäß dem jeweiligen Verhältnis der Kräfte verschiedene Menschentypen unterscheiden und ihre soziale Bedeutung ermessen. Demnach wird es der gegebene Weg sein, zuerst sich ein Gesamtbild der menschlichen Kräfte vor Augen zu stellen und ihr Zusammenwirken klarzulegen, sodann die möglichen Abwandlungen des Zusammenwirkens, schließlich den Aufbau des sozialen Organismus, wie er sich daraus ergibt.

I.

Man hat den Menschen gern einen Mikrokosmos genannt. Er ist gewissermaßen ein lebendiges Kompendium der gesamten Schöpfung; die Reiche, die uns in andern Gebilden getrennt entgegentreten, sind ihn ihm vereint. Der menschliche Leib ist ein *Ding* mit *materiellen* Eigenschaften, Härte,

[2] ⟨Menenius Agrippa, gest. 493 v. Chr, bewog nach der Sage die ausgewanderten Plebejer Roms durch die Fabel von der Empörung der Glieder gegen den Magen und die Zubilligung von Volkstribunen zur Rückkehr.⟩

[3] ⟨Platon (428–348 v. Chr.) legte mit *Politeia* (Der Staat) einen utopischen philosophischen Entwurf eines sozialen Organismus vor.⟩

Schwere und dgl., und unterliegt rein mechanischen Einwirkungen und Prozessen. Aber es wäre eine unsachgemäße Abstraktion, ihn nur als das zu betrachten und zu behandeln. Denn er wird – gleich allem *Lebendigen* – von innen heraus geformt und gestaltet, gleich allem *Animalischem* von innen her bewegt und von äußeren Einwirkungen innerlich betroffen; er spiegelt ein inneres, ein *seelisches Leben* wieder und wird von innen her von einem zielbewußten, *vernünftigen Willen* frei als Werkzeug gehandhabt. Für die äußere Betrachtung ist der Leib als das in die Sinne Fallende das Erste und der Geist das Letzte. Von innen her gesehen ist der selbstbewußte Geist das Erste und der Körper das Entfernteste und Letzte. Und doch steht – von außen wie von innen gesehen – der Mensch nicht als Kompositum aus getrennten Teilen, sondern als *Einheit* da. Im Handeln *fühlt* sich der Geist eins mit dem Leib, den er regiert. Und für den äußeren Blick *spricht* aus der sinnenfälligen Erscheinung die geistige Person. Zwischen die äußersten Pole – den Geist, der auf den Körper schauen und ihn behandeln kann fast wie ein fremdes Ding, und den Körper, der wie ein materielles Ding unter andern steht – schiebt sich ein Zwischengebiet, das leiblich-seelisch zugleich ist: die *Sinnlichkeit.* In den sinnlichen Zuständen sind Leib und Seele betroffen, wenn auch in manchen die Seele primär, der Leib sekundär betroffen, in anderen umgekehrt. Die traditionelle metaphysische Psychologie unterscheidet in der Einheit der Seele, die sie als einfache Substanz auffaßt, einen höheren und einen niederen Teil: *Geist* und *Sinnlichkeit.* Diese gleichsam horizontale Grenzlinie wird geschnitten von einer vertikalen: der obere wie der untere Teil scheiden sich in Erkenntnis- und Strebevermögen. Auf den Sinnen baut sich der *Verstand* auf, über dem niederen Streben erhebt sich der *Wille.* Verstand und Wille, die geistigen Vermögen, sind nach Thomas ⟨von Aquin⟩, im Gegensatz zu den niederen Kräften, nicht an ein bestimmtes leibliches Organ gebunden. Reine Geister erkennen und streben ohne sinnliche Grundlage. Im Menschen aber, der ein sinnlich-geistiges Wesen ist und dessen Seele in den Leib gebettet, arbeiten die höheren Kräfte auf Grund des Materials, das ihnen die niederen liefern. Die äußere Welt „fällt" zunächst „in die Sinne", aber das pure sinnliche Betroffensein ist kein Erkennen, es ist blind.[4] Es muß vom „Licht des Verstandes" durchleuchtet werden, der Verstand arbeitet daran die Gestalt der Dinge, ihre *species*, heraus und dringt in ihr Inneres ein. Er kann darüber hinaus zu höheren Wahrheiten emporsteigen, die nicht mehr die sinnenfällige Außenwelt betreffen. Dabei wird ihm alle seine Erkenntnisarbeit ermöglicht durch einen Bestand an Wahrheiten, den er ursprünglich in sich trägt, wenn er sich ihrer auch nicht von vornherein bewußt ist: die *ersten Prinzipien*, die „Samen" aller möglichen menschlichen Erkenntnis. Den arbeitenden, vorwärtsdringenden, Erkennt-

[4] ⟨Vgl. Stein, Edith, *Potenz und Akt*, ESW XVIII, Freiburg 1998, S. 246 f.; ESGA 10.⟩

nis erwerbenden Verstand nennt Thomas *intellectus agens*; den Verstand, sofern er einen ursprünglichen Erkenntnisbesitz in sich trägt und dadurch zu weiterem Erwerb befähigt ist, der ferner alles neuerworbene Erkenntnisgut als dauernden Besitz in sich bergen kann, den *intellectus possibilis*. Der Verstand ist zunächst als Potenz, als seelisches Vermögen gedacht. Doch seine höchste Existenzweise ist das *intelligere in actu*, das aktuelle Erkennen. Darum ist der göttliche Verstand *actus purus;* den Wechsel von Potenz und Akt gibt es nur beim geschaffenen Verstand. Das aktuelle Erkennen selbst zeigt noch verschiedene Formen: es ist einmal *Erkenntnisbewegung*, schrittweises Vordringen, logisches Verfahren, wie wir sagen; Thomas nennt es *ratio* (das ist *eine* der mannigfachen Bedeutungen dieses inhaltsreichen Wortes); es kann ferner *ruhendes Schauen* sein, *Intuition*, Umfassen der Wahrheit mit einem Blick. Das geistige Schauen, das alle Wahrheit mit einem Blick umfaßt, ist die Erkenntnisweise der reinen Geister, Gottes und der Engel. Mit dem Unterschied, daß der göttliche Verstand *alle* Wahrheit *überhaupt* umspannt, während die geschaffenen Geister alles, was ihnen überhaupt zugänglich ist, uno intuitu[5] erkennen. Die spezifisch-menschliche Form des Erkennens ist das rationale Verfahren, das schrittweise Vorgehen. Aber mit seiner Höchstleistung reicht der menschliche Verstand (nach einem von Thomas vielzitierten Satz des Dionysius)[6] an die Erkenntnisweise der höheren Geister heran; alle Erkenntnisbewegung zielt ab auf das ruhende Schauen der Wahrheit und geht aus von der intuitiven Erkenntnis der Prinzipien; wir können noch hinzufügen: sie wird motiviert durch ein erstes Aufblitzen der Wahrheit, die gesucht und erarbeitet werden will, durch ein momentanes Vorwegnehmen der festen und dauernden Anschauung. – Die Erkenntnisbewegung ist *Aktivität* und als solche *Willensleistung*, d.h. das Tun des Verstandes wird vom Willen dirigiert. Andererseits ist der Wille als solcher blind, er kann nichts als Ziel ins Auge fassen, was ihm nicht in gewisser Weise der Verstand vorstellt. Das scheint zunächst ein circulus vitiosus[7] zu sein, ist aber doch keiner. Wir brauchen nur an das zu denken, wovon soeben die Rede war: das Aufblitzen einer Wahrheit, die Verstandesarbeit erfordert, um dauernder Besitz zu werden. In dem Aufblitzen empfängt der Verstand passiv etwas, aber er empfängt es als ein Motiv, das ihn in Bewegung setzen will und ihn durch den Anteil des Willens tatsächlich in Bewegung setzt. In der „Verstandeshandlung", wie in jedem „willentlichen Akt",

[5] ⟨mit *einem* Blick.⟩
[6] ⟨Der vermutlich syrische Kirchenvater (Pseudo-) Dionysius Areopagita, um 500 n.Chr., ist Verfasser der Werke *Über die göttlichen Namen, Über die himmlische Hierarchie, Über die kirchliche Hierarchie, Über die mystische Theologie* und einiger Briefe. Edith Stein interpretiert ihn in: *Wege der Gotteserkenntnis. Studie zu Dionysius Areopagita*, ESGA 17, Freiburg 2003.⟩
[7] ⟨Teufelskreis.⟩

jeder *Aktion*, sind Willens- und Verstandesleistung so sehr eins, daß man von hier aus eine Ahnung bekommt, was es heißt, daß in Gott Wille und Verstand vollkommen realiter eins seien. Beim Menschen bleibt die Möglichkeit getrennter, wenn auch ineinandergreifender Akte. Die nahen Zusammenhänge zwischen beiden aber stellen sich, wie ich glaube, nicht erst im Geistigen her, sondern sind schon vorbereitet in den sinnlichen Unterlagen. Wenn ein Subjekt sinnlich betroffen, „affiziert" wird, so ist das auf der einen Seite ein Appell nach außen; der Verstand wird angeregt, sich einem äußeren Ding oder Geschehen zuzuwenden und es sich sozusagen „geistig einzuverleiben". Auf Grund von Sinnesempfindungen holt es die Außenwelt erkennend in sich hinein. Es kann aber auch ein sinnlicher Reiz als *persönliche* Affektion empfunden werden, als etwas, was die Seele in ihrem eigenen Sein trifft und mit Schmerz und Lust in den mannigfachsten Abstufungen erfüllt. Diese „sinnlichen Gefühle", wie man heute sagt, oder „Passionen", wie sie mit allem andern, was als passiver Zustand in der Seele entsteht, von Thomas genannt werden, haben eine doppelte Funktion, je nach den „beseelenden Auffassungen", die sie von verschiedenen geistigen Akten erfahren. Analog wie die Empfindungen in der Wahrnehmung als Material für die Erfassung der äußeren Welt fungieren, so die affektiven Zustände als Material für die Erfassung der Güter- und Wertewelt. Andererseits motivieren sie eine Stellungnahme des Subjekts für oder gegen das, was ihm als Gut oder Übel vor Augen steht, ein Streben und Widerstreben, schließlich – auf der höchsten Stufe – eine freie willentliche Entscheidung für oder gegen. Der objektiven Seinsordnung entsprechend, wonach alles, was ist, zugleich ein Gut ist und für die andern realen Wesen eine bestimmte Bedeutung haben kann – seinssteigernd oder seinshemmend –, kann jedes nicht nur in die Erkenntnis eines geistigen Wesens eintreten, sondern es innerlich in seinem Sein treffen und zur Stellungnahme bewegen. Beim *Wollen* handelt es sich immer um eine *reale Begegnung*, während das Erkennen ein rein geistiges Ergreifen ist, bei dem der reale Bestand des erkannten Dinges unangetastet bleibt und auch der Erkennende keine substanzielle Veränderung erfährt. Der Wollende will entweder ein Gut in seine Gewalt bringen, um sich seinen Genuß und darin eine gewisse (wirkliche oder vermeinte, bewußt oder nur instinktiv intendierte) Steigerung seines Seins zu sichern. Oder er will, daß etwas in der realen Welt geschehe, daß etwas real werde, was ihm bisher nur geistig vor Augen steht. Es kann dabei das Realisieren durch den Wollenden selbst und damit diese höchste Seinsform – die schöpferische Tat – mitintendiert sein. Es kann auch sein, daß der Wille sich rein objektiv auf den Sachverhalt als das, was real werden soll, richtet, ohne sich selbst zu dem Gewollten in Beziehung zu bringen. Aber eine Bereitschaft, selbst handelnd einzugreifen, liegt sinngemäß in dem auf die Realisierung gerichteten Willen. So steht der Wollende in der realen Welt als realiter in sie verflochten.

Ihre praktische Gestaltung und Umgestaltung liegt in der Konsequenz des Wollens. Das praktische Umgehen mit den Dingen der Außenwelt setzt die Herrschaft des Willens über den Leib und die entsprechende Schulung, Kraft und Gewandtheit des Leibes voraus. Andererseits muß das Wollen und Tun, Handeln und Schaffen, die gesamte Praxis, vom Verstand durchleuchtet und geleitet sein. Es ist eine gewisse Kenntnis der Dinge erforderlich sowie der Wirkungszusammenhänge, in denen sie stehen oder in die sie eintreten können; des Verhältnisses von Zwecken und Mitteln; schließlich die eigentlich schöpferische Leistung des Geistes, das Vorausentwerfen der künftigen Gestalt der Dinge. All das hat der *praktische Verstand* zu leisten. Seine Tätigkeit ist in das Wollen und Handeln hineinverflochten, damit zu einem konkreten Ganzen verwoben, während der *theoretische Verstand*, der rein erkennende, ruhig betrachtend wie ein unbeteiligter Zuschauer der Welt gegenübersteht und mit seiner Bewegung, seinem erkennenden Eindringen in die Dinge, nicht aus sich selbst, d.h. aus dem Erkenntniszusammenhang, herausgeht. Der theoretische Verstand ist darauf abgestimmt, die Welt zu erkennen. Der objektiven Seinsordnung entspricht die Gesetzlichkeit, die dem Verstand das Verfahren vorschreibt, das ihn zur Übereinstimmung mit dem objektiven Sein, zur *Wahrheit* führt: diese Gesetzlichkeit ist die *Vernunft* (ratio). Ihr Herrschaftsbereich erstreckt sich über das Gebiet des Verstandes hinaus. Da die Welt nicht nur Sachen-, sondern auch Güterwelt ist und in dieser eine objektive *Rangordnung der Güter* gilt, so gibt es auch eine objektive Ordnung der Willensziele und – je nachdem der Wille mit dieser Ordnung im Einklang ist oder nicht – ein *vernünftiges* oder unvernünftiges *Wollen*. Für die Vernunft oder Unvernunft des Wollens und in der Folge des Handelns kommt außer der richtigen Zielstellung die entsprechende Leitung durch den praktischen Verstand, durch die Erkenntnis der objektiven Verhältnisse von Zwecken und Mitteln in Betracht. –

Schon dieser kurze Überblick zeigt, daß alles Licht in die Seele durch den Intellekt kommt. Ohne ihn hätten wir ein bloßes Gewühl von dunklen und blinden Empfindungen, Gefühlszuständlichkeiten und Trieben. Er gestaltet das Chaos zum Kosmos. Darum wird die Verstandesausrüstung gern als Licht, als *natürliches Licht* bezeichnet. Sie befähigt den Menschen, ein Bild der Schöpfung und, von da ansteigend, sogar eine gewisse Erkenntnis des Schöpfers zu gewinnen, ferner, sich in der Welt praktisch zurechtzufinden. Richtiger gesagt: sie *würde* den Menschen dazu befähigen, wenn nicht das natürliche Licht durch den Fall[8] verdunkelt wäre. Der verdunkelte Verstand ist immer in Gefahr, Irrwege zu gehen und dann auch für den Willen ein Irrlicht zu werden. Zur Vermeidung der Verirrungen und zur Wiederherstellung der ursprünglichen Kräfte bedarf es der Gnade, die als ein *über-*

[8] [8] ⟨Sündenfall: Gen 3, 1 ff.⟩

natürliches Licht dem Verstand eingegossen wird und nicht nur die rechte Ordnung wiederherstellt, sondern zugleich einen Einblick in die übernatürlichen Zusammenhänge eröffnet, die dem natürlichen Verstand nicht zugänglich sind. Damit werden auch dem Willen neue Ziele gegeben; es stellt sich das Verhältnis zwischen Natur und Übernatur heraus und die dadurch geforderte Ordnung des praktischen Verhaltens. Die Ordnung des Verhaltens entsprechend den Gesetzen der Übernatur ist *Sache der höheren Vernunft,* während die *niedere* nur die irdischen Dinge berücksichtigt.

II.

Einen gewissen Einblick in den Mikrokosmos der menschlichen Natur und das Zusammenspiel ihrer Kräfte haben wir damit gewonnen. Dieselben Kräfte sind überall vorhanden, so sagten wir anfangs, aber in verschiedenem Maß und verschiedener Entfaltung. Danach scheiden sich die …

⟨Hier fehlen im Druck einige Zeilen.⟩

Animalische, das Empfindungs- und Triebleben, den breitesten Raum ein. Sie haben wohl ein gewisses rohes Bild der umgebenden Welt, der Verstand mit seinen niedersten, unwillkürlich arbeitenden Funktionen ist auch bei ihnen in Kraft, aber es liegt ihnen nichts daran, dieses Bild in freier intellektueller Arbeit zu klären, zu berichtigen und zu bereichern. Sie bewegen sich in der Welt, von ihren Bedürfnissen und Begierden getrieben, bemüht, ihre Existenz zu behaupten und an Genüssen zu erraffen, was sie können. Als Waffe in diesem Lebenskampf wird auch der praktische Verstand gebraucht, aber – wie der theoretische – in einer sehr rohen Weise. Er sinnt darauf, etwas Begehrenswertes herbeizuschaffen oder etwas Bedrohliches abzuwehren, aber es wird nicht darauf abgezielt, eine praktische Aufgabe so vollkommen, so zweckentsprechend wie möglich zu lösen. – Von der Masse der Triebmenschen hebt sich ab die Gruppe der *praktisch Tüchtigen* oder doch wenigstens *Interessierten.* Sie handeln nicht bloß triebmäßig, sondern fassen willensmäßig ein Ziel ins Auge und arbeiten darauf hin. Es ist dies einmal das Gesamtziel, auf einem bestimmten Gebiet etwas Tüchtiges zu leisten, ferner eine Reihe von entsprechenden Einzelzielen. Es kann dabei sein, daß das Gesamtziel nur in den jeweiligen Einzelzielen sinngemäß mitintendiert wird; es kann aber auch für sich bewußt ins Auge gefaßt und das Einzelne darauf hingeordnet sein. Hier liegt bereits ein freies geistiges Leben vor. Es ist ein geordnetes Weltbild vorhanden, wenn auch vielleicht ein sehr enges und in dem Licht der Sonderziele eigentümlich reliefartig gestaltetes. Und die so gesehene Welt ist das Feld zielbewußter, planmäßig geregelter Betätigung. Dem entspricht die Gestalt der Persönlichkeit: sie ist bestimmt geformt, das Triebleben in Zucht genommen, das Spiel der Kräfte in den

Dienst der zweckgeleiteten Tätigkeit gestellt. Es ist nicht gesagt, daß die waltende Ordnung die objektiv beste, die vollkommen vernünftige ist: jedenfalls ist eine Ordnung da. Die Bauern, Handwerker und Techniker, Geschäftsleute und Hausfrauen sind Beispiele für diesen Typus. Wenn sie „Meister" in ihrem Fach sind, so verstehen sie ihre Sache „aus dem Grunde", d.h. sie besitzen soviel theoretische Einsicht in ihr Gebiet, als nötig ist, um es praktisch zu beherrschen, und die nötige Gewandtheit, um die Theorie in die Praxis umzusetzen. *Intellektuelle* Menschen sind diese Praktiker nicht, obgleich der praktische Verstand eine wesentliche Rolle in ihrem Leben spielt. Das Charakteristische für den Intellektuellen ist, daß er in *Problemen lebt*, daß er im Theoretischen zu Hause ist, daß der Verstand sein eigentliches Betätigungsfeld ist. Es kann sein, daß diese Probleme praktische sind, aber der Intellektuelle begnügt sich damit, sie verstandesmäßig zu lösen, die Umsetzung in die Praxis ist nicht seine Sache. Die intellektuellen *Typen* sind so mannigfach wie die Funktionen des Intellekts. Es gibt Menschen, deren Stärke jene erste Begegnung mit der flüchtig aufblitzenden Wahrheit ist: die Männer der genialen Einfälle. Die Auswertung dieser Einfälle durch den intellectus agens, das logische Durchdenken und das Zu-Ende-Denken ist nicht ihre Sache. Das ist die Sache der gründlichen Logiker und Systematiker. Geniale Intuition und methodische Gründlichkeit finden sich vereint in den großen synthetischen Geistern. Wieder andere haben die Gabe, fremde Gedanken nachzudenken und in eine leicht faßliche Form zu bringen, so daß sie der „Aufklärung", der Verbreitung gewonnener Einsichten dienen können. Auch der Gegensatz des natürlichen und übernatürlichen Verstandes spiegelt sich in getrennten Typen. Der *Mystiker* und *Prophet* ist es, dem durch übernatürliche Erleuchtung Zusammenhänge enthüllt werden, in die der natürliche Verstand nicht eindringen kann: Glaubensgeheimnisse, künftiges Geschehen, der verborgene Zustand der Seelen. Diese mannigfachen intellektuellen Typen werden wir berücksichtigen müssen, wenn wir uns fragen, welche Stellung den Intellektuellen im sozialen Ganzen sachgemäß zukommt. Zunächst stellen wir neben die bereits erörterten Typen: den Triebmenschen, den Praktiker, den Intellektuellen, noch zwei weitere: den *Gemütsmenschen* und den *Willens-* und *Tatmenschen.* Der Gemütsmensch ist der, den Wert und Bedeutung dessen, was um ihn herum und in ihm ist und geschieht, innerlich ergreift und bei dem die inneren Erschütterungen und evtl. ihr Ausdruck in Tat und Werk das eigentliche Leben ausmachen. Der Willensmensch sieht die Welt vor allem als Feld für Taten. Sein Blick fällt unwillkürlich auf das, was noch nicht ist und sein könnte oder was anders sein könnte und sollte, als es ist. Und es drängt ihn, für Gestaltung und Umgestaltung der Welt durch eigene und fremde Tat sich einzusetzen.

III.

Die Ungleichheit in der Verteilung der Kräfte und die daraus entspringende Mannigfaltigkeit der Typen bedingt den Aufbau des <Isozialen Organismus. Wie Auge und Ohr, Herz und Hirn, Lunge und Magen ihre Rollen nicht vertauschen können, sondern jedes das Seine zum Leben des Körpers beitragen müssen, so haben auch die Vertreter der verschiedenen Typen ihre naturgemäße Stelle im sozialen Ganzen. Es wird am besten sein, wenn wir es für den Volkskörper erwägen. Plato rechnet in seinem Staat mit drei Ständen: den Weisen, den Kriegern, der arbeitenden Klasse.[1] Seinen dritten Stand dürfen wir mit unsern Praktikern gleichsetzen. Wenn er bloße Triebmenschen für seinen Idealstaat nicht in Betracht zieht, sondern nur da, wo er sich mit den Verfallsformen des echten Staates beschäftigt, so läßt sich das wohl rechtfertigen, denn sie können nicht als Staatsbürger gelten (wenn ihnen auch gesetzlich die staatsbürgerlichen Rechte zustehen). Solange kein geistiges Leben in ihnen geweckt ist, dienen sie nicht anders als die vernunftlose Natur als Material für die Zwecke des Staates: sie müssen zum mindesten soweit gebändigt werden, daß sie keinen Schaden stiften; besser aber ist es, wenn man sie mit Hilfe ihrer Triebe dahin bringt, nützliche Arbeit zu leisten. Bei den Praktikern ergibt sich dieser Ertrag für die Gesamtheit von selbst aus ihrer Einstellung auf sachliche Leistung sowie aus dem Bedürfnis nach Ergänzung durch die Leistungen anderer. Die Verteilung der Gaben bringt es mit sich, daß die einen für diese, die andern für jene praktischen Aufgaben befähigt und interessiert sind; indem sie sie lösen, lösen sie sie nicht nur für sich, sondern auch für andere. Und sie sind genötigt, ihren Überfluß gegen den anderer einzutauschen, um den Mangel auf anderer Seite zu decken. Es bedarf nur eines mehr oder minder weitgehenden Eingreifens, um Angebot und Nachfrage in Einklang zu bringen. So ergibt sich die Notwendigkeit einer Leitung von höherer Warte, einer Wirtschafts- und Kulturpolitik (wenn wir bei den Bedürfnissen, die uns die praktischen Aufgaben stellen, nicht nur an vitale, sondern auch an geistige denken). Wem wird diese Leitung zustehen und überdies die Bändigung gefährlicher Elemente von innen und außen durch Rechtsprechung und Vollzugsgewalt? Bei Plato sind es die „Weisen“, die Philosophen, denen die Staatsleitung vernunftgemäß zufällt, und die Krieger sind ihnen als Werkzeuge der Vollzugsgewalt zur Seite gegeben. Wer sind nun die „Weisen“? Sicherlich hätte Plato nicht alle darunter verstanden, die wir als „Intellektuelle“ bezeichneten. Er denkt dabei an einen sehr kleinen Kreis von Auserwählten, die zur höchsten Stufe des Menschentums emporgestiegen sind: die einen Einblick in die ewigen Gründe alles Seins und Geschehens haben und von daher einen

[1] ⟨Platon, *Der Staat*, 369c ff.⟩

Überblick über die rationale Ordnung des Menschenlebens; es sind nach Platos Überzeugung zugleich die sittlich Reinsten, weil nur Läuterung von allen irdischen Begierden zur höchsten Intellektualität führt. Fragen wir uns, ob die Erfahrung uns eine Erfüllung dieses Idealbildes zeigt und welche unserer Intellektuellen dafür in Betracht kommen, so wird man zunächst an die systematischen Philosophen denken, deren Absicht ja auf die rationale Bewältigung der gesamten Realität geht. Sehen wir uns aber die im Grunde kleine Zahl metaphysischer Systeme an, die seit den Anfängen abendländischen Denkens hervorgetreten sind, so müssen wir sagen: sie sind eine sehr schwankende und gefährliche Grundlage für das praktische Leben, wenn sie sich nur auf die natürliche Welt und nicht zugleich auf die Übernatur erstrecken; und entsprechend: wenn sie nur durch den natürlichen Verstand und nicht zugleich durch übernatürliche Erleuchtung gewonnen sind. Dann entsprechen dem Idealbild des platonischen Weisen eigentlich nur die wenigen großen Doktoren, die Philosophen und Heilige zugleich waren. Bedenken wir noch, wie ein großes philosophisches System zu entstehen pflegt, so sehen wir, daß es die Frucht einer Lebensarbeit ist, die den Menschen meist ganz für sich fordert und nicht viel Zeit und Kraft zu praktischer Betätigung übrig läßt. So wird einem auch von dieser Seite der Glaube an die Realisierbarkeit des platonischen Staatsideals genommen. –

Etwas anders stellt sich die Sachlage dar, wenn man Plato nicht wörtlich, sondern symbolisch versteht: d.h. wenn man ihn so deutet, daß vernünftige Lebensgestaltung nur auf richtiger theoretischer Grundlage möglich ist. Daß die philosophischen Theorien von stärkstem Einfluß auf die konkreten Lebensverhältnisse sind, ist für jeden klar, der mit Ideengeschichte und politischer Geschichte vertraut ist und die Zusammenhänge zwischen beiden durchschaut. Wer in diese Zusammenhänge hineinschaut, weiß aber auch, daß die praktische Auswirkung der philosophischen Ideen sehr langsam sich vollzieht, daß wir z. B. heute noch in die Folgen von Renaissance und Rationalismus verstrickt sind. Gerade daraus sieht man aber wieder, daß Philosophie und praktische Lebenshaltung, speziell Staatsleitung, sich in der Regel nicht in Personalunion vereint finden werden. Die Philosophie kann nicht Führerin genannt werden. Aber der Philosoph wird seine Führerrolle am besten spielen, wenn er der Theorie treu bleibt und sie nach besten Kräften zu fördern sucht. Er darf vertrauen, daß fortschreitende Einsicht ihre Früchte im praktischen Leben zeigen wird. –

So sind es vielleicht andere intellektuelle Typen, die zur praktischen Führung berufen sind? Der Sprachwissenschaftler, Mathematiker, Naturwissenschaftler, Philologe etc. erfüllt seinen Beruf wiederum am vollkommensten, wenn er bei seiner Theorie bleibt. Und wiederum trägt die gute Theorie von selbst ihre Früchte für das praktische Leben: für Technik, für Medizin, für die Verständigung unter den Völkern etc. Nur gewisse Spezialwissenschaften haben durch ihr Gegenstandsgebiet eine gewisse Verwandtschaft mit dem Arbeitsgebiet des Staatsmannes: Geschichte, Recht, Wirtschaft z. B.; und so liegt es nahe, daß sich hier die theoretische Veranlagung mit politischer Begabung verbunden findet. Aber auch hier liegt es doch wohl so, daß Neigung und Befähigung zu praktischer Betätigung um so geringer sein werden, je stärker der Forscherberuf ausgeprägt ist. Den intellektuellen Typen, die wir neben die systematischen Geister (gleichgültig ob Philosophen oder Spezialwissenschaftler) stellten, kommt eine vorbereitende und vermittelnde Tätigkeit zu. Die Männer der genialen Einfälle sind die Anreger, die Motive für große, grundlegende intellektuelle Arbeit liefern. Die nachverstehenden „Aufklärer" sind die Verbreiter gewonnener Einsichten (oder auch Irrtümer), die ihre praktische Auswertung in weiten Kreisen ermöglichen. Die ersten als Führer fürs Leben zu wählen, wäre gefährlich, weil geniale Einfälle eine gar zu schwankende und unzuverlässige Grundlage sind. Die andern üben als Popularschriftsteller, Journalisten, Redner in der Tat einen großen Einfluß auf die Gestaltung des praktischen Lebens aus. Aber als „Führer" wird man sie doch nicht ansprechen können, weil ihnen weder theoretisch noch praktisch eine große Initiative eigen ist. –

Fragen wir nun geradezu: worin besteht denn die „politische Begabung"? Was befähigt zu *politischem Führertum?* Offenbar ist eine Mannigfaltigkeit von Gaben dazu erforderlich. Zunächst wohl auch eine bestimmte intellektuelle Veranlagung: die Fähigkeit, vieles mit einem Blick zu überschauen, Einzelheiten in ihrer Beziehung zum Ganzen zu erkennen, Wirkungs- und Zweckzusammenhänge weit auseinanderliegender Tatsachen zu erspüren, aber alles das nicht unter dem leitenden Gesichtspunkt theoretischer Durchdringung, sondern praktischer Gestaltung. Der echte Politiker sieht eine große Gesamtsituation, wie sie tatsächlich ist, und zugleich drängt es sich ihm auf, wie sie sein könnte und sollte und wie sie zu dem werden könnte, was sie sein sollte. Und er betrachtet es als seine Sache, das Spiel in Gang zu bringen und zum Ziel zu führen. Auf die Realisierung kommt es ihm also an. Er bleibt nicht bei dem stehen, was er selbst praktisch leisten kann, andere müssen mit ihrer praktischen Tüchtigkeit herbei und mithelfen zum Ziel. Menschenkenntnis und Fähigkeit zum richtigen Umgang mit Menschen müssen ihn befähigen, fremden Willen seinen Zwecken dienstbar zu machen. So sind es die *Willens-* und *Tatmenschen*, die zum Führertum berufen sind. Weil der Wille des Intellekts bedarf, um sein Ziel ins Auge zu fassen und um die Zusammenhänge von Mitteln und Zwecken zu erkennen, bedarf der Führer einer hohen intellektuellen Veranlagung; aber er ist kein „Intellektueller", keiner, den die theoretischen Probleme als solche fesseln, der in betrachtender Fernstellung zum Leben steht, sondern der mitten drin steckt und es praktisch meistert. Er wird sich jeweils soweit theoretischen Aufschluß verschaffen, als nötig ist, um die praktische Situation zu begreifen und richtig in Angriff nehmen zu können. Er wird weitgehend Theoretiker heranziehen, um sich von ihnen beraten zu lassen. Er ist das berufene Werkzeug, gewonnene Einsichten in die Tat umzusetzen. –

Man wird das vielleicht einleuchtend finden, aber noch nicht ausreichend zur Beantwortung der Ausgangsfrage: ob die Intellektuellen die berufenen Führer des Volkes seien. Einmal versteht man unter „Führung des Volkes" nicht bloß die politische Leitung, sondern Erziehungs- und Bildungsarbeit am Volk. Und man versteht unter den Intellektuellen nicht nur die reinen Theoretiker, sondern auch alle die, die auf Grund einer theoretischen Ausbildung einen praktischen Beruf ausüben: den Priester, den Arzt, den Lehrer usf. Das Erste ist ohne weiteres zuzugeben: vom sozialethischen und religiösen Gesichtspunkt ⟨aus⟩ darf man sich nicht damit zufrieden geben, das Volk so zu lassen, wie man es jeweils vorfindet. Wer eine höhere Stufe des Menschentums erreicht hat als die große Masse, darf das nicht als eine persönliche Auszeichnung betrachten, in deren Genuß er ruhen kann, sondern es ist ein Adel, der zur Arbeit für die andern und an ihnen verpflichtet. Und selbst vom politischen Standpunkt aus muß man darauf hinarbeiten, die Masse der Triebmenschen, die eine Gefahr für den Staat bedeuten, zu einem geistigen Leben zu führen und die andern dafür zu gewinnen, daß sie ihre Arbeit den Zwecken der Gemeinschaft entsprechend gestalten. Man wird auch sagen müssen, daß höhere Geistesbildung Vorbedingung für die Arbeit am Volk ist; und je freier und reicher der Intellekt entfaltet ist, desto größer sind die Wirkungsmöglichkeiten. Und ferner: jene Berufe, die den theoretisch Gebildeten mitten ins Volk stellen, sind die gegebenen Stellen für die Arbeit am Volk. Auf der andern Seite möchte ich behaupten: solche Männer werden umso eher ihren Führerberuf erfüllen können, je weniger sie vom Typus des Intellektuellen an sich haben. Ein wenig nehmen wir ja alle davon an, wenn wir auf der Universität leben. Das wäre kein rechter Student, dem nicht die theoretischen Fragen brennend wären, der sich nicht Tag und Nacht mit seinen Problemen herumschlüge. Aber wir müssen uns darüber klar sein, daß uns diese Einstellung von der großen Menge absondert. Draußen kämpft man mit der Not des Lebens in ihren unzähligen Gestalten. Und sobald wir herauskommen, tritt sie an uns heran. Gerade in diesen praktischen akademischen Berufen haben wir mit ihr zu tun, wir sind unter Menschen gestellt, denen wir Helfer in der Not sein sollen. Dann dürfen sie uns nicht als fremdartige Wesen empfinden, die in einer ihnen unzugänglichen Welt leben. Wir müssen gleich ihnen denken, fühlen und sprechen können, wenn sie ein Herz zu uns fassen sollen. Nur dann können wir ihnen helfen, schließlich vielleicht auch dazu helfen, daß sie aus der Enge des sie bedrängenden Daseins hinaus in ein freies geistiges Reich hineinwachsen. Täuschen wir uns nicht darüber hinweg: die Kluft ist da und wir können sie uns kaum weit und tief genug denken, wenn wir den Problemen der Volksbildung und Volksführung ehrlich und unbefangen ins Auge sehen wollen. Natürlicherweise ist das Volk am ehesten geneigt, denen als Führern anzuhängen, die aus seiner Mitte hervorgegangen sind und einen Platz auf den Höhen erklommen haben, ohne die Fühlung mit denen in der Tiefe zu verlieren: man traut ihnen zu, daß sie noch ein Herz für den Mann aus dem Volk haben und wissen, wo ihn der Schuh drückt. Das ist die Erklärung für den Einfluß der Sozialistenführer, die von unten aufgestiegen sind. Wen die glatten, wohlgepflegten Hände und die leichten, elastischen Bewegungen als einen verraten, der keine schwere körperliche Arbeit kennt, wer zum Volk in der flüssigen, abgeschliffenen Sprache der „Gebildeten" redet, wer über die harten Realitäten des täglichen Lebenskampfes unbekümmert hinwegfliegt, der ist von vornherein verdächtig. Und auch hoher Opferwille und große Begeisterung für das Wohl des Volkes vermag die Schranken oft nicht zu durchbrechen. Nur dann wird der Intellektuelle den Weg zum Volk finden – und ohne das kann er es nicht führen –, wenn er im gewissen Sinne vom Intellekt frei wird. Das heißt nicht, daß man ihn verleugnen und preisgeben sollte. Er ist eine Gottesgabe, die wir brauchen, und das nicht nur für uns, sondern auch und gerade für die, von denen er uns trennt. Aber er muß sich seiner Grenzen klarwerden und dadurch demütig werden. Überwiegende Verstandestätigkeit, wenn es rein natürliche Verstandestätigkeit ist, pflegt zu einem gewissen Verstandesdünkel zu führen. Man fühlt sich auf den reinen Höhen der Abstraktion erhaben über das profanum vulgus[2], das in den Niederungen der gemeinen Lebensbedürfnisse befangen ist. Und gerade dieser Dünkel, auch wenn er nicht offen zur Schau getragen wird und vielleicht gar nicht einmal bewußte Überzeugung ist, wird von den andern gespürt und stößt ab. Freilich, wenn der Verstand sein Äußerstes wagt, dann kommt er an seine eigenen Grenzen. Er zieht aus, um die letzte und höchste Wahrheit zu finden, und entdeckt, daß all unser Wissen Stückwerk ist. Dann zerbricht der Stolz, und nun sehen wir ein Doppeltes: entweder er schlägt um in Verzweiflung oder er beugt sich in Ehrfurcht vor der unerforschlichen Wahrheit und empfängt demütig im Glauben, was die natürliche Verstandestätigkeit sich nicht erobern kann. Dann bekommt der Intellektuelle im Licht der ewigen Wahrheit die rechte Einstellung zu seinem eigenen Intellekt. Er sieht, daß die höchsten und letzten Wahrheiten nicht durch den menschlichen Verstand entschleiert werden, und daß in den wesentlichsten Fragen und darum in der praktischen Lebensgestaltung ein ganz einfaches Menschenkind auf Grund höherer Erleuchtung dem größten Gelehrten überlegen sein kann. Auf der andern Seite erkennt er den legitimen Bereich der natürlichen Verstandestätigkeit und verrichtet hier seine Arbeit, wie der Bauer sein Feld bestellt, als etwas, was gut und nützlich ist, aber in enge Grenzen eingehegt wie alles Menschenwerk. Wer soweit ist, der wird

[2] ⟨Das gemeine Volk, nach: „Odi profanum vulgus", Horaz, carm. 3,1,1.⟩

niemandem mehr „von oben herab" begegnen. Er wird jene schlichte und natürliche Menschlichkeit haben, die ungeheuchelte tiefe Bescheidenheit, die unbefangen und ungehindert durch alle Schranken hindurch geht. Er wird mitten unter dem Volk ohne Scheu seine intellektuelle Sprache sprechen dürfen, weil sie ihm so natürlich ist wie dem Volk die seine und weil er sie sichtlich nicht höher einschätzt. Und er wird seinen intellektuellen Problemen nachgehen dürfen, weil das nun einmal sein natürliches Metier ist; er wird seinen Verstand brauchen wie der Schreiner Hand und Hobel, und wenn er andern mit seiner Arbeit nützen kann, so wird er gern dazu bereit sein. Und wie jede ehrliche Arbeit, die nach Gottes Willen und zu Gottes Ehre verrichtet wird, so kann auch diese ein Instrument der Heiligung werden. So stelle ich mir den hl. Thomas vor: ein Mann, der eine außerordentliche Verstandesanlage als sein Pfund von Gott bekommen hatte und damit wucherte; der still und anspruchslos seinen Weg ging und sich in seine Probleme vertiefte, wenn man ihm Ruhe ließ; gern und bereitwillig sich den Kopf zerbrach und Auskunft gab, wenn man ihm schwierige Fragen vorlegte. So ist er, gerade weil er das niemals wollte, zu einem der größten Führer geworden.

Natur und Übernatur in Goethes Faust

Situierung: Das „Goethejahr" 1932 galt dem 100. Todestag Johann Wolfgang v. Goethes (1749–1832). In dem Gedenkjahr wurde auch Edith Stein wiederholt gebeten, über den „Dichterfürsten" zu sprechen. Nach einem an sie gerichteten Brief vom 16. März 1932 (ESGA 2, Br. 190) ist zu vermuten, daß sie in den Osterferien in Münster den Vortrag erstmals gehalten hat. (Der Gedenktag selbst, 22. März, fiel in die Karwoche.) Sie hat ihn wiederholt in Ludwigshafen am 26. Juni im Kloster St. Dominikus, möglicherweise noch anderswo, worüber es keine genauen Angaben gibt. Die Handschrift, die sich im Nachlaß (A I 11) befindet, gibt keine Hinweise auf Zeit und Ort der Veranstaltungen. – Publiziert wurde der Vortrag in *Zeit und Schule*, dem Organ der Katholischen Lehrerinnen, am 1. Oktober 1932 (29, 19, S. 125–126 u. 131) und am 16. Oktober (29, 20, S. 134–136 [B II 76]); Nachdruck in: ESW VI, S. 19–31.

Die Goethe-Literatur dieses Jahres zeigt deutlich ein Ringen um eine klare Stellungnahme zu einem Geist, der wie wenige seine Zeit und die Nachwelt mitgeformt hat. Die Älteren fragen sich, was sie ihm von ihrer Bildung verdanken und welche Bedeutung für die Bildung der Jugend ihm heute noch zukommt. Drei Generationen unter den heute lebenden Katholiken zeigen eine deutlich unterschiedene Haltung. Die Veteranen der Kulturkampfzeit neigen dazu, einen scharfen Trennungsstrich zu ziehen. Ihre Aufgabe war es, Angriffe von außen abzuwehren, aber auch die Giftstoffe des Naturalismus und Rationalismus auszuscheiden, die sich in die eigenen Lebensadern der deutschen Katholiken eingeschlichen hatten. In ihren Aufgabenkreis gehört auch die Abwehr eines übertriebenen Goethekultus; sie fand ihren kraftvollsten Ausdruck wohl in A. Baumgartners[1] großem Goethewerk. Der Katholizismus der Kriegs- und Nachkriegszeit zeigte ein anderes Gesicht. Er war aus der Gefolgschaft gegenüber fremden Geistesrichtungen, aber auch aus einer rein negativen Abwehrhaltung ihnen gegenüber herausgetreten. Des unerschöpflichen Reichtums seiner Kirche froh bewußt, entdeckte er katholisches Geistesgut auch in andern Lagern und nahm es für sich in Anspruch. Diese Generation hat Goethe für sich entdeckt, sie wird nicht müde, auf

[1] ⟨Baumgartner, Alexander, *Göthe: Sein Leben und seine Werke. 1. Jugend, Lehr- und Wanderjahre*, Freiburg i. Br. 1885. *2. Die Revolutionsjahre. Göthe und Schiller*, Freiburg i. Br. 1886. *3. Deutschlands Notjahre. Der alte Göthe. Faust*, Freiburg i. Br. 1886 u. weitere Aufl.⟩

immer neue katholische Werte in seinem Werk und in seiner Lebensgestaltung hinzuweisen. Sie stellt sich in den Dienst einer Goethe-Apologie nicht nur der älteren, sondern auch – und besonders – der jüngsten Generation gegenüber. Denn die moderne Jugend, die Jugend von heute, soweit sie nicht in alte Traditionen naiv hineingewachsen ist, sondern aus einem neuen Geist lebt, weiß mit Goethe nicht mehr viel anzufangen. Was kann Menschen, die im harten Existenzkampf stehen, ein Mann sagen, der solche Not niemals kennengelernt hat, der sich den „Luxus" leisten konnte, seiner Bildung zu leben und in Fragen der künstlerischen Form letzte Lebensfragen zu sehen? Das ist nun freilich eine recht oberflächliche Sicht, und man kann es wohl verstehen, wenn diese Haltung für die Älteren schmerzlich anzusehen ist und wenn sie sich mit aller Kraft dafür einsetzen, Werte zu erhalten, von denen sie wissen, daß sie für die Gegenwart und für die Zukunft noch eine Bedeutung haben. Und man kann es begreifen, wenn sie in diesem Bemühen manchmal über das Ziel hinausschießen und Grenzlinien verwischen, die gezogen bleiben müssen. Der Jugend die Augen zu öffnen für die großen Schöpfungen des deutschen Geistes, Ehrfurcht und Dankbarkeit dafür zu wecken, ist gewiß die erste Aufgabe. Dann aber zu klarer Stellungnahme zu kommen und zur Scheidung der Geister, das sind wir ihr ebenso schuldig. – Im Dienst dieser Aufgabe möchte ich nun den Gedankenbau jenes Werkes, das man Goethes „Summa" genannt hat[2], in das Licht unseres Glaubens stellen.

I.

Vor einigen Monaten sah ich in der Schweiz ein merkwürdiges Kirchengebäude: zwischen zwei frühgotischen Türmen eine Barockfassade, und demgemäß der Innenraum – zwei völlig verschiedene Organismen durcheinandergewachsen, sodaß man sich kaum ausdenken konnte, wie das Ganze entstanden sein mochte.[3] An dieses Bauwerk mußte ich denken, als ich nicht lange Zeit danach wieder einmal die ganze Faustdichtung in einem Zuge durchlas. Auch hier haben wir einen doppelten Grundriß. Man kann versuchen, die beiden Bestandteile getrennt zu betrachten (nur den Grundriß, von allem Rankenwerk abgesehen), aber es wird nicht gelingen, die

---

[2] ⟨In Anklang an die *Summa theologica* des Thomas von Aquin wird *Faust* zur „Summa" Goethes.⟩

[3] ⟨Philibert Secretan/Freiburg (Schweiz) machte darauf aufmerksam, daß es sich wahrscheinlich um die Hofkirche in Luzern gehandelt hat. Edith Stein weilte vom 18. bis 30. Januar 1932 in der Schweiz; sie hielt neun Vorträge in Zürich. Sie könnte diese Gelegenheit benutzt haben, um eine befreundete Juristin in Luzern, Dr. Hilde Vérène Borsinger, zu besuchen und dabei die Hofkirche kennenzulernen.⟩

Trennung restlos durchzuführen, weil wir doch ein organisches Ganzes vor uns haben; und der Entstehungsprozeß ist ein geheimnisvoller. Wir wissen wohl, daß der junge Stürmer mit dem Barock- oder vielleicht richtiger Renaissancebau begann und daß der reife Meister die gotischen Türme und Mauern darum legte. Aber stand nicht der ganze gotische Dom der Volkssage, ehe das Originalgenie Hand ans Werk legte, und hat nicht der Geist, der den alten Dom baute, dem Meister bei der Vollendung seines Baus die Hand geführt?

Wie dem auch sei – wir versuchen es zuerst mit dem Mittelbau, dem Renaissance-Faust, den wir auch den Sturm- und Drang-Faust oder den neuzeitlichen Faust nennen können. Er ist es auch, der den modernen Menschen, den Menschen des 19. und des beginnenden 20. Jahrhunderts bis zu der Zeitwende, in der wir jetzt stehen, vorwiegend anzog und beschäftigte, in dem er sich selbst wiederfand: der Urfaust, der Faust der großen Monologe und der Gretchentragödie, der Mensch mit den zwei Seelen, die ihn zu zerreißen drohen. Ein „Herr Mikrokosmos" ist dieser Mensch, eine kleine Welt für sich: so wie er sich selbst fühlt, völlig einsam, abgeschlossen, verloren, ein „Solus ipse"[4]. Keine Brücke führt von ihm zu den Herdenmenschen, den in ihrem engen Bezirk Befriedigten, in denen nichts von dem verzehrenden Feuer lodert, das er in sich spürt. Und doch drängt es ihn zu ihnen hin wie zu allem, was außer ihm ist. Er möchte die Schranken durchbrechen, die ihn in seinem engen Selbst festhalten, während er sich doch als Teil des großen Ganzen fühlt, des Makrokosmos, des lebendigen All. Er möchte durchbrechen zu diesem All, sich selbst dazu erweitern. Er hat es versucht auf dem gewöhnlichen Weg der menschlichen Erkenntnis, er hat die ganze Schulweisheit durchmessen und sie hat ihm nichts gegeben. Sie tastet von außen an den Dingen herum und zerbröckelt sie. Zum geistigen Band dringt sie nicht vor. Sie kann ihm nicht sagen, „was die Welt im Innersten zusammenhält"[5], sie führt ihn so wenig ins Herz der Natur wie in den Geist vergangener Zeiten. So hat er den Weg der Magie beschritten und wird bis zur Berührung mit der Geisterwelt geführt, aber nur, um von ihr als einer ganz anderen, ihm unfaßlichen, in sich selbst zurückgeschleudert zu werden. – Gibt es nicht noch einen Weg, aus sich selbst heraus und in die große Geisterwelt hineinzugelangen? Die irdische Hülle zerbrechen und frei durch das dunkle Tor des Todes hindurchzuschreiten? Die süßen Töne der Ostergesänge bewegen ihn auf der Schwelle zur Umkehr. Was gibt ihnen diese Macht? Erinnerung an ein unbegreiflich holdes Sehnen, so meint er selbst, das sie einmal in ihm weckten, an ein verlorenes Jugendglück.

Es gibt noch Beglückendes für ihn auf dieser Erde, die er verlassen wollte.

[4] ⟨Einsames Selbst.⟩
[5] ⟨*Faust I*, 382 f.⟩

Er fühlt es auf dem Osterspaziergang. Die Einheit, die ihm der Verstand nicht aufdeckt, er spürt sie am Herzen der Natur, spürt sie im umfriedeten Kreis schlichten Menschendaseins. Er möchte über die Welt dahinfliegen, um all ihre Schönheit in sich zu trinken, ins Leben hinabtauchen, um alles Wohl und Weh der Menschheit durchzukosten. So tritt er seine Weltfahrt an. Gemeine Lust vermag ihn nicht zu fesseln – dazu ist der Geistestrieb zu mächtig in ihm. Aber er erfährt auch den anderen Trieb und seine zerstörende Gewalt. Seine Sehnsucht nach Durchbrechung der Einsamkeit, der Enge des eigenen Seins, findet beglückende Erfüllung, als ⟨ein⟩ Menschenwesen in seiner lieblichsten Gestalt, jung und unschuldig-rein, grenzenlos liebend und vertrauend sich ihm überläßt. Das Ende ist Vernichtung – die Zerstörung dieser ganzen kleinen, friedvollen Welt.

Hier endet die Jugenddichtung, und nicht wenige begnügen sich mit diesem Fragment, geschreckt durch die Schwierigkeit der späteren Teile. Sind sie nicht im Verhältnis zu diesem blut- und lebensvollen Kernstück blasse Allegorie? Doch der ernsthafte Leser geht weiter, und wenn er naturalistisch eingestellt ist, sucht er im selben Sinne wie bisher weiter zu deuten. – Wie liebliche Erinnerung einst den Helden von der Schwelle des Todes ins Leben zurücklockte, so nimmt ihm heilsames Vergessen den Druck der Schuld von der Seele und läßt ihn erwachen zu einem Leben der Tat. So wenig ihn niederer Genuß fesseln konnte, so wenig lockt ihn eitler Ruhm. Ehre und Einfluß am Kaiserhof vermögen ihn nicht festzuhalten. Gewaltig zieht ihn das Ideal reiner Schönheit an. Er scheut nicht die äußerste Entsagung und Vereinsamung, um ihm auf die Spur zu kommen und es für diese Welt zu gewinnen. Freilich kann es hier noch nicht dauernder Besitz werden. Aber wer es einmal erfaßt hat, dessen Blick zieht es dauernd hinauf zum Ewigen. Es trägt ihn auf eine freie Höhe, von der aus er diese Welt und seine Aufgaben darin erkennt. Er beginnt ein Leben beharrlicher Arbeit, des Kampfes gegen die „zwecklose Kraft unbändiger Elemente“[6], um „vielen Millionen Räume zu eröffnen“[7], „auf freiem Grund mit freiem Volk zu stehen.“[8] Im Vorgefühl des erreichten Zieles genießt er den höchsten Augenblick seines Lebens, zugleich der Unzerstörbarkeit seines rastlosen Wirkens gewiß, und dieser Augenblick wird ihm zum Durchgang in das Reich höchsten und reinsten geistigen Seins.

Was wird bei solcher „natürlichen“ Betrachtungsweise aus dem Gefährten, der Faust auf seiner Wallfahrt zur Seite steht, als Führer und Verführer bei seinen Genüssen, als Diener und Werkzeug seiner Taten? Was wird aus dem Prolog im Himmel, der den Knoten dieses Erdenlebens schürzt? Was

---

6 ⟨*Faust II*, 10219⟩
7 ⟨„eröffn' ich Räume vielen Millionen“: *Faust II*, 11563⟩
8 ⟨*Faust II*, 11580⟩

aus der Himmelsherrlichkeit, die sich dem immer Strebenden öffnet? Das Teufelsbündnis stand im Mittelpunkt der Faustsage. Es konnte unmöglich gestrichen werden, das hätte die Preisgabe des ganzen Stoffes bedeutet. Aber der moderne Leser ist ja sicher, daß der Dichter so wenig wie er selbst an die persönliche Existenz des Bösen geglaubt hat. Mephisto selbst spottet genug über das alte Gespenst des Volksglaubens. Ist nicht der Gegensatz zwischen dem Herrn und dem Widersacher, zwischen Himmel und Hölle nur eine kühne poetische Bildersprache für den Kampf der zwei Seelen in des Menschen eigener Brust, zwischen dem Geist, der rastlos wirken und ewigen Idealen entgegenstreben will, und den niederen Trieben, die ihn an den Staub fesseln, die ihn von seinen Zielen ablenken, die es dahin bringen, daß seine Taten zerstören statt aufzubauen? (Man könnte auch sagen: zwischen ⟨der⟩ *höheren*, auf das Ewige gerichteten *Vernunft* und der *niederen*, die nur irdischen Zwecken dient, die Wege zu flüchtigen Genüssen ebnet, die sie selbst hinterher mit kritischer Schärfe wieder vernichtet.) Aber der Geist braucht sich den Trieben nicht zu unterwerfen. Er kann ihnen „kräftig widerstehen", und wenn er das tut, dann wandelt sich ihr Fluch zum Segen: sie sind ihm ein Anreiz zur Betätigung, sie steigern seine Kraft und werden so gezwungen, Gutes zu wirken. Mag sein, daß diese Auffassung der Lebensanschauung des Dichters ziemlich nahe kommt. Aber damit wäre noch nicht gesagt, daß sie der Tragödie letzten Sinn erschlösse. Über Goethes religiöse Weltanschauung ein abschließendes, eindeutiges Urteil sprechen zu wollen, schiene mir ein sehr gewagtes Unternehmen. Seine Äußerungen sind so vielfältig und widersprechend. Und vielleicht hat er das Tiefste niemals gesagt. Aber wovon der Dichter als Mensch überzeugt ist und was sich in seinem Wort ausspricht, das braucht sich keineswegs zu decken. Sobald er als Künstler schafft, ganz rein dem schöpferischen Prozeß hingegeben, steht er „unter höheren Geistes Gewalt". Und so ist der letzte Schlüssel zum Verständnis nicht der Dichter, sondern die Dichtung selbst. Diese Dichtung bietet aber dem gläubigen oder wenigstens in der christlichen Glaubenswelt bewanderten Leser noch etwas ganz anderes als die Kämpfe einer einsam ringenden Menschenseele.

II.

Damit verlassen wir das Renaissancegebäude und treten in den gotischen Dom ein. – Es ist unverkennbar, daß rein dichterisch betrachtet der Prolog im Himmel einen ganz anderen Charakter hat als etwa der Maskenzug, die klassische Walpurgisnacht oder das Helena-Drama des II. Teils. Dort haben wir eine allegorische Bildersprache, die ganz anderes meint als das, was bildhaft dargestellt ist. Hier treten wir in eine Welt realen Seins und Geschehens ein, die nicht mehr über sich hinausweist auf etwas, was „eigentlich gemeint ist". Für den Gläubigen ist es keine fremde Welt, sondern eine, die ihm lieb und vertraut ist, in die er mit Ehrfurcht und heiliger Freude hineinschaut: die himmlischen Heerscharen, die das ewige Sanctus[9] singen, in seinen Werken den Schöpfer preisen, hoch erhaben über menschliche Erkenntniskraft und doch unvermögend, den Unerforschlichen zu fassen, und in der demütigen Erkenntnis ihres Unvermögens befriedet, in „süßer Sachlichkeit und beschwingtem Ernst"[10] zum Dienst des Ewigen bereit. Ein greller Mißton zerreißt diese Harmonie: die freche Rede des Schadenstifters, der zerstörend in Gottes Schöpfung einzubrechen sucht, der es wagt, vor dem Herrn zu erscheinen und ihm eine Wette zu bieten, als wäre er eine Macht neben dem Allerhöchsten, und doch wider Willen gestehen muß, daß sein Wirken nicht weiter reicht, als Gottes Zulassung es ihm bemißt. Um des Menschen Seele geht der Kampf. Himmel und Hölle ringen um sie. Wenn wir sie sehen werden in ihrer Einsamkeit und Not, nur im dunklen Drange ihres Weges bewußt, der für sie in Nacht und Nebel gehüllt ist, wenn wir Zeuge werden ihres Ringens, ihres Fallens und Wiederaufstehens, wird uns die tröstliche Gewißheit begleiten, daß sie in Gottes Hände gezeichnet ist, daß ihr Weg und Ziel sonnenklar vor dem Blick des Ewigen liegen, und daß er seinen Engeln befohlen hat über sie, daß sie aus dem Irren zur Klarheit geführt werde.

Zwei Seelen ringen in der Brust des Einsamen. Aber er steht nicht allein in diesem Kampf. Eine Macht ist neben ihm, die alles Niedere aufreizen, den Geist in Fesseln schlagen und von seinem Urquell abziehen will. Ihr Einfluß ist auf seinem ganzen Wege zu spüren. Hat er, sich selbst überlassen, als echter Adamssohn verzweifelte Anstrengungen gemacht, über seine eigenen Grenzen zu springen, so verkehrt sich in der Gegenwart des Versuchers der Schmerz über die Ohnmacht seines Geistes in den furchtbaren Fluch über alle Himmelsgaben. Er, der über alles Irdische hinausstrebte, will nun von nichts mehr wissen als den Freuden und Leiden dieser Erde, wenn auch nur, um sich immer aufs Neue von ihrer Nichtigkeit zu überzeugen. Er, dessen Wandel bisher makellos war, dem noch jetzt der Anblick der Unschuld und Reinheit mächtig ans Herz greift, läßt sich doch dazu verführen, sie mit Teufelskünsten ins Netz zu locken; er läßt das Ehr- und Pflichtgefühl, das sich gegen die Zumutung des falschen Zeugnisses empört, mit höllischer Sophistik beschwichtigen. Selbst als er sich der Führung Mephistos mehr und mehr entwindet, sich Ziele steckt, die dem höllischen Gefährten nicht genehm sind – die Gewinnung Helenas, die Arbeit am Meeresstrande –,

---

[9] ⟨Jes 6,3 schildert das dreifache „Heilig", mit dem die Engel den Hern anbeten; vgl. Offb 4,8.⟩

[10] So hat es H⟨edwig⟩ Conrad-Martius in ihren *Metaphysischen Gesprächen* (Halle 1921) ⟨S. 165⟩ ausgedrückt.

kann er ihn als Helfer nicht entbehren und befleckt dadurch immer wieder seine Unternehmungen mit Freveltaten. Ihm, den einst Glockenklänge von der Schwelle des Todes ins Leben zurückriefen, ist der Ton des Ave-Glöckchens[11] widerlich. Bei alledem ist er der Macht der Hölle nicht schutzlos preisgegeben. Können wir es als einen „Zufall" ansehen, daß in dem Augenblick, wo er den Todestrank an die Lippen setzt, die Ostergesänge ertönen? Und sollte wirklich eine bloße Erinnerung an fromme Jugendtage die Kraft haben, ihn von dem letzten Schritt zurückzuhalten? Nein, für den Blick des Glaubens ist es Gnadenführung und Gnadenwirkung, vielleicht die Frucht jener früheren, heilig begangenen Ostertage. – Wenn der fromme Kindersinn der Geliebten nach seinem Glauben fragt und ihre ahnungsvolle Seele ihn zur Trennung von dem unheimlichen Gesellen mahnt, pocht da nicht Gottes Gnade mächtig an sein Herz? Ist sie es nicht, die mitten im Hexentreiben der Walpurgisnacht das bleiche Bild der Verlassenen vor ihm erscheinen läßt und ihn zu ihrer Rettung antreibt? Machtvoll tut sie sich in der Seele der Verurteilten kund, die sich von dem Geliebten losreißt und den Weg der Buße und des Todes wählt, in der Stimme des Engels, der ihre Rettung verkündet. Vermag sie ihn jetzt noch nicht von dem Gefährten zu trennen, so wird sie doch unaufhaltsam weiter wirken. Von jetzt an wird er sich nicht mehr einfach führen lassen, sondern nach eigenen, nach hohen Zielen Ausschau halten, nach solchen, die der Geist der Verneinung nicht zu fassen vermag.

Das Los der Seele ist kein mechanisches Ergebnis ihrer widerstreitenden Kräfte; sie ist auch kein Spielball im Kampf zwischen Himmel und Hölle. Er wählte in Freiheit selbst seinen Weg, eben dadurch dem Irren ausgesetzt. Kraft seiner Freiheit glaubt er sich den Durchbruch in eine höhere Welt erzwingen zu können, und ein freier Entschluß läßt ihn auf der Schwelle umkehren. So hoch gilt ihm die Freiheit, daß er als Anfang alles Seins die Tat setzt. In freier Entscheidung schließt er den Pakt mit dem Teufel, gibt seinen Einflüsterungen nach, als sein besseres Selbst ihn Gretchens Nähe fliehen heißt, zwingt ihn andererseits, mit ihm zu ihrer Rettung zur Stadt zurückzueilen. Sein freier Wille ist es wiederum, wenn er mit dem Gefährten flieht, statt mit ihr den Bußweg zu gehen. Frei entschließt er sich, dem Schaudern der Natur zum Trotz, zu den „Müttern" hinabzusteigen, um das Bild der höchsten Schönheit zu finden und sie auf diese Welt heraufzubeschwören. Frei entscheidet er sich zum Kampf mit den Elementen in mühevoller Arbeit. Und Mephisto selbst muß ihm schließlich bezeugen, daß er ihm kräftig widerstanden hat. Eben dieses rastlose Streben des freien

[11] ⟨Mit dem „Ave-Glöckchen" in *Faust II*, 11253 ff., ist die Glocke gemeint, die früh, mittags und abends die Gläubigen zum Angelus-Gebet („Engel des Herrn") ruft, bei dem u. a. das Ave Maria („Gegrüßet seist du Maria ...") gebetet wrid.⟩

Geistes ist nach dem Gesang der himmlischen Chöre die Vorbedingung zu seiner Rettung: „Wer immer strebend sich bemüht, den können wir erlösen."[12]

Rundet sich damit Goethes Lebensdichtung zum katholischen Weltbild, tritt er an die Seite Dantes[13] und Calderons[14]? Es scheint fast, als wäre alles Nötige vorhanden: der Mensch, mit natürlichem Drang dem höchsten Ziel entgegenstrebend, aber von niederen Trieben aufgehalten und abgelenkt, böse und gute Geister an seiner Seite, er frei wählend dazwischen und damit der Gnadenhilfe von oben sich entgegenbemühend? Und doch wird jeder, der mit unbefangenem und unverbildetem katholischen Sinn an die Dichtung herantritt, deutlich spüren, daß hier etwas Wesentliches fehlt, er wird der Lösung des Dichters den Glauben versagen. Die lieblichen Chöre des Schlußbildes haben nichts von der biblischen Kraft der Erzengelhymnen im Prolog. Eher erinnern sie an die Gesänge, mit denen Mephistos dienende Geister Faust in Schlummer singen, an die Elfenlieder, die ihm die Reue aus der Seele schmeicheln. Sie möchten unsere Sinne betören und uns Unmögliches glaubhaft machen. „Wer immer strebend sich bemüht, den können wir erlösen" – das ist eine Scheinwahrheit, wenn dieses Streben nicht formal und material bestimmt ist, wenn es nicht Streben nach dem Guten selbst um seiner selbst willen ist. Fausts Geist ist von seinem Urquell abgelenkt worden, er hat sich in freier Entscheidung vom höchsten Gut abgewendet und hat niemals eine Rückwendung vollzogen, nie ist der aversio ⟨Abkehr⟩ eine conversio ⟨Bekehrung⟩ gefolgt.[15] Ja, er scheint sich in seinen letzten Lebenstagen und Augenblicken entschiedener als je ganz auf das Irdische zu beschränken und dem Ewigkeitssehnen seiner Jugend den Rücken zu kehren, er scheint wie von einem Tätigkeitsfieber ergriffen, das ihn treibt, sein Lebenswerk zum Abschluß zu bringen. Und wenn er unter dem Anhauch der Sorge erblindet, so will uns das – trotz seiner eigenen Versicherung, daß in seinem Inneren helles Licht leuchte – wie ein Symbol jener geistigen Verblendung dünken, die den letzten Dingen zu entgehen sucht, indem sie die Augen davor schließt.

Wie sollen wir glauben, daß dieser Geist, der sich selbstherrlich auf die eigene Kraft stellte, zu den „reuig Zarten"[16] gehöre, bei denen die Liebe von oben Eingang finden, die sie reinigend durchdringen, als Ziel ihres Sehnens emporziehen und schließlich beseligend ganz in sich bergen kann?

---

[12] ⟨*Faust II*, 11936 f.⟩
[13] ⟨Dante Alighieri (1265–1321), *Die göttliche Komödie* (um 1307–21 entstanden).⟩
[14] ⟨Pedro Calderon de la Barca (1600–1681), spanischer Dichter, schrieb Sakramentenspiele und theologische Dramen, z. B. *Die Andacht zum Kreuz* (Huesca 1634), oder: *Das große Welttheater* (Madrid 1655).⟩
[15] ⟨Der letzte Nebensatz wurde in Edith Steins handschriftlicher Überarbeitung gestrichen und erscheint nicht im Erstdruck.⟩
[16] ⟨*Faust II*, 12097.⟩

Es hat nur den Anschein, als kämen Natur, Freiheit und Gnade[17] in Goethes Lebensdichtung zu ihrem Recht. Die Freiheit wird nicht angewandt, um der Gnade entgegenzustreben und die Pforten zu öffnen, die Gnade soll mechanisch ihr Werk verrichten, den, der sich gegen sie verschlossen hat, ergreifen und emportragen, ohne daß er den Berg der Läuterung zu ersteigen braucht. Dieser Berg heißt Kalvaria, und auf ihm steht hochragend das Kreuz, jenes Zeichen, dem Goethe ausgewichen ist und das doch für alle Ewigkeit als der einzige Weg von der Erde zum Himmel aufgerichtet ist. Das Zeichen, das zu klarer Scheidung und Entscheidung auffordert. – Wir haben nicht zu urteilen über den Menschen Goethe, über seinen Glauben, über das, was zwischen ihm und dem Herrn vorging in jenen Augenblicken, die über des Menschen Ewigkeit entscheiden. Das sind Geheimnisse Gottes, in die kein Menschenauge hineinschaut. Wir stehen vor des größten deutschen Dichters größter Dichtung und fragen uns: Können wir dieses Werk der deutschen Jugend und dem deutschen Volk in die Hände legen und sagen: nehmt es hin, nehmt es in euch auf, laßt euch ganz durchdringen von dem Geist, der darin lebt und daraus spricht; es ist das Beste, das wir euch zu bieten haben, es ist das Eine, das nottut?[18] Wir blicken auf zum Bild des Gekreuzigten und sagen: Nein. Dieses Werk gehört zu den wenigen ganz großen Menschheitsdichtungen, weil es die großen Fragen der Menschheit, die Frage nach Sündenfall und Erlösung, in ihrer ganzen Tiefe und Weite und Schwere aus der Fülle des Menschenlebens heraus sich entrollen läßt. Aber sie beantwortet diese Frage mit einer blendenden Scheinlösung. Das große Werk ist, wenn wir versuchen, es als den gotischen Dom zu nehmen, den die Eingangshalle verspricht, ein gewaltiger Torso. Nehmen wir es als Ganzes, so wie es sich darstellt, wenn wir alle seine Teile durchwandern, so ist es kein einfacher Organismus, sondern zwei Grundrisse von völlig verschiedenem Charakter durchdringen sich: das, was wir als Renaissancebau und als gotischen Dom bezeichneten. Es liegt nicht nur an der Willkür oder der subjektiven Einstellung des Beschauers, wenn es einmal als Tragödie des modernen, des neuzeitlichen und zugleich als Selbstbekenntnis des Menschen Goethe erscheint und von der andern Seite als das große Menschheitsdrama schlechthin. Beides steckt darin, und keiner der beiden Grundrisse hat den andern zu überwinden und zu verdrängen vermocht, und schließlich ist das Ganze als ein Notbau zum Abschluß gebracht worden. Man kann es als individuelle Bekenntnisdichtung nehmen und verfolgen, wie das Werden und die Wandlungen des Menschen Goethe sich darin niedergeschlagen

---

[17] 〈*Natur, Freiheit, Gnade* heißt Edith Steins religionsphilosophischer Aufsatz von 1921, der fälschlicherweise unter dem Titel *Die ontische Struktur der Person und ihre erkenntnistheoretischen Voraussetzungen* veröffentlicht wurde in ESW VI. Richtig in ESGA 9.〉
[18] 〈Vgl. Lk 10,42.〉

haben. Man kann es als Symbol des deutschen Geisteslebens nehmen: wie der große Dom des geschlossenen mittelalterlichen Weltbildes durchbrochen wurde in der Zeitenwende der Renaissance, wie ein verzweifeltes Suchen und Ringen an die Stelle des Stehens auf Felsengrund trat, und schließlich statt des Ringens um Ewigkeitsfragen eine Beschränkung auf greifbare praktische Ziele. – Man kann es schließlich sub specie aeterni[19] betrachten: jeder große Genius ist ein Werkzeug des Allerhöchsten, ein Sprachrohr, durch das der Geist Gottes sich vernehmen lassen will, jedes reine Kunstwerk eine Offenbarung göttlicher Wahrheit in einer Sprache, die dem Menschengeist und dem Menschenherzen verständlich ist. Aber es ist dies nur genau so weit, als der Künstler sich dem Geist, der über ihm ist, überläßt, in reinem Sachgehorsam sich selbst vergessend, und nicht mit eigener Willkür dazwischenfährt. Goethe ist wie nur irgendeiner begnadet worden mit den Augen, die die reine Schönheit schauen, mit dem Herzen, das davon zur Glut entflammt wird, mit der Gabe des Wortes, das davon zu künden weiß. Er hat das reine Ideal des Künstlertums besessen, wie es sich im Helena-Drama der Fausttragödie ausspricht. Aber niemals hat der Künstler den Menschen – auch im Sinne des Allzumenschlichen – ganz überwunden. Und vielleicht wird es nirgends deutlicher als an dem Werk, das wie kein anderes mit seinem ganzen Leben verwachsen ist, wie dem reinen Gebilde fremd, und ⟨wie⟩ fremder Stoff sich anhängt, sodaß es nicht zum voll und rein ausgestalteten Kristall werden kann. Es wird lebenslanger, liebevoller Vertiefung bedürfen, um zu scheiden, was reines Gebilde und was fremder Stoff ist.

Wir kehren zu dem Bildungsproblem zurück, von dem wir ausgingen. Das Größte, was der deutsche Geist hervorgebracht hat, muß in der deutschen Bildung eine Stelle haben. Dazu hinführen und Ehrfurcht vor den Werken des Geistes erwecken, ist eine erste Aufgabe. Dann aber: Prüfet alles, und das Beste behaltet![20] Das heißt nicht Verführung zu unreifer Kritik. Es heißt nur Bewahrung vor blinder Bewunderung, es heißt nur Mahnung daran, daß wir einen absoluten Maßstab haben, den wir niemals aus den Händen legen dürfen, und ein Wahrzeichen, an dem sich unser Weg von jedem andern Weg scheidet. Das Wahrzeichen, das über unserer Menschenbildung steht, kann nicht ein Goethebild sein, sondern das Kreuz. Goethe sagt davon: „Wir halten es für eine verdammungswürdige Frechheit, jenes Martergerüst und den daran leidenden Heiligen dem Anblick der Sonne auszusetzen, die ihr Angesicht verbarg, als eine ruchlose Welt ihr dies Schauspiel aufdrang, mit diesen tiefen Geheimnissen, in welchen die göttliche Tiefe des Leidens verborgen liegt, zu spielen, zu verzieren und nicht eher zu ruhen,

19 ⟨unter dem Gesichtspunkt des Ewigen.⟩
20 ⟨1 Thess 5,21.⟩

als bis das Würdigste gemein und abgeschmackt erscheint."[21] Man darf sich die Mahnung ernstlich zu Herzen nehmen, mit dem Heiligsten nicht zu spielen und zu tändeln. Aber Goethes eigentümliche Stellung zum Zeichen unserer Erlösung bedarf doch noch genauerer Prüfung. Sie scheint mir ganz tief mit seiner innersten Haltung zur Welt und zum Christentum zusammenzuhängen. Wie er das Kreuz verhüllen möchte, so hat er für die Ideen „Sünde" und „Reue" keinen Raum. Die katholischen Goetheverehrer, die sich bemühen, recht ins Licht zu stellen, was uns mit ihm verbindet, weisen mit Recht darauf hin, mit welch tiefer Ehrfurcht er Zeit seines Lebens vor Gottes Schöpfung gestanden hat. Jedes Ding war ihm Auswirkung einer ewigen Idee, vergängliches Gleichnis eines Unvergänglichen. Mit liebendem Blick hat er jedes Gebilde der Natur umfaßt, bestrebt, die reine Idee herauszuschauen und nachzugestalten. Er sieht gleichsam die Natur, wie sie aus Gottes Händen hervorging. Unerträglich ist ihm der Gedanke, daß durch diese Gotteswelt ein unheilbarer Riß hindurchgehen sollte. Wohl kennt er die Schuld und ihren lastenden Druck auf der Menschenseele, aber sie erscheint eher als Schicksal denn als Sünde: „Ihr führt ins Leben ihn hinein, ihr laßt den Armen schuldig werden"![22] Und seine ehrfürchtige Liebe zur gottgeschaffenen und von Gottes Odem belebten Welt läßt ihn daran glauben, daß sie die Heilkräfte in sich selbst tragen müsse. Eduard Spranger hat in einem feinen Aufsatz im „Inselalmanach auf das Goethejahr 1932" [23] darauf hingewiesen, daß in der Faustdichtung neben der Tragödie des Mannes, der von Stufe zu Stufe zu Formen immer höheren Strebens emporsteigt, ein Paralleldrama in Ansätzen zu finden sei: ein Stufenreich von immer höheren Formen der Liebe, die sich in den weiblichen Gestalten verkörpern, bis zur höchsten und reinsten: der erbarmenden und erlösenden Liebe, die im Bilde der Jungfrau-Mutter-Königin erscheint. Das geheimnisvolle „Das Ewigweibliche zieht uns hinan"[24] würde also dahin zu deuten sein, daß in das Wesen der Frau erlösende Kräfte gelegt sind. Ein Gedanke von erhabener und herzbewegender Schönheit, der eine heilige Verantwortung auf uns legt. Er darf uns aber nicht blind machen gegen die harte Tatsache, daß der Riß der Erbsünde durch die ganze Schöpfung und durch die weibliche wie durch die männliche Natur geht, und daß erst durch die Erlösung die Natur der Frau ihre Reinheit und ihre Heilkraft gewinnt. So groß und erhaben sich im Schlußbild der Faustdichtung die Gemeinschaft der Heiligen vor uns enthüllt, das ewige Urbild zu dem vergänglichen Gleichnis menschlichen

---

[21] *Wilhelm Meisters Wanderjahre*, II. 2.

[22] ⟨Aus dem Gedicht „Wer nie sein Brot mit Tränen aß …"; die zweite Strophe beginnt mit der Zeile: „Ihr führt ins Leben *uns* hinein …". Hervorhebung durch Bearb.⟩

[23] ⟨Spranger, Eduard, „Goethe und der Wandel der Zeit", in: *Insel-Almanach auf das Goethejahr 1932*, hg. von Katharina Kippenberg, Leipzig 1932, S. 88–102.⟩

[24] ⟨*Faust II*, 12110 f.⟩

Gemeinschaftslebens,[25] so lieblich und beglückend die erbarmende und erlösende Liebe in der Gestalt der Himmelskönigin und der sie umschwebenden heiligen Büßerinnen: sie alle sind kraftlos aus sich selbst, sie vermögen nichts anderes als die Ströme der Gnade weiterzuleiten, die am Stamm des Kreuzes entspringen: aus dem geöffneten Herzen des Erlösers, das unsere Sünden durchstachen.

[25] So hat es H⟨ermann⟩ Hefele in seinem schönen Buch *Goethes Faust* (Stuttgart 1931) gedeutet.

Anhang

Persönlichkeit und Gemeinschaft

Situierung: In der grauen Kladde (P/B II) befinden sich mehrere Vortragsskizzen (z. B. zu *Das Ethos der Frauenberufe, Die Aufgaben der katholischen Frau*). Eine Skizze mit dem Titel *Persönlichkeit und Gemeinschaft*, datiert vom 17. IX. 29 und 19./24. IX., ist nicht zu verorten. Es kann sich um eine Mitschrift handeln, wahrscheinlicher aber um einen Vortrag, der nicht gedruckt wurde.

17. IX. 29

Persönlichkeit und Gemeinschaft

1.) Was ist Persönlichkeit?
2.) Was ist Gemeinschaft?
3.) Was bedeutet die Persönlichkeit für die Gemeinschaft?
4.) Was bedeutet die Gemeinschaft für die Persönlichkeit?
5.) Wie müssen beide geartet sein, um einander zu fördern?

I.

Individuum, Subjekt, Person, Persönlichkeit
Individualität als unteilbare Einheit
Individualität als einzigartige Einheit
Nicht Summe der Eigenschaften, sondern das einheitbildende qualitative Etwas, das alle kennzeichnet u⟨nd⟩ zusammenhält u⟨nd⟩ die Entwicklungsmöglichkeiten abgrenzt, unter denen „Schicksal“ und „Freiheit“ einen ausprägen.

Individuum nicht Objekt, sondern *Subjekt*, das von sich und anderen weiß, die Objektwelt sich gegenüber hat.

Person, das Ich, das sich selbst in der Hand hat, ein erster Anfang, Subjekt *freier Akte*, als freies und selbständiges verantwortlich und einsam.
Individualität und Umstände das Material, das ihm gegeben ist.

Persönlichkeit, das Werk, das ihm aufgegeben ist: das Individuum, dessen Anlagen von der Person in bestimmter Richtung entfaltet sind zu festen Formen: scharf ausgeprägten Eigenschaften und festen Prinzipien des Verhaltens.

Ideale Persönlichkeit: die das *Bestmögliche* aus sich geformt hat. „Ins Gleichmaß entwickelt" – cum grano salis.[1] Notwendige *Einseitigkeit*. Über sich hinausweisend auf ⟨Satz bricht hier ab.⟩

19./24. IX.

II.

Gemeinschaft im weitesten Sinn als ursprünglicher Verständnis- u⟨nd⟩ Erlebniszusammenhang auf Grund v⟨on⟩ Artgemeinsamkeit.

Im engeren Sinn abgegrenzt gegen *Gesellschaft* (d⟨er⟩ Zweckverband mit bewußtem Stiften, Auflösen, Ein- und Austreten, Objekt-Einstellung) als die naturhaft erwachsende durch Blut- oder Gesinnungs- oder Lebens-Gemeinsamkeit erwachsende; Wir-Erleben. Eigene Persönlichkeit, eigener Charakter.

Auf Gemeinschaft in *diesem* Sinn ist es in der Schule abgesehen.

III.

Was bedeutet Gemeinschaft für die Persönlichkeit:
1.) Notwendig für ihre Entwicklung
2.) Notwendig für die Entfaltung ihrer Kräfte
3.) Notwendig für die Formung ihrer Kräfte

Gefahren: Hemmung der Kräfte u⟨nd⟩ Verkrüppeln – Rebellion u⟨nd⟩ Auflösung d⟨er⟩ Gemeinschaft.
Später: Wie *muß* die Gemeinschaft geartet sein?

IV.

Was bedeutet die Persönlichkeit für die Gemeinschaft?

Eigener Charakter, aber Individuen vorausgesetzt. *Führerpersönlichkeiten* vorausgesetzt. Deren *doppelte Verantwortlichkeit*:
1.) Richtung auf das Gute.
2.) Ritterlichkeit, um nicht schwache Individualitäten zu erdrücken.

---

[1] ⟨mit einem Körnchen Salz: mit Einschränkung.⟩

Entwurf einer pädagogischen Systematik

Situierung: Im Nachlaß Edith Steins befindet sich unter der Signatur P/B IV ein maschinengeschriebenes Einzelblatt. Eine handschriftliche Korrektur im Text weist auf Edith Stein als Verfasserin hin, vermutlich entstanden in Zusammenhang mit ihrer Lehrtätigkeit in Münster (1932/33). Im Original steht unter B. Punkt III vor I und II.

A. Grundlagen der Pädagogik

I. Philosophische Anthropologie als Grundlage der Pädagogik
II. Theologische Anthropologie
III. Empirische Anthropologie (Pädagogische Somatologie, Psychologie, Soziologie)
IV. Normative Disziplinen *(philos.-theolog.)*

B. Pädagogik

I. Der Mensch als biologische Einheit – Gegenstand der Pflege
II. Der Mensch als Person – Zögling und Erzieher
III. Phänomenologie des pädagogischen Aktes
  1. Lehren und Lernen
  2. Führen und Geführtwerden
  3. Beispiel, Nachahmung, Nachfolge
IV. Aneignung und Darbietung geistiger Güter:
  1. a) Erkenntnis und Wissenschaften
     b) Können und Technik
        (Allgemeine und spezielle Unterrichtstheorie)
  2. Gemüt und Werte
  3. Wollen, Handeln und Ziele
V. Einheit der Person, Grundeinstellung zu sich selbst und zur Ordnung des Seienden, Gott und Mensch

Zu: Jugendbildung im Lichte des katholischen Glaubens
⟨vgl. oben S. 71 ff.⟩

Situierung: Vom 2.–5. 1. 1933 fand eine Arbeitstagung des Deutschen Instituts für wissenschaftliche Pädagogik, Münster i. Westf., in Verbindung mit dem Katholischen Lehrerverband des Deutschen Reiches und dem Verein katholischer deutscher Lehrerinnen unter dem Titel *Die katholische Pädagogik in ihren Grundlagen und ihrer Bedeutung für die deutsche Gegenwartsschule* in Berlin-Charlottenburg, Frauenbundhaus, Königsweg 17, statt. Im Bericht (Druck: Deutsches Institut für wissenschaftliche Pädagogik, Münster i. W. 1933) befinden sich *Leitsätze* genannte Kurzfassungen der Referate; das Referat zu Edith Steins Vortrag steht auf S. 5 (B II 43, B I 42, E I 21).

VI. Dozentin Dr. E. Stein:
Jugendbildung im Lichte des katholischen Glaubens.

1. Für den gläubigen Menschen ist Jugendbildung – wie alles, was auf Erden geschieht – in erster Linie Gottessache, Menschen wirken daran nur als causae secundae[2], als Gottes Werkzeuge mit. Sie brauchen aber nicht blinde Werkzeuge zu sein, sondern können und sollen sich darüber Aufschluß verschaffen, wie Jugendbildung nach Gottes Absicht zu leisten ist: vor allem, was uns die offenbarte Wahrheit darüber sagt. Dies zeigt uns in einem kurzen Abriß die Enzyklika über die christliche Erziehung der Jugend. Sie ist für uns bedeutsam durch ihren Inhalt, ferner als Hinweis auf die Quellen, in denen wir weiteren Aufschluß suchen können.

2. Die offenbarte Wahrheit belehrt uns über die tatsächliche Beschaffenheit der menschlichen Natur, mit der wir in der Bildungsarbeit zu rechnen haben, und erweist dadurch Möglichkeit, Notwendigkeit, Grenzen und Ergänzungsbedürftigkeit menschlicher Bildungsarbeit.

3. Die offenbarte Wahrheit gibt uns Auskunft über das Bildungsziel: das natürliche Ziel der möglichst vollkommenen Entfaltung der menschlichen Natur und (in eins damit) der Wiederherstellung ihrer ursprünglichen Ordnung, damit der Mensch zum rechten Verhalten zu sich selbst, zur Welt (insbesondere zu den Mitmenschen) und zu Gott befähigt werde; das übernatürliche Ziel des ewigen Lebens. Das Ziel differenziert sich nach Geschlechtern und Individualitäten.

4. Berufene Jugendbildner sind in erster Linie Familie und Kirche, nächst ihnen der Staat. Die Schule ist als Organ dieser Jugendbildner anzusehen.

5. Bildung ist Formung des Menschen zu seinem Ziel. Soweit sie menschliche Arbeit ist, ist sie von Zögling und Erzieher zu leisten mit Rücksicht auf

[2] ⟨Zweitursachen.⟩

die gegebene menschliche Natur in ihrer jeweiligen individuellen Ausprägung und im Hinblick auf das doppelte Bildungsziel. Weder das natürliche noch das übernatürliche Ziel sind durch menschliche Bildungsarbeit allein zu erreichen: sie verlangen eine Formung des Menschen durch Christus selbst. Darum ist Kernstück der menschlichen Bildungsarbeit die religiöse Erziehung als Anbahnung der Eingliederung in das Corpus Christi Mysticum.

Personenregister

Sachregister

Bibelstellen

FSC
www.fsc.org
MIX
Papier | Fördert gute Waldnutzung
FSC® C083411

Zeitfracht Medien GmbH
Ferdinand-Jühlke-Straße 7
99095 Erfurt, Deutschland
produktsicherheit@kolibri360.de